KB214566

"신자들이 교만과 오만으로 가득한 세상에서 구해야 할 가장 중요한 덕성 가운데 하나는 겸손이다. 그렇다면, 겸손은 무엇이고, 또 그리스도인은 어떻게 그것을 체현할 수 있을까? 저자는 이 책에서 겸손에 관한 성경적이고, 구속사적인 가르침을 파헤쳐 겸손이 무엇이고, 또 어떻게 그것을 소유할 수 있는지를 이해하도록 신자들을 고무한다. 저자는 성경적인 인간론과 기독론에 근거한 가르침을 베풀어 우리가 겸손을 추구해야 할 이유를 더욱 분명하게 이해하도록 돕는다. 그는 그리스도께서 겸손의 본보기이자 원천이시라는 사실과 우리가 겸손하게 성장할 수 있는 방법을 보여준다. 신학적으로 깊이가 있고, 영혼을 굳건하게 하는 책을 찾고 있다면, 더 이상 다른 곳으로 눈을 돌릴 필요가 없다."

–닉 바치그, 처치크릭 PEA 목사, 리고니어 선교회의 부편집자

"그리스도인들은 균형을 잃고 단지 사고하는 방법이나 사는 방법이나 기분을 더 나아지게 하는 방법만을 찾으려고 애쓰기 쉽다. 겸손에 관한 저자의 가르침은 우리 자신을 좀 더 정확하고, 현실적으로 볼 수 있게 도와줌으로써 삶의 모든 측면에 영향을 미친다. 그는 폭넓은 적용을 통해 추상적이 아닌 구체적인 가르침을 제시했다. 이 책은 하나님과 우리의 참된 신분에 비춰 사고하며 살아갈 수 있는 올바른 방법을 보여준다. 신학이나 기독교적인 삶을 다룬 그 어떤 책에서도 우리가 이 이상 더 바랄 것은 아무것도 없지 않겠는가?"

–라이언 M. 맥그로우, 그린빌 장로교 신학교 조직신학 교수

"지금까지 겸손을 성경적이고, 신학적인 관점에서 이토록 견실하게

논의한 책은 일찍이 본 적이 없다. 저자는 논의의 출발점(하나님에 관한 신학)을 정확하게 파악했다. 그는 겸손을 '하나님을 지향하는 자기 인식에서 비롯하는 낮아지려는 성향'으로 정의했다. 우리 자신을 하나님의 위엄과 은혜에 비춰 볼 때 비로소 겸손이 생겨난다. 이 책에 진부한 것은 아무것도 없다. 이 책은 하나님의 성품에서부터 죄의 본질과 인간론과 기독론과 구원론과 교회론과 종말론에 이르기까지 모든 신학적 주제를 총망라한 작은 신학서다. 모든 것이 하나님의 장엄한 영광과 그분 앞에서 참된 겸손을 지닌 자들의 기쁨에 초점을 맞추고 있다. 이 책의 장점은 단지 겸손을 설명하는 데 그치지 않고, 독자들을 하나님의 진리 가운데로 인도해 직접 그것을 경험하도록 돕는 것에 있다. 저자는 개인적인 일화와 이야기와 정보들을 적절하게 이용해 무게 있는 논의를 자연스럽게 전개했다. 이 책은 결코 빠르게 읽고 넘길 책이 아니다. 이 책이 다루는 진리들은 매우 심오하다. 이 책은 소그룹 공부에 사용하기에 적합하다. 강력히 추천한다."

–데일 반다이크, 하베스트 교회 담임목사

"이 책은 모든 그리스도인에게 적용되는 중요한 주제를 읽기 쉽도록 일목요연하게 설명하고 있다. 저자는 오늘날에 꼭 필요한 이 책을 통해 참된 겸손은 하나님과 우리 자신의 참모습을 있는 그대로 아는 데서 비롯한다는 점을 일깨워준다. 이 책은 신학을 기독교적인 삶에 어떻게 적용해야 하는지를 보여주는 하나의 좋은 본보기가 아닐 수 없다. 저자는 겸손하게 처신하는 법을 다루는 안내서가 아니라 겸손하도록 이끄는 성경적인 동기를 제공한다. 하나님이 이 책을 도구로 사용해 우리가 세례 요한처럼 '그는 흥하여야 하겠고 나는 쇠하여야 하리라'라고 진심으로 고백할 수 있게 해주시기를 기도한다."

"저자는 겸손을 그릇 오해하는 일이 너무나도 많다는 점을 의식하고, 그것을 '하나님을 지향하는 그리스도 중심적인 자아 인식에서 비롯하는 낮아지려는 성향'으로 정확하게 정의했을 뿐 아니라 그런 정의가 신자의 삶과 관련해 어떤 의미를 지니는지를 철저하게 성경적 관점에서 설명하려고 노력했다. 신학적인 철저성과 목회적인 일관성과 탁월한 가독성을 겸비한 이 책은 폐부를 찌르는 예리함과 덕을 세우는 견실함을 유감없이 드러내고 있다."

"어렸을 때 나의 어머니는 겸손의 메달을 땄지만, 그것을 목에 걸려는 순간에 빼앗겨버린 한 남자에 관한 동화를 들려주었다. 그 동화의 요점은 명백했고, 시간이 지나면서 사실로 분명하게 입증되었다. 우리는 결코 마땅히 겸손해져야 할 만큼 겸손해질 수도 없고, 우리가 원하는 만큼 겸손해질 수도 없다. 그러나 하나님의 은혜 덕분에 우리는 지금보다 더 겸손해질 수는 있다. 이것이 내가 이 책을 추천하는 이유다. 이 책은 성경의 가르침을 파헤쳐 그리스도께서 주시는 능력으로 그분의 이름을 높이는 겸손을 실천하는 법을 보여준다."

아래로 성장하는 삶

아래로 성장하는 삶

지은이　닉 톰슨
옮긴이　조계광
펴낸이　김종진
초판 발행 2024. 5. 6
등록번호　제2018-000357호
등록된 곳 서울시 서초구 서초중앙로24길 55, 407호
발행처　개혁된실천사
전화번호 02)6052-9696
이메일　mail@dailylearning.co.kr
웹사이트 www.dailylearning.co.kr

책값은 뒤표지에 있습니다.
ISBN 979-11-89697-57-0 03230

닉 톰슨

조계광 옮김

아래로 성장하는 삶
GROWING DOWNWARD

그리스도를 높이는 겸손에 이르는 길

개혁된실천사

목차

"교만은 언제 어느 때든 목회자의 가장 큰 적이다."

빈 통로를 지나가는 순간, 나의 뇌리에서 이 말이 굉음처럼 울려 퍼졌다. 이것은 사역을 처음 시작한 사람이 아닌 목회 사역이라는 참호 속에서 거의 40년에 달하는 세월을 보낸 사람이 한 말이었다.[1] 나는 그의 단정적인 주장을 곰곰이 생각해 보았다. "가장 큰 적? 언제 어느 때든? 이 말이 과연 사실일까?"

"과연 그럴까?"라는 은근한 의구심이 느껴졌지만, 그 말은 나를 강하게 사로잡았다. 막 신학교를 졸업한 나는 세상을 변화시킬 준비가 되어있다고 생각했다. 나는 모든 형태의 악과 맞서 싸우며, 목회 사역에 나의 전부를 바치고 싶었다. 그러나 그 순간에 하나님은 나의 궁극적인 영적 원수와 마주하게 하셨다. 참으로 걱정스러웠던 사실은 그 원수가 내 마음속에 살고 있다는 것이었다.

당시에는 교만이 나의 삶 속에서 어떤 모습으로 나타나는지를 정

---

1) John Piper, "Advice to Young Pastors" (panel discussion #3, T4G, 2020), https://t4g.org/resources/ed-moore/advice-to-young-pastors/.

확하게 설명하거나 그것을 정의하기가 어려웠지만, 내가 교만하다는 것을 선뜻 인정할 정도의 분별력은 충분히 지니고 있었다. 교만과 싸우지 않으면, 그것이 나의 미래 사역을 약화시키거나 파괴할 가능성이 컸다.

하나님이 내 안에서 교만의 껍질을 하나씩 부드럽게 벗겨내셨던 그 여름철은 참으로 고통스러웠다. 그분은 자아를 높이고, 옹호하고, 가련하게 여기는 나의 타고난 성향을 여지없이 드러내기 시작하셨다. 그분은 자아에 집착하는 성향이 나의 존재 전체, 심지어는 그리스도를 섬기는 일에까지 어떻게 영향을 미치고 있는지를 볼 수 있도록 도와주셨다. 하나님의 은혜 덕분에 나는 교만이 정말로 나의 가장 큰 원수라는 사실을 깨닫게 되었다. 아울러, 성경을 공부하다 보니 교만이 단지 목회자나 목회 사역을 꿈꾸는 사람들만이 아닌 지구상의 모든 사람이 안고 있는 큰 문제라는 사실이 명료하게 드러났다.

우리의 가장 큰 원수

교만이 언제 어느 때든 우리의 가장 큰 원수라는 것은 명백한 진실이다. 이것은 경제적, 정치적, 사회적 지위나 직업, 나이, 인종, 교육 수준은 물론, 심지어는 우리의 영적 상태와도 아무런 상관없이(즉 아담 안에 있든 그리스도 안에 있든 상관없이) 우리 모두에게 똑같이 적용된다. 타락 이후의 인간은 교만으로 가득 차 있다. 교만보다 더 위험하고, 해로운 것은 없다. 교만은 사역을 파괴할 뿐 아니라 남녀노소를 막론하고 모든 사람을 망친다. 교만을 제어하지 않으면 교만이 우리를 파멸시킬 것이다.

그러나 이 책의 초점은 교만이라는 악덕이 아닌 겸손이라는 미덕에 있다. 그런데 왜 이런 암울하고, 암담한 말부터 꺼내는 것일까? 그 이유는 교만이 우리의 가장 큰 원수라는 사실을 이해해야만 비로소 겸손이 우리의 가장 큰 동맹이라는 사실을 배울 수 있기 때문이다.

우리의 가장 중요한 친구

교만이 우리의 가장 큰 원수라면, 겸손은 우리의 가장 중요한 친구다. 우리가 아는 사람들 가운데는 귀를 즐겁게 하는 아첨을 일삼는 사람들이 있다. 겸손은 그런 친구가 아니다. 겸손은 흑백을 분명하게 가려 사실을 있는 그대로 말하는 친구다. 겸손은 현실이 아닌 것을 용납하지 않는다. 만일 겸손이 우리의 초상화를 그린다면, 얼굴에 난 여드름까지 감추지 않고 그대로 묘사할 것이다. 우리의 마음속에는 교만이 깊이 뿌리박혀 있기 때문에 우리 가운데 가장 훌륭한 사람들조차도 겸손과 어울리는 것을 고통스럽게 여기고, 때로는 큰 충격을 받기까지 한다. 우리는 아첨꾼들에게 둘러싸여 있기를 더 좋아한다.

우리는 너나 할 것 없이 모두 높은 지위와 권력의 자리에 올라 부를 누리기를 원한다. 우리는 인생을 언덕을 오르는 것처럼 생각하는 경향이 있다. 그러나 영적 성장은 올라가는 것이 아니라 내려가는 것이다. 겸손하게 성장한다는 것은 곧 '아래로의 성장'을 의미한다.[2] 솔직히 말해, 그것은 결코 유쾌한 경험이 못 된다. 자라서 우주 비행사가 되겠다고 말하는 아이들은 많은데 도랑을 파는 노동자나 석탄을 캐는 광부가 되겠다고 말하는 아이는 한 사람도 없는 이유는 무엇일까? 그

---

2) '아래로의 성장'이라는 문구는 19세기 성공회 설교자 찰스 시므온에게서 빌려온 것이다. H. C. G. Moule, *Charles Simeon* (London: Inter-Varsity Fellowship, 1948), 64을 보라.

이유는 땅 아래로 내려가는 것이 전혀 인상적이거나 즐거운 일이 못되기 때문이다. 그러나 그것이 정확히 겸손이 우리에게 원하는 것이다. 겸손이 우리를 그곳으로 이끄는 이유는 그곳이 우리가 속한 곳이기 때문이다. 겸손은 현실에 관심을 둔다. 우리 같은 부패한 피조물은 창조주 하나님 앞에서 얼굴을 땅에 대고 납작 엎드려야 한다. 그곳이 우리가 있어야 할 자리다.

공원 산책이 아니다

이 책의 목표는 하나님의 은혜로 우리를 겸손히 낮추는 것에 있다. 쓰기 힘든 내용이다. 이 책을 기도하며 주의 깊게 읽는 사람은 모두 상처를 입을 수밖에 없다. 나는 오랫동안 철저한 운동 계획을 세워 건강을 유지해 왔다. 그러는 동안 내 몸이 기진맥진한 상태로 주저앉으려고 할 때마다 운동 트레이너는 "더 나은 사람이 되려면 편안한 한계점을 극복해야 해요."라고 소리쳤다. 이 말에는 큰 지혜가 담겨 있다. 하나님이 원하시는 더 나은 자란 곧 겸손한 자를 가리킨다. 그러나 겸손에 이르는 길은 공원을 산책하는 것과는 전혀 다르다. 하나님이 원하시는 성장을 이루려면, 편안한 한계점을 극복해야 한다. 기분을 좋게 만드는 솜털 같은 종교를 원하는 우리의 성향을 십자가에 못 박아야 한다. 기독교는 그런 종교가 아니다. 기독교는 죽으라는 부르심이다. 그 이유는 우리 자신에 대해 죽어야만 비로소 참된 삶을 살 수 있기 때문이다.

겸손에 이르는 고통스러운 길이 하나님의 지혜로운 계획을 통해 참된 의미와 만족에 이르는 길이 된다. 그 길은 오직 예수 그리스도와의 연합을 통해서만 걸을 수 있다. 이 세상에서 살았던 사람 가운데 진정으로 겸손한 사람은 오직 그분뿐이다. 오직 그분만이 우리를 겸손하게 만드는 능력을 지니고 계신다. 그리스도께서는 내주하시는 성령을 통해 자신의 형상을 이루게 하신다. 참된 겸손은 오직 그분 안에서만 추구할 수 있다.

나와 함께 그리스도의 능력으로, 그분의 영광을 위해 겸손해지려고 노력하겠는가? 그 길은 결코 쉽지 않지만, 충분히 가치 있는 일이 되고도 남을 것이다.

겸손의 정의

알베르트 아인슈타인은 "할머니한테 설명할 수 없다면, 어떤 것을 진정으로 이해했다고 말할 수 없다."라고 말했다.

나는 지적인 성향이 강하다. 나는 신학책을 읽고, 깊이 있는 대화를 나누기를 좋아한다. 이상하게도 나는 거창한 생각이나 말을 좋아하는 성향이 있다. 그러나 내가 아버지가 되어 누리는 가장 큰 축복 가운데 하나는 내게 엄연한 현실을 일깨워준다는 것이다. 내가 가정 예배를 드릴 때 헬라어 '페리코레시스'의 어원학적 의미를 설명하기 위해 존재론적인 삼위일체에 관한 20분간의 강론을 시작하려고 하면, 다섯 살 된 우리 아이는 즉시 무관심한 기색을 드러낸다. 나는 신학교에서 배운 것을 나의 자녀들(또는 나의 할머니)이 이해할 수 있는 방식으로 설명할 수 없다면, 진정으로 배웠다고 말할 수 없다는 사실을 깨달았다.

겸손을 간단하고, 명확하게 정의하기는 결코 쉽지 않다. 어떤 사람들은 이 미덕이 복잡하고, 다양한 개념을 지니고 있기 때문에 간단하게 정의할 수 없다고 주장한다.[1] 그러나 겸손을 정확하게 설명하지 못하는 우리의 한계가 그 개념의 복잡성보다는 그에 대한 우리의 몰이해와 더 관련이 깊은 것 같다는 생각이 든다. 나는 이 머리글에서 이 중요한 미덕의 본질적인 측면들을 간단하게 개괄해 볼 생각이다.

행위로 정의되는 겸손

겸손은 행위의 관점에서 종종 설명된다. 앤드류 머레이는 겸손을 '하나님을 온전히 의지하는 것'으로 정의했다.[2] 그는 겸손이 하나님과의 관계에서 어떤 역할을 하는지를 염두에 두고 그것을 정의했다. 겸손은 하나님을 온전히 의지한다. 머레이의 정의가 하나님을 향한 겸손의 행위를 강조했다면, 존 딕슨의 정의는 인간을 향한 겸손의 행위에 초점을 맞추었다. 그는 겸손을 '자신의 신분을 중시하지 않고, 자신의 자산이나 영향력을 다른 사람들을 유익하게 하는 데 사용하겠다는 고귀한 결정'으로 정의했다.[3] 다시 말해, 겸손은 다른 사람들을 위해 자신을 희생하는 것을 의미한다.

이런 정의들은 겸손이 하는 일을 정확하고, 명료하게 설명한다. 성경에서도 겸손을 이런 식으로 묘사하는 방식을 뒷받침하는 증거가 더러 발견된다(빌 2:3, 약 4:6, 7 참조). 그러나 어떤 사람이나 사물을 적절하게 정의하려면 단순한 행위의 관점을 뛰어넘는 관점이 필요하다.

---

1) 예를 들어, 크리스토퍼 허치슨은 겸손을 한 문장으로 정의하는 것을 의도적으로 피하고, 200쪽이 넘는 한 권의 책이 곧 자신의 정의라고 주장했다. *Rediscovering Humility: Why the Way Up Is Down* (Greensboro, N.C.: New Growth Press, 2018), 3. 나는 여기에서 약간의 비평을 곁들였지만, 허치슨의 책을 강력하게 추천하고 싶다. 특히 겸손을 지역 교회의 삶과 연관시켜 다룬 내용이 돋보인다.

2) Andrew Murray, *Humility* (New Kensington, Pa.: Whitaker House, 1982), 16. J. Lanier Burns는 겸손을 하나님에 대한 순종적이고 의존적인 복종이라고 유사하게 정의한다. *Pride and Humility at War: A Biblical Perspective* (Phillipsburg, N.J.: P&R, 2018), 15, 24, 65.

3) John Dickson, Humilitas: *A Lost Key to Life, Love, and Leadership* (Grand Rapids: Zondervan, 2011), 24.

누군가가 나의 아내에 관해 묻는다면, "아내는 부엌살림을 너무 잘해요. 게다가 집에서 아들들을 열심히 가르치면서 집안을 청결하게 유지하고, 세탁물도 밀리는 법이 없지요. 아내는 참으로 대단해요." 라고 대답할 수 있다. 나의 아내 테사를 아는 사람은 누구나 이 말이 모두 사실이라는 것을 알고 있다. 그러나 혹시나 아내가 그런 내 말을 엿듣는다면 자기를 과소평가했다면서 못마땅해할 것이 분명하다. 왜일까? 칭찬만 했을 뿐인데? 나는 그녀의 인격이 아닌 행위만을 칭찬했다. 물론, 이 둘은 서로 분리될 수 없다. 행위의 주체는 인격이다. 그러나 아내의 참모습은 그녀의 행위를 훨씬 뛰어넘는다. 그녀가 가족들을 사랑으로 섬기는 이유는 마음이 넓고, 경건한 여성이기 때문이다.

행위로 사람들을 정의하기보다는 인격으로 그들의 행위를 정의해야 한다. 겸손을 정의할 때도 마찬가지다. 하나님을 의지하고, 그분께 복종하는 것이 겸손이 아닌가? 맞는 말이다. 다른 사람들을 사랑으로 섬기는 것이 겸손이 아닌가? 물론이다. 그러나 우리가 물어야 할 더 근본적인 질문은 "겸손이 그런 일을 하는 이유가 무엇일까? 이 미덕은 왜 하나님을 굳게 의지하고, 다른 사람들을 위한 희생을 감수하는 것일까? 겸손의 본질은 무엇일까?"라는 것이다.

본질로 정의되는 겸손

가능한 한 정확하게 말하면, 겸손은 '하나님을 지향하는 자기 인식에서 비롯한 낮아지려는 성향'으로 정의될 수 있다. 아마도 설명을 덧붙이지 않으면, 다 되뇌기도 힘든 이 시구와도 같은 문구를 도통 이해하기 어려울 것이 틀림없다. 그러나 아래의 내용을 계속해서 읽어보면, 이 정의가 지닌 의미가 서서히 윤곽을 드러낼 것이다.

겸손은 낮아지려는 성향이다

'겸손한'을 뜻하는 히브리어와 헬라어는 종종 '낮은'으로 번역된다. 이 말은 땅바닥에 엎드려 절한다는 개념을 전달한다. 성경은 '겸손한 자'와 '교만한 자'를 날카롭게 대조한다(삼하 22:28, 시 18:27, 138:6). 겸손의 낮아짐이 외적인 물리적 속성을 말하는 것이 아닌 것은 교만의 높아짐이 외적인 속성이 아닌 것과 마찬가지이다. 겸손은 영혼의 성향을 가리킨다. 이것이 하나님이 겸손한 자를 '심령이 가난한 자'로 일컬으신 이유다.

> "사람이 교만하면 낮아지게 되겠고 마음이 겸손하면 영예를 얻으리라"(잠 29:23).

> "지극히 존귀하여 영원히 거하시며 거룩하다 이름하는 이가 이와 같이 말씀하시되 내가 높고 거룩한 곳에 있으며 또한 통회하고 마음이 겸손한 자와 함께 있나니 이는 겸손한 자의 영을 소생시키며 통회하는 자의 마음을 소생시키려 함이라"(사 57:15).

겸손의 본질은 '영혼의 낮아짐'이다.

기독교는 처음부터 끝까지 마음에 초점을 맞춘다. 예수님은 잠언 4장 23절과 같은 구약성경의 말씀을 근거로 사람의 행위와 말이 모두 마음에서 비롯한다고 가르치셨다(마 15:19). 겸손한 행위보다 영혼의 내적 성향이 먼저다.[4] 이것은 중대한 의미를 지닌다. 이 내적 성향은 아래를 향한다. 겸손한 자의 영혼은 자만심에 사로잡히지 않는다.

겸손은 교만과 대조된다. 교만은 하나님을 거부하고 자기만족을 추구하며, 이기적인 목적을 위해 다른 사람들을 이용한다. 그러나 겸손과 마찬가지로 교만도 행위가 아닌 본질을 근거로 정의해야 한다. 겸손이 낮아지려는 성향이라면 교만은 높아지려는 성향이다. 솔로몬은 겸손에 관한 구약성경의 대표적인 구절인 잠언 3장 34절에서 교만한 자를 '비웃는 자'로 분류했다. "진실로 그는 비웃는 자를 비웃으시며 겸손한 자에게 은혜를 베푸시나니"(《한글 개역 개정역 성경》은 '비웃는 자'를 '거만한 자'로 번역했다—역자주). 그는 나중에 비웃는 자를 '넘치는 교만으로 행하는 무례하고 교만한 자'라고 좀 더 정확하게 설명했다(잠 21:24). 솔로몬은 다양한 표현을 사용해 비웃는 자의 자기중심적이고, 거만한 속성을 묘사했다. '비웃음'의 본질을 곰곰이 생각하면 그런 표현들의 의미를 쉽게 이해할 수 있다. 사람들은 하나님이나 다른 사람들을 어떤 식으로 조롱하는가? 그들은 자신을 재판관의 자리에 올려놓는다. 다른 사람들에게 책망받는 것을 못 견디는 것이 비웃는 자들의 주된 특성 가운데 하나다(잠 13:1, 15:12 참조). 그들은 자신들이 비판이나 책망을 받을 일이 전혀 없다고 스스로를 속인다. 그들은 거만하고, 교만한 마음을 소유한 자들의 전형이다.

---

4) 우리는 대개 인간의 영혼이 생각, 의지, 애정이라는 세 가지 기능을 담당한다고 말한다. 겸손은 감정의 기능에 해당한다. 내가 말하는 '성향disposition'은 '애정affections'과 똑같은 의미를 지닌다. 여기에서 '애정'은 일시적으로 솟구쳐 올랐다가 사라지는 느낌이나 특별한 이유가 없이 생기는 감정을 의미하지 않는다. 이것은 진리를 깨닫고 행동(즉 의지)으로 나아가는 마음의 강렬한 성향을 가리킨다. 겸손은 낮아지려는 강렬한 성향을 가리킨다. 거룩한 애정의 본질에 대해 좀 더 자세히 알고 싶으면 다음의 자료를 참조하라. Gerald R. McDermott, *Seeing God: Jonathan Edwards and Spiritual Discernment* (Vancouver: Regent College Publishing, 1995), 27–41.

겸손은 낮아지려는 영혼의 성향으로 자아를 지나치게 높이는 교만과 대조된다. 그러나 겸손을 정의하는 것으로 그치면, 혼란을 초래할 위험이 있다. 낮아지려는 성향이 모두 겸손에 해당하는 것은 아니다. 현대 심리학을 통해 겸손과는 무관한 낮아짐의 형태가 있다는 사실이 널리 드러났다. 그것은 '낮은 자긍심'으로 불린다. 그런 사람은 자신감이 없기 때문에 항상 열등감, 무능감, 소심증에 시달린다. 낮은 자긍심과 겸손을 혼동하기 쉽다. 그러나 자신감의 결핍의 이차적인 원인은 매우 다양하지만, 일차적인 원인은 단 한 가지뿐이다. 즉 그 이유는 영혼이 자아를 가장 높이 격상시킨 상태에서 타고난 약점, 실패, 압박감 등으로 인해 큰 혼란을 느끼기 때문이다.[5] 낮은 자긍심을 지닌 사람들도 높은 자긍심을 지닌 사람들과 마찬가지로 자아에 집착한다. 그런 식의 겸손은 위장된 교만이다. 낮은 자긍심은 거짓 겸손으로 위장한 교만에 지나지 않는다.

따라서 겸손을 단지 낮아지려는 성향이라고 말하는 것으로 그쳐서는 안 된다. 낮아지려는 성향이 모두 똑같은 것은 아니다.

겸손은 하나님을 지향하는 자기 인식에서 비롯한다

겸손은 낮아진 마음을 가리킨다. 겸손은 하나님의 영광 앞에 우리 자신을 비춰볼 때 생겨난다. 이것이 내가 '하나님을 지향하는 자기 인

---

5) 낮은 자긍심은 복잡한 성질을 띤다. 그것의 이차적인 원인이나 요인은 매우 다양하다. 예를 들어, 아버지의 잦은 폭언 때문에 자신감을 잃은 어린아이가 있을 수도 있고("아버지는 옳아. 나는 아무짝에도 쓸모가 없어."), 포르노그래피에 중독된 남편 때문에 자신감을 잃은 아내가 있을 수도 있다("내가 저 여자들만큼 매력적이라면 남편이 나를 사랑할 거야."). 이것은 쉽게 처리하거나 무시할 수 없는 불행한 현실이 아닐 수 없다. 그럼에도 불구하고 그것들은 낮은 자긍심의 이차적인 원인일 뿐이다. 일차적인 원인은 항상 자아에 대한 불건전한 집착에 있다.

식'으로 일컫는 것이다.

윌리엄 팔리는 겸손을 '하나님의 빛으로 나를 바라보는 능력'으로 정의했다.[6] 이 정의는 겸손에 관한 중요한 사실을 일깨워주지만, 사실상 그 본질을 간과하고 있다. 겸손은 하나님을 지향하는 자기 인식에 도달하는 능력이 아니라 자아가 하나님께 매료됨으로써 야기되는 낮아지려는 성향을 가리킨다. 다시 말해, 그것은 하나님 앞에서 우리 자신을 바라보는 것으로 인해 형성된 영혼의 내적 상태를 의미한다. 그것은 보는 능력이 아닌 봄으로써 나타나는 결과다.

이것이 성경이 겸손을 하나님을 경외하는 것과 밀접하게 연관시키는 이유다. 예를 들어, 잠언 15장 33절은 "여호와를 경외하는 것은 지혜의 훈계라 겸손은 존귀의 앞잡이니라"라고 말씀한다. 솔로몬은 병행어법을 이용해 이 두 미덕을 밀접하게 연관시켰다. 그는 또한 "겸손과 여호와를 경외함의 보상은 재물과 영광과 생명이니라"(잠 22:4)라고 말했다. 여호와를 경외하는 것과 겸손은 완벽하게 일치하는 동의어가 아니다. 그것들은 서로 다른 은사다. 그러나 낮아지려는 겸손한 성향은 항상 하나님을 경외하는 것과 짝을 이룬다. 이 둘은 서로 분리될 수 없다.

존 머레이는 하나님을 경외하는 것을 '하나님의 위엄과 거룩하심에 압도되어 깊은 공경심을 느끼는 것'으로 정의했다. 그것은 '하나님의 초월적인 위엄과 거룩하심에 대한 의식의 반영'이다.[7] 여호와를

---

6) William Farley, *Gospel-Powered Humility* (Phillipsburg, N.J.: P&R, 2011), 24. 나중에 그는 그것을 "우리의 실제 모습을 그대로 볼 수 있는, 하나님이 주신 능력"으로 정의한다(37).

7) John Murray, *Principles of Conduct: Aspects of Biblical Ethics* (Grand Rapids: Eerdmans, 1957), 236-37. 머레이는 다른 곳에서도 "하나님을 경외한다는 것은 곧 그분이 항

경외하는 것은 반사적 특성, 곧 살아 계시는 하나님을 볼 때 필연적으로 발생하는 공경심과 사랑의 성향을 가리킨다.[8]

하나님의 영광에 압도된 의식에서 비롯한 깊은 공경심이 느껴질 때마다 반드시 겸손이 뒤따르기 마련이다. 우리는 하나님을 경외하는 것에 대한 머레이의 정의를 근거로 겸손을 '우리의 피조성과 부패함에 압도되어 생겨난 깊은 낮아짐'으로 정의할 수 있다.

하나님의 위엄에 압도되면 우리가 유한한 피조물이자 의존자라는 의식이 분명해지고, 그분의 거룩하심을 알면 우리가 철저하게 부패한 죄인이라는 사실을 깨닫게 되어 낮아지려는 성향이 생겨난다. 하나님을 경외함으로써 영혼이 고양되면 겸손하게 되어 아래로 낮아진다.[9]

만일 우리가 두바이에 사는 백만장자라면 부르즈 할리파에 있는 호화로운 아파트를 빌려 살 생각을 할 것이다. 이 글을 쓰는 현재, 이 건축물은 높이가 828미터에 달하는 세계 제일의 고층빌딩이다. 그런

상 우리의 생각과 의식의 중심을 차지하고 계시고, 우리의 의식 전체에 그분에 대한 의존감과 책임감이 깊이 침투해 있는 상태로 살아가는 것을 의미한다."라고 말했다. *The Epistle to the Romans* (Grand Rapids: Eerdmans, 1959), 1:105.

8) 성경에서 하나님을 사랑하는 것과 경외하는 것은 거의 동일한 의미를 지닌 것으로 취급된다(시 145:19, 20 참조). 마이클 리브스는 "두려워 떨면서 '하나님을 경외한다는 것'은 성도가 하나님에 대해 느끼는 사랑과 즐거움의 강도를 표현하는 방식 가운데 하나다…하나님을 경외한다는 것은 곧 그분에 대한 사랑으로 정의된다. 그것은 자신의 은혜와 영광을 온전하게 드러내시는 하나님에 대한 올바른 반응이다. *Rejoice and Tremble: The Surprising Good News of the Fear of the Lord* (Wheaton, Ill.: Crossway, 2021), 52-53. 따라서 하나님을 경외한다는 것은 "네 마음을 다하고 목숨을 다하고 뜻을 다하여 주 너의 하나님을 사랑하라"(마 22:37)라는 가장 큰 첫 번째 계명을 지키려는 애정 어린 공경심으로 이해해야 한다.

9) 이 표현은 존 파이퍼에게서 빌려온 것이다. 그는 "하나님을 찬미하며 교통함으로써 영혼이 고양되면 겸손함으로 아래로 낮아진다"라는 표현으로 찰스 시므온의 영성을 묘사했다. *21 Servants of Sovereign Joy: Faithful, Flawed, and Fruitful* (Wheaton, Ill.: Crossway, 2018), 320.

높은 빌딩을 세우려면 땅속 깊이 기초를 닦아야 한다. 부르즈 할리파의 기초는 땅 아래 50미터 지점에 있으며, 11만 톤에 달하는 시멘트와 철골로 이루어져 있다. 하나님을 경외하는 것과 겸손도 이와 비슷하다. 경외심이 크게 고양되려면 겸손하게 되어 아래로 깊이 낮아져야 한다. 하나님을 알면 알수록 우리 자신을 더 많이 알게 되어 낮아지게 된다.

구원의 역사를 돌아보면, 겸손과 하나님에 대한 경외심의 상호관계를 보여주는 생생한 사례들이 많이 발견된다. 의로운 욥은 그런 사례 가운데 하나다. 충격적인 고난을 겪으면서 친구들의 유익하지 못한 조언까지 들어야 했던 그는 하나님의 섭리적 지혜를 의심했다. 그는 갑작스러운 불행으로 재산과 가족과 건강을 잃게 된 이유를 알고 싶었다. 마침내 하나님은 욥기 마지막 부분에서 그 이유를 설명하셨다. 그분은 영광 가운데 나타나서 욥에게 "내가 땅의 기초를 놓을 때에 네가 어디 있었느냐"(욥 38:4)라는 질문을 시작으로 모두 일흔두 가지 질문을 던지셨다. 하나님이 질문을 소낙비처럼 쏟아부으신 이유는 "욥아, 나는 하나님이고, 너는 하나님이 아니다."라는 한 가지 사실을 상기시켜 주시기 위해서였다. 그것은 욥이 원했던 설명은 아니었지만, 그에게 가장 필요한 것이었다. 욥은 하나님의 지극한 위엄을 깨닫고 이렇게 부르짖었다.

"내가 주께 대하여 귀로 듣기만 하였사오나 이제는 눈으로 주를 뵈옵나이다 그러므로 내가 스스로 거두어들이고 티끌과 재 가운데에서 회개하나이다"(욥 42:5, 6).

'그러므로'라는 말을 간과하지 말라. 이 말은 욥이 하나님을 봄으로써 나타난 반사적 결과를 가리킨다. 하나님을 경외하는 마음이 겸손으로 반영되었다. 하나님의 완전하심을 본 욥은 땅에 납작 엎드렸다. 경외심으로 위를 바라보자 낮아지려는 겸손한 성향이 생겨났다.

교만한 자들의 가장 큰 문제점은 고의로 하나님을 잊는 것이다. C. S. 루이스는 교만은 곧 "하나님을 완전히 거부하는 마음 상태"를 의미한다고 말했다.[10] 교만한 자들은 자아를 신성시한다. 그들이 거만한 성향을 지니는 이유는 스스로가 위대하고, 완전무결하다고 생각하기 때문이다. 그들은 하나님 앞에서 자기 자신을 바라보지 않는다. 시편 저자는 "그[악인]의 눈에는 하나님을 두려워하는 빛이 없다"(시 36:1)고 말했다.

존 칼빈은 "인간은 하나님의 위엄과 자신을 비교해보기 전까지는 자신의 비천한 상태를 절대로 충분히 의식할 수 없다."라는 말로 《기독교 강요》를 시작했다.[11] 우리가 얼마나 낮은 자인지 깨닫고 그에 걸맞는 마음가짐을 갖기 위해서는 하나님 앞에서 우리 자신을 봐야 한다. 바꾸어 말해, 하나님을 지향하는 자기 인식이 필요하다.

그러나 겸손을 자아에 대한 망각, 곧 팀 켈러의 《자기 망각의 자유》라는 책을 통해 대중화된 개념과 동일시해서는 곤란하다. 책의 제목을 통해 익히 짐작할 수 있는 대로, 켈러는 겸손을 '나 자신을 덜 생각하는 것'으로 정의하면서 "복음을 통해 진정으로 겸손해진 사람은 자

---

10) C. S. Lewis, *Mere Christianity* (New York: HarperCollins, 2001), 122.

11) John Calvin, *Institutes of the Christian Religion*, trans. Ford Lewis Battles, ed. John T. McNeill (Philadelphia: Westminster Press, 1960), 1.1.3.

기를 잊는다."라고 설명했다.[12] 복음을 높은 자긍심과 낮은 자긍심에 적용한 켈러의 가르침은 상당한 통찰력을 지닌다. 그가 말한 '복음으로 겸손해진 사람'이란 '그리스도를 통해 자아를 사랑하는 마음에서 벗어난 사람'을 가리킨다. 이것도 성경적이기는 마찬가지다.

내가 우려하는 것은 '잊는다'와 '생각하지 않는다'와 같은 표현이다.[13] 성경은 자아를 생각에서 지워버리라고 요구하지 않는다. 켈러는 바울의 가르침에 초점을 맞춰 겸손에 대한 정의를 도출하려고 했지만, 바울은 어디에서도 자아를 생각하지 말라고 말하지 않았다. 사실, 바울은 그 어떤 성경 저자보다 더 자주 아담 안에 있든 그리스도 안에 있든, 우리 자신의 참된 정체성을 일깨워주려고 노력했다. 그는 우리가 스스로를 돌아보기를 원했다. 그는 우리가 창조와 구원을 관장하신 성삼위 하나님 앞에서 우리 자신을 옳게 바라보기를 바랐다. 켈러의 책은 복음, 특히 이신칭의의 교리가 자기 망각의 자유를 가져다준다는 것에 주로 초점을 맞추었다.[14] 그러나 우리가 그리스도 안에서 의로운 상태가 되었다는 것을 알고 다른 사람들을 향하는 사랑을 실천하려면, 우리 자신을 잊지 말고, 기억해야 한다. 겸손은 우리 자신을 잊는 것이 아니라 우리가 하나님을 비롯해 다른 사람들과 관계를 맺고 있다는 사실을 의식하고, 우리의 자아를 옳게 인식하는 데서 생겨

---

12) Timothy Keller, *The Freedom of Self-Forgetfulness: The Path to True Christian Joy* (Leyland, Lancashire, UK: 10Publishing, 2012), 32 – 33.

13) 루이스도 '자기 망각'이라는 개념을 좋게 생각했다. "하나님 앞에 있다는 것을 보여주는 참된 증거는 자신을 아예 잊거나 자신을 더럽고, 무가치한 존재로 생각하는 것이다. 자기를 아예 잊는 것이 더 낫다." *Mere Christianity*, 125.

14) Keller, *Freedom of Self-Forgetfulness*, 37 – 44.

난다.

이처럼 영혼은 두 가지 방향으로 움직인다. 영혼은 하나님을 경외함으로써 위로 나아가고, 겸손을 지향함으로써 아래로 나아간다. 위로 향하는 경외심의 은사가 아래로 향하는 겸손의 은사와 함께 사랑의 은사 안에서 성장하도록 이끈다.

겸손은 다른 사람을 사랑하게 만든다

욥은 이 점을 분명하게 보여준다. 욥의 친구들은 그를 진정으로 위로하려고 했다. 그들의 의도는 선했다. 그러나 불행하게도 선한 의도가 항상 선한 결과로 이어지는 것은 아니다. 그들은 하나님을 불완전하게 알고 있었기 때문에 서투른 조언자가 되고 말았다. 욥이 그들의 그릇된 비난과 사나운 비판에 실망을 느끼는 것은 당연했다. 그가 친구들에게 "저리 꺼져!"라고 소리치며 관계를 끊어도 될 만한 상황이었다. 그러나 하나님은 자신의 위대함 앞에서 욥이 무릎을 꿇도록 만들고 나서 그의 세 친구를 책망하셨다. 그들은 하나님의 뜻을 잘못 생각하고, 어리석은 말을 내뱉었다. 그들은 자기들을 대신해 나서줄 중보자가 필요했고, 하나님은 의로운 욥을 통해 그런 중보자를 허락하셨다(욥 42:7, 8). 놀랍게도 욥은 짐승들을 잡아 속죄하려는 친구들을 위해 기도했다(8, 9절). 욥은 자신이 가장 큰 곤경에 빠졌을 때 자기를 배신한 친구들을 위해 사랑의 중보 기도를 드렸다. 어떻게 그럴 수가 있었을까? 욥에게는 "자네들은 내가 죄를 지어 고난을 받는다고 말하며 내게 분노를 쏟아냈네. 이제 자네들이 마땅히 받아야 할 벌을 받아야 하네."라고 말할 만한 이유가 충분히 있었지만, 도리어 그는 원수들을 위해 기도했다. 욥의 사랑은 하나님과의 만남을 통해 마음이 겸손해진 결과였다.

하나님을 지향하는 자기 인식에서 비롯한 낮아지려는 성향은 다른 사람들을 사심 없이 희생적으로 사랑할 수 있는 자유로움을 제공한다. 이것이 종종 겸손이 다른 사람들을 사랑하는 것과 연관되어 언급되고(엡 4:2, 빌 2:3, 벧전 3:8 참조), 하나님을 경외하는 것이 사랑으로 간단히 요약될 수 있는 그분의 명령을 지키는 행위와 연관되어 언급되는 이유다(시 19:9, 전 12:13 참조).

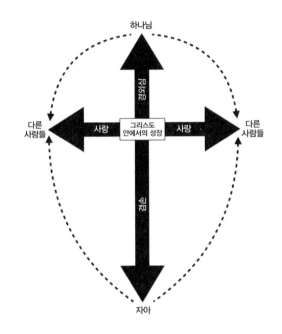

위의 그림은 겸손과 경외심과 사랑의 관계를 보여준다. 깊은 겸손과 깊은 경외심이 함께 합쳐져 깊은 사랑을 베풀 수 있는 자유로움을 제공한다.

겸손의 정의

위로 향하는 경외심, 아래로 향하는 겸손, 밖으로 향하는 사랑이라는 이 세 가지 움직임은 자연스레 세 가지 질문을 제기한다.

1) 하나님을 어떻게 생각하는가(하나님을 경외하는가)?

2) 나를 어떻게 생각하는가(심령이 가난한가)?

3) 다른 사람들을 어떻게 생각하는가(다른 사람들을 마음을 다해 구체적으로 사랑하는가)?

이 질문들을 대충 훑어보았다면, 다시 처음으로 돌아가 기도하는 마음으로 곰곰이 생각해 보기 바란다. 이것들은 우리의 겸손을 측정할 수 있는 도구다. 겸손은 우리가 나열하는 경건한 행위들이 아니라 이 질문들에 대답할 때 우리의 마음에 느껴지는 고통을 통해 측정된다. 교만에 사로잡힌 사람들은 자신들의 오만함을 생각하지 않고, 그것을 종종 경건한 종교성으로 은폐한다. 1세기의 바리새인들이 이 질문들에 어떻게 대답했을지 상상해 보라. 진정으로 겸손해져야만 우리가 얼마나 겸손하지 못한지를 분명하게 깨달을 수 있다. 역설적으로 들릴지 몰라도, 겸손한 심령을 소유한 사람들은 자신이 하나님을 경외하고, 사람들을 사랑하는 낮아지려는 성향이 없다고 탄식한다. 당신의 대답이 당신의 마음 상태를 어떻게 보여주고 있는지 생각해 보라.

이 머리글은 겸손의 대략적인 윤곽만을 묘사하고 있다. 이 윤곽에 생생한 색깔을 집어넣어야 할 필요가 있다. 이어지는 내용은 캔버스에 다양한 색을 칠하는 것에 비유될 수 있다. 5부로 나뉜 이 책의 각 부분은 자아에 대한 하나님 중심적인 관점을 다양하게 제시하는 데 초점을 맞춘다.

아래로의 성장은 하나님을 지향하는 자기 인식에 관한 입문서에
해당한다. 그러나 오직 그리스도의 영만이 자아에 대한 하나님 중심
적인 진리를 우리 마음 깊이 새겨 아래로 성장하게 하실 수 있다. 이
책을 읽는 동안, 그분의 은혜로운 역사가 일어나기를 기도하라. 실제
로 겸손해지지 않고 단지 겸손을 이해하는 것만으로 만족해서는 안
된다.

1부

실존적 겸손

실존적: 존재 또는 실존에 관련되어 있는
우리는 의존적이고, 언약적이며, 일시적인 피조물이다.

1

의존적인 피조물

영화가 시작한 지 20분이 지난 후에 영화관에 도착했을 때의 실망감을 경험해본 적이 있는가? 주인공과 악한이 이미 소개되었고, 줄거리가 전개되기 시작했으며, 긴장감이 차츰 고조되고 있다. 첫 장면을 보지 못하면, 남은 시간 내내 상황이 어떻게 전개되고 있는지를 파악하려고 긴장할 수밖에 없다.

시작은 중요하다. 시작은 이해의 기초를 세우고, 중요한 틀을 제공한다. 이는 겸손의 경우도 마찬가지다. 안타깝게도, 우리는 겸손을 신학적으로 다루려고 할 때도 20분 늦게 나타나는 듯한 태도를 보일 때가 많다.

겸손의 시작

겸손이 언제 처음 등장했을까? 이 미덕은 죄의 타락이 이루어진 후에 처음 등장했다는 것이 일반적인 가설이다. 한 저술가는 겸손을 "하나님의 거룩하심과 우리의 부패함에 우리 자신을 정직하게 비춰보는 것"으로 정의했다.[1] 또 다른 저술가는 그것을 "하나님의 거룩하심과 우리의 부패함을 염두에 두고서 그분의 빛에 나 자신을 비춰보는 능력"으로 묘사했다.[2] 이런 정의는 대개 사실이다. 우리처럼 타락 이후의 삶을 살아가는 사람들의 경우는 우리의 부패함을 하나님의 초월적인 순수함에 비춰볼 때 겸손, 곧 낮아지려는 성향이 생겨난다. 문제는 이런 정의들이 겸손의 본질을 인간의 타락과 연관시키는 데 있다. 이런 정의들에 따르면, 겸손은 인간의 부패함을 전제로 한다. 그러나 인간의 부패함을 의식하는 것은 겸손의 본질이 아니다. 겸손은 죄의 타락으로 시작되지 않았다.

겸손의 화신이신 예수 그리스도를 생각하면, 그런 사실이 분명하게 드러난다. 주님은 하나님의 거룩하심에 자기를 비춰 평가하는 '능력'이 없으셨다. 왜냐하면 죄가 없으셨기 때문이다(고후 5:21, 히 4:15). 만일 겸손을 타락과 연관시켜 인격의 부패함을 깨닫는 것을 겸손의 본질로 생각한다면, 성육신하신 하나님의 아들께서는 겸손하지 않으시다고 결론지을 수밖에 없다. 그러나 성경은 그렇지 않다고 힘주어 말한다(마 11:29, 빌 2:5-8). 더욱이, 에덴동산에서 저질러진 원죄의 뿌리는 교만이었다. 만일 겸손한 성향이 먼저 존재하지 않았다면, 인간의 타락을 부추긴 교만한 반역 행위를 이해하기가 불가능하다. 겸손은 타락 이후에 등장하지 않았다. 겸손은 오히려 인간이 타락할 당시에 공격을 받았다. 그런 공격은 겸손이 이미 그 전에 존재했다는 것을 전제로 한다.

겸손은 인간의 타락 이후가 아닌 인간의 창조시에 등장했다. 따라서 겸손에 관해 생각하려면 태초에서부터 시작해야 한다.

---

1) C. J. Mahaney, *Humility: True Greatness* (Colorado Springs: Multnomah, 2005), 22.

2) Farley, *Gospel-Powered Humility*, 24.

독립적인 창조주, 의존적인 피조물

성경은 "태초에 하나님이"(창 1:1)라는 문구로 시작한다. 창조되지 않은 하나님이 영원 전부터 항상 존재하셨다. 그분은 그저 존재하실 뿐, 하나님이 되기 위해 그 어떤 사물이나 사람에게 의존하지 않으신다. 신학 용어로 이를 하나님의 '자존성(aseity)'으로 일컫는다. 이 용어는 '자기에게서, 자기로부터'를 뜻하는 라틴어 '아 세(*a se*)'에서 유래했다.

자존성에는 하나님의 존재에 관한 여러 가지 진리가 함축되어 있다. 첫째, 하나님은 스스로 존재하신다. 그분은 자기 밖에 있는 모든 것으로부터 독립한 상태로 스스로 생명을 지니고 계신다. 둘째, 하나님은 스스로 충족하시다. 그분은 하나님으로 계속 존재하기 위해서 또는 그분의 주권적인 목적을 이루기 위해 다른 사물이나 존재를 의존하지 않으신다. 셋째, 하나님은 스스로 만족하신다. 그분은 피조물을 의지해 만족을 얻지 않으신다.

이것이 바울이 아레오바고에서 전한 메시지다. 그는 아덴 사람들이 만든 신들(인간에게 의존하는 우상들)을 안치한 만신전 앞에서 "우주와 그 가운데 있는 만물을 지으신 하나님께서는 천지의 주재시니 손으로 지은 전에 계시지 아니하시고 또 무엇이 부족한 것처럼 사람의 손으로 섬김을 받으시는 것이 아니니 이는 만민에게 생명과 호흡과 만물을 친히 주시는 이심이라"(행 17:24, 25)라고 하나님의 자존성을 선언했다. 하나님은 하나님이 되기 위해 어떤 사물이나 존재를 의존하지 않으신다. 그분은 우리를 필요로 하지 않으신다. 그분은 삼위일체의 신성함과 충만함으로 영원히 존재하신다. 〈웨스트민스터 신앙고백〉 2장 2항은 "하나님은 스스로 모든 생명과 영광과 선함과 행복을 지니고 계시기 때문에 자기 안에서 홀로 온전히 만족하신다. 그분은 자신이 지은 그 어떤 피조물도 필요로 하지 않고, 그들에게서 영광을 구하지도 않으며, 오직 그들 안에서, 그들을 통해, 그들에게 영광을 나타내실 뿐이다."라고 진술했다. 하나님은 절대적인 의미에서 독립적으로 존재하신다. 그분은 자존하신다.

언뜻 생각하면, 주제에서 벗어나 곁길로 샌 것처럼 들릴 수도 있다. 우리의 주제는 겸손이 아닌가? 도대체 하나님의 독립성을 강조하는 라틴어가 우리의 겸손과 무슨 관계가 있다는 말인가? 그러나 사실 이것은 겸손과 매우 긴밀한 상관관계가 있다. 겸손은 하나님을 지향하는 자기 인식에서 비롯한 낮아지려는 성향을 가리킨다. 성경은 우리의 피조성을 창조되지 않은 하나님의 영광이라는 거대한 현실과 결부시킨다.

'창조하다'를 뜻하는 히브리어는 오직 하나님만을 주어로 삼는다.[3] 창조되지 않은 존재는 창조주밖에 없다. 우리는 세상에 충만하라, 세상을 정복하라, 모든 생물을 다스리라는 명령을 받았을 뿐, 하나님과 공동으로 세상을 창조하지 않았다. 우리는 창조자가 아닌 피조물이다. 창세기 1장 27절은 이 점을 세 차례나 강조했다. "하나님이 자기 형상 곧 하나님의 형상대로 사람을 창조하셨다. 인간을 창조하시되 남자와 여자로 창조하시고."(《킹 제임스 성경》을 참조하라—역자주). 인간은 창조주의 형상을 나타내고, 반영하기 위한 목적으로 독특하게 창조되었다. 하나님의 형상을 지녔다는 것은 피조물이 누릴 수 있는 가장 큰

---

3) Bruce K. Waltke with Cathi J. Fredricks, *Genesis: A Commentary* (Grand Rapids: Zondervan, 2001), 59.

특권이자 영예다. 우리가 하나님의 형상으로 창조되었다는 것은 겸손의 본질을 일깨우는 가장 중요한 사실이다. 래니어 번스는 "교만과 대척 관계에 있는 겸손은 인간이 하나님의 형상으로 창조되었다는 사실에 뿌리를 두고 있다."라고 말했다.[4] 그 이유는 무언가의 형상이라는 말은 독립적으로 존재하는 원형에 전적으로 의존한다는 의미이기 때문이다.

존재와 그 존재의 유지를 의존하는 의존자

열 살 된 내 아들 보스는 알루미늄 테가 둘린 거울에 자기를 비춰보기를 좋아한다. 거울의 용도는 앞에 있는 것을 반영하는 것이다. 보스가 거울을 좋아하는 이유는 알루미늄 테가 아닌 자기 모습을 보는 것을 좋아하기 때문이다. 녀석을 흠잡을 사람이 누가 있을까? 녀석은 잘생긴 꼬마 신사다. 그러나 우리는 녀석이 욕실 거울에 비친 멋진 외모를 바라보며 허영심에 빠져들도록 놔두지 않는다. 아내와 내가 녀석을 번쩍 안아 다른 방으로 데려가면 거울에 비친 녀석의 형상이 어떻게 되는지 아는가? 사라진다. 보스의 형상은 보스 자신이 없으면 더는 존재할 수 없다. 형상은 원형에 전적으로 의존한다.

이런 사실은 하나님의 형상을 지닌 우리에게도 똑같이 적용된다. 우리는 우리가 나타내는 하나님을 전적으로 의존한다. 우리를 창조주와 구별하는 것은 바로 이런 전적인 의존관계다. 안셀무스는 "오직 하나님만이 스스로 모든 것을 가 지고 계시고, 다른 것들은 스스로 아무것도 가지지 못한다. 스스로 아무것도 가지지 못하는 것들은 오직 그

---

4) Burns, *Pride and Humility at War*, 21.

분을 통해서만 현실이 된다."라고 말했다.[5] 하나님은 자존하시고, 우리는 전적으로 그분을 통해 존재한다. 하나님은 스스로 충족하시고, 우리는 전적으로 그분을 통해 생명을 유지한다. 창조주 하나님은 "만민에게 생명과 호흡과 만물을 친히 주신다"(행 17:25). 피조물의 존재와 생명은 하나님을 통해 부여되고, 유지된다.

우리의 피조성을 깊이 의식하게 되면, 지극한 겸손이 느껴지기 마련이다. 겸손한 자들은 자신의 생명과 호흡이 전적으로 하나님께 의존해 있다고 인정한다. 그들은 '하나님이 만물의 근원이자 수단이요 목적이시라는 것'을 안다.[6] 우리 자신과 우리가 소유한 모든 것이 하나님에게서 비롯했고, 그분의 영광을 위해 주어졌다.

성경을 믿는 그리스도인이라면 누구나 이 진리를 기꺼이 인정할 것이 틀림없다. 그러나 하나님의 창조되지 않은 독립성과 그분의 형상을 지닌 우리의 의존성을 생각으로 이해하는 것과 마음으로 받아들이는 것은 서로 별개의 문제다.

나는 2016년식 현대 소나타를 몰고 다닌다. 시트가 천인 데다가 앞 범퍼가 약간 우그러졌고, 그렇게 멋스럽지는 않지만, 잔 고장이 없고, 깨끗하고, 비교적 산뜻하게 보인다. 그런데 최근에 고속도로를 주행하면서 내가 이상한 짓을 하고 있다는 것을 발견했다. 더 오래되고, 덜 좋아 보이는 자동차를 운전하는 사람들의 곁을 지나치면서 마음속에서 묘한 우월감이 느껴졌다. 그랬다. 내가 운전하는 금속 덩어리

---

5) Anselm of Canterbury, *On the Fall of the Devil, in The Major Works*, ed. Brian Davies and G. R. Evans (Oxford: Oxford University Press, 1998), 1:194.

6) Wayne A. Mack, *Humility: The Forgotten Virtue* (Phillipsburg, N.J.: P&R, 2005), 29.

38   아래로 성장하는 삶

가 1987년식이 아닌 2016년식이라는 이유로 주위 사람들보다 나 자신을 더 가치 있게 생각하고 있었던 것이다. 그런 이상한 생각을 하게 만든 것이 대체 무엇이었을까? 그것은 바로 내가 무의식중에 나의 피조성을 부인했기 때문이었다. 나의 현대차, 곧 그것을 살 수 있는 돈과 그 돈을 벌 수 있는 직업과 그 직업을 감당할 수 있는 건강과 재능이 나의 창조주께서 주신 것이 아니라 내 안에 본질적으로 내재되어 있다는 생각에 사로잡혀 있었던 것이다. 슬프게도, 그런 생각은 어쩌다가 일평생 단 한 번 드는 것으로 그치지 않았다. 나는 항상 그랬다. 커피숍에서 내 맞은편에 앉아 있는 여자가 나보다 열등한 것처럼 생각되는 이유는 나는 최신식 맥북을 사용하고 있는데 그녀는 낡은 휴렛패커드 노트북을 사용하고 있기 때문이다. 드라이브쓰루에서 일하는 계산원이 나보다 가치가 덜해 보이는 이유는 그녀가 대학을 다니지 못했을 것으로 생각되기 때문이다. 체육관에서 본 남자가 나보다 못한 것처럼 생각되는 이유는 내가 벤치프레스를 그보다 더 많이 할 수 있기 때문이다. 이런 교만한 생각은 어디에서 비롯하는 것일까? 그런 생각이 드는 이유는 나의 생명과 호흡을 비롯해 모든 것이 하나님에게서 비롯했다는 사실을 망각하기 때문이다. "누가 너를 남달리 구별하였느냐 네게 있는 것 중에 받지 아니한 것이 무엇이냐 네가 받았은즉 어찌하여 받지 아니한 것 같이 자랑하느냐"(고전 4:7).

  피조물인 우리는 하나님으로부터 받지 않은 것이 아무것도 없다. 형상인 우리는 원형이신 하나님께 우리의 존재와 생명과 능력과 관계와 소유를 전적으로 의존한다. 우리가 가진 모든 것이 하나님이 주신 것이다. 따라서 자아를 자랑하는 것은 미친 짓이다. 모든 것을 의존하고 있는 상태에서는 겸손히 자기를 낮추는 태도를 지니는 것만이 가장 합리적인 반응이라고 말할 수 있다. 하나님이 없으면 우리는 아무 것도 가질 수 없고, 심지어는 존재할 수조차 없다.

정체성과 목적을 의존하는 의존자

아마도 우리 시대보다 개인의 정체성에 더 크게 집착했던 시대는 일찍이 없었던 듯하다. 몇 달 전에, 내 아들 가운데 하나를 데리고 병원에 간 적이 있었다. 검사실에서 기다리고 있는데 포스터 하나가 내 눈길을 끌었다. 거기에는 다채로운 색으로 '진저브레드 맨(Gingerbread Man-사람 모양으로 생긴 생강 쿠키)'처럼 생긴 것을 묘사한 그림이 실려 있었다. 그러나 제목에는 쿠키처럼 생긴 것에 진저브레드 맨이 아닌 '젠더브레드 퍼슨(Genderbread Person : 다양한 성 정체성을 이해시키기 위한 교육 도구―역자주)'이라는 명칭이 적혀 있었다. 병원의 벽에 초등학생인 아들의 성 정체성과 성적 성향을 결정하도록 도와주겠다는 포스터가 떡하니 나붙어 있었다. 거기에는 "성 정체성이란 우리가 우리의 머릿속으로 우리 자신에 관해 생각하는 방식을 가리킨다. 우리를 구성하는 것은 화학작용(곧 호르몬 수치)이다. 성 정체성은 그것의 의미를 어떻게 해석하느냐와 관련이 있다."라고 적혀 있었다. 이것은 과장해서 부연한 말이 아니다. 정확히 그렇게 적혀 있었다.

이것이 오늘날의 문화가 우리가 가장 어렸을 때부터 우리의 머릿속에 주입하는 메시지다. "우리가 우리 자신에 대해 생각하거나 느끼는 것이 곧 우리의 정체성이다. 우리가 우리 자신을 해석하고, 규정한다."

그러나 하나님의 형상을 지녔다는 것은 우리가 우리 자신을 규정 지어서는 안 된다는 것을 의미한다. 욕실 거울 앞에 앉아 있는 어린 보스를 다시 생각해 보자. 녀석이 미소를 지으면, 거울에 비친 형상은 어떻게 될까? 똑같이 치아를 드러낸 채 싱긋이 웃는다. 보스의 형이 녀석을 꼬집어 울게 만들면, 거울에 비친 형상은 어떻게 될까? 똑같이 고통스러운 울음을 터뜨린다. 형상은 원형에 의해 규정된다. 보스의 형상은 녀석이 실제로 수염을 기르거나 악기를 연주하지 않으면 스스로 그렇게 할 수 없다. 형상은 명령할 수 없다. 형상은 자기가 원하는 사람이 되거나 원하는 일을 할 수 없다.

하나님의 형상도 마찬가지다. 하나님은 아담과 하와를 창조하고, 그들이 스스로를 규정하도록 맡겨두지 않으셨다. 그분은 창조주로서 "우리의 형상을 따라 우리의 모양대로 사람을 만들고"(창 1:26)라고 권위 있게 말씀하셨다. 그분은 주권적으로 그들의 정체성을 결정하셨다. 그분은 "아담아, 왜 이 중동의 호흡법에 따라 요가를 하지 않느냐? 그렇게 하면서 너의 내면을 깊이 들여다보면 참된 의미와 목적을 발견할 것이다."라고 말씀하지 않으셨다. 그분은 창조주로서 "생육하고 번성하여 땅에 충만하라, 땅을 정복하라,…다스리라"(28절)라고 말씀하셨다. 하나님은 그들의 목적을 주권적으로 결정하셨다. 인간의 모든 것이 하나님의 주권 아래 있고, 인간의 정체성은 전적으로 하나님을 통해 결정되었다는 것이 창세기 1장의 큰 전제다. 형상이란 바로 그런 것을 말하는 것이 아닌가? 스스로 자신을 규정할 수 있는 존재는 독립적인 원형이신 하나님 한 분뿐이다.

오늘날의 문화가 정체성의 혼란, 아니 혼돈으로 몸살을 앓고 있는 이유는 하나님을 고려하지 않기 때문이다. 우리는 대중적인 생각과는 달리 우리 자신의 내면이 아닌 우리의 밖에 계시는 하나님을 바라봄으로써 우리 자신을 발견한다. 우리가 형상이라는 것은 원형이 우리를 규정한다는 의미를 지닌다. 겸손, 곧 낮아지려는 성향은 이 점을 잊지 않는다. 겸손한 마음을 소유한 사람들은 하나님의 말씀을 자신의 정체성에 관한 가장 신빙성 있는 해석으로 받아들인다.

그러나 문제는 우리가 교만에 사로잡혀 의존적인 형상이 되기를 원하지 않는다는 것이다. 우리의 교만한 본성은 하나님 외에 다른 것을 바라봄으로써 자아를 인식하려고 한다. 우리는 내면을 바라보고, 다른 사람들을 바라보고, 돈이나 아름다움이나 재능을 바라본다. 간단히 말해, 우리는 우상 숭배적이다. 교만은 항상 창조주가 아닌 피조물을 보고서 의미와 존엄성을 확보하려 든다. 자동차나 노트북이나 교육 수준을 내세워 우리 자신이 상당히 위대하다고 생각하는 자만심으로 우쭐할 때 그런 일이 벌어진다. 우리는 창조된 것들로 우리의 정체성을 결정한다. 이것이 곧 교만이다.

그런데 자기를 비하하는 생각도 우상 숭배적인 정체성에서 기인한다, 이것을 인정하기는 더 어려울 수 있다. 나처럼 이두박근이 없는 사람들은 스스로 열등감을 느낄 수 있다. 사교 기술이 부족하거나 집이 으리으리하지 않거나 이력서가 변변찮을 때도 자책감을 느낄 수 있다. 우리의 삶 속에 있는 여러 가지 일들이 불안감과 자괴감을 느끼게 할 수 있다. 그러나 그런 감정이 발생하는 진정한 이유가 무엇인지 아는가? 그것은 바로 하나님을 지향하는 자기 인식이 없기 때문이다. 이웃에게 힘든 직업을 가지고 있다고 말하는 것이 부끄럽게 느껴지는 이유는 직업으로 자신을 규정지으려고 하기 때문이고, 독신으로 사는 것이 비참하게 느껴지는 이유는 곁에 배우자가 없는 것으로 자신의 가치를 결정하려고 하기 때문이다. 낮은 자긍심도 높은 자긍심과 마찬가지로 우상 숭배적인 교만에서 비롯한다. 둘 다 창조주가 아닌 피조물의 관점에서 자아를 규정한다. 이성 친구든, 돈이든, 명석한 머리든, 이두박근이든 창조된 것으로 우리의 정체성을 결정하려는 것은 곧 교만에 굴복하는 것이다. 우리는 하나님을 반영하기 위해 그분의 형상으로 창조되었다. 교만은 형상인 우리가 창조주께 의존하고 있다는 사실을 부인하는 것이다.

만족을 의존하는 의존자

창조주 하나님은 관계 지향적인 존재이시다. 그분은 삼위일체 하나님이시다. 삼위일체의 세 위격, 곧 성부와 성자와 성령께서 영원토록 더할 나위 없이 만족스러운 교제를 나누신다. 조나단 에드워즈는 "하나님은 자기를 즐거워하며 무한히 행복해하신다. 그분은 자신의 본질과 완전함을 바라보면서 그것들을 무한히 사랑하고 즐거워하신다."라고 말했다.[7] 다시 말해, 하나님은 스스로 만족하신다. 그분이 우리를 창조하신 이유는 자신의 존재 안에 채워야 할 구멍이 있거나 홀로 외로워서가 아니었다. 그분은 자존하신다.

세상 창조는 하나님의 무한한 즐거움과 충만함이 넘쳐 흐른 데서 비롯한 결과물이다. 그분이 우리를 자신의 형상대로 독특하게 창조하신 이유는 자신의 즐거움과 기쁨에 참여하게 하시기 위해서다. 게할더스 보스는 "하나님의 형상이란 다른 무엇보다도 인간이 하나님과 교통할 수 있는 성향을 지녔다는 것을 의미한다."라고 옳게 말했다.[8]

---

[7] Jonathan Edwards, *Discourse on the Trinity, in The Works of Jonathan Edwards*, vol. 21, *Writings on the Trinity, Grace, and Faith*, ed. Sang Hyun Lee (New Haven, Conn.: Yale University Press, 2003), 113.

[8] Geerhardus Vos, *Reformed Dogmatics*, vol. 2, *Anthropology*, trans. and ed. Richard B. Gaffin Jr. (Bellingham, Wash.: Lexham, 2012), 13.

형상은 원형과의 교제를 필요로 한다.

이것은 냉랭하고, 형식적인 교제가 아니다. 하나님의 형상인 남자와 여자는 자녀로서 아버지이신 하나님과 헌신적인 관계를 맺도록 창조되었다. 아담이 생육하고, 번성한 결과로 그의 형상을 닮은 아들이 태어났다. 모세는 아담이 '자기의 모양 곧 자기의 형상과 같은 아들을 낳았다'라고 말했다(창 5:3). 아들은 아버지를 닮은 법이다. 싱클레어 퍼거슨은 "아들이라는 것과 아버지의 형상이자 모양이라는 것은 동일한 개념이다."라고 말했다.[9] 이것은 형상인 인간이 하나님과 나누도록 의도된 교제의 본질을 들여다볼 수 있는 실마리를 제공한다. 아담은 하나님의 아들로서(눅 3:38 참조) 그분의 사랑을 마음껏 누리면서 사랑으로 화답해야 했다. 다른 피조물들과는 달리 인간은 단지 창조주 하나님만이 아니라 아버지이신 창조주와 관계를 맺었다. 하나님의 형상을 지닌 인간은 '하나님과 자녀로서의 교제를 나눌 수 있는 성향을 지녔다.'

내 어린 아들의 형상이 거울에 나타났다는 것은 원형이 가까이 있다는 것을 의미한다. 그가 가까이 있지 않으면 형상은 존재할 수 없다. 형상과 원형의 이런 근본적인 관계만으로는 교제가 이루어졌다고 말하기가 어렵다. 거울에 비친 보스의 형상은 비인격적이기 때문에 그것과 원형 사이에서 살아 있는 참된 교제가 이루어질 수 없다. 보스는 형상이 정확하게 자기 모습을 나타내고 있는 것을 보고 즐거움을 느끼지만, 형상은 그런 기쁨으로 녀석에게 화답할 능력이 없다. 둘 다

9] Sinclair B. Ferguson, *Children of the Living God: Delighting in the Father's Love* (Edinburgh: Banner of Truth, 1989), 6-7.

인격적인 존재가 아니면 교제는 불가능하다.[10] 우리는 우리의 아버지요 인격이신 창조주와 사랑의 교제를 나누도록 창조된 인격적인 존재다. 이런 사실은 하나님의 형상이 지니는 의미의 핵심이 무엇인지를 분명하게 보여준다.

언약의 역사라는 상황 속에서 창조 기사를 좀 더 면밀하게 살펴보면, 에덴동산이 평범한 동산이 아니라는 것을 알 수 있다. 그곳은 성전, 곧 하나님의 집이었다. 아담은 제사장직을 맡은 하나님의 아들로서 그곳에 살면서 성전인 동산을 돌보고, 불결한 것이 침입하지 못하도록 지키고, 그 경계를 땅끝까지 넓히는 임무를 수행했다.[11] 인간은 하나님과 함께 살도록 창조되었다. 형상은 원형과 관계를 맺도록 창조되었다.

이것이 곧 하나님의 형상으로 재창조되는 것을 지식의 관점에서 일컬은 이유였다. 바울은 그리스도인들을 '자기를 창조하신 이의 형상을 따라 지식에까지 새롭게 하심을 입은 자'(골 3:10)로 간주했다. 성령의 사역을 통한 재탄생은 '이전의 바람직한 상태로 변화하는 것'을 의미한다.[12] 인간은 본래 지식의 관점에서 하나님의 형상으로 창조되

---

10) John Owen describes communion as a "mutual communication in giving and receiving." *Communion with God*, in *The Works of John Owen*, ed. William H. Goold (Edinburgh: Banner of Truth, 1965), 2:9. This is a helpful definition, highlighting that fellowship is possible only between two distinct, personal beings. An impersonal object cannot participate in active communi-cation with another by way of giving and receiving.

11) For the exegetical and biblical-theological basis for these claims, see G. K. Beale, *The Temple and the Church's Mission: A Biblical Theology of the Dwelling Place of God*, New Studies in Biblical Theology 17, ed. D. A. Carson (Downers Grove, Ill.: InterVarsity, 2004), 29–121.

12) Johannes P. Louw and Eugene A. Nida, *Greek-English Lexicon of the New*

었다. 인간은 단지 하나님에 관한 지적인 지식을 소유하는 것에 그치지 않고 그분을 영적으로 알 수 있도록 설계되었다.[13] 불행히도, 인간은 죄로 인해 그 지식을 상실했다. 그러나 그리스도와의 연합을 통해 하나님을 아버지로 알고, 사랑의 교제를 통해 그분 안에서 즐거워할 수 있는 능력이 서서히 회복된다. 하나님의 형상이란 곧 그분을 우리의 가장 큰 기쁨이자 보화로 여기는 성향을 가리킨다.

하나님은 스스로 무한히 만족하시지만, 우리는 그분을 전적으로 의지해야만 만족할 수 있다. 하나님을 알아야만 우리의 영혼이 진정으로 충족된다. 우리는 아우구스티누스의 유명한 말을 듣고 자랐기 때문에 이 진리를 잘 알고 있다. 그는 "주님이 주님을 위해 우리를 만드셨으니 주님 안에서 안식을 찾을 때까지 우리의 마음은 쉼을 얻지 못할 것입니다."라고 말했다.[14] 오늘날, "인생의 주된 목적은 하나님을 영화롭게 하고, 영원히 즐거워하는 것입니다."라는 〈웨스트민스터 소요리문답〉의 장엄한 선언이 고리타분한 소리가 되고 말았다. 그러나 겸손한 사람은 그렇게 생각하지 않는다. 낮아지려는 겸손한 성향은 오직 하나님만이 영혼을 만족하게 하실 수 있다고 확신한다. 겸손한 신자는 하나님을 자기의 '큰 기쁨'으로 여겨 갈망한다(시 43:4). 겸손한 신자는 마음으로부터 "하늘에서는 주 외에 누가 내게 있으리요 땅에

Testament Based on Semantic Domains (New York: United Bible Societies, 1998), 13,67.

13) 이 둘의 차이점에 관해서는 J. I. Packer, *Knowing God* (Downers Grove, Ill.: InterVarsity, 1973), 25 – 27. Packer writes, "A little knowledge of God is worth more than a great deal *of* knowledge *about* him" (26)을 보라. 이 책은 우리가 그분에 관해 아는 것이 필요하다고 한다. 우리는 두 종류의 지식을 분리시킬 수 없다. 다만 그 둘을 구분해야 한다는 것이다.

14) Augustine, *The Confessions of St. Augustine* (Brewster, Mass.: Paraclete Press, 2006), 1.1.1.

서는 주밖에 내가 사모할 이 없나이다"(시 73:25)라고 외치며, "내 영혼이 여호와의 궁정을 사모하여 쇠약함이여"(시 84:2)라고 부르짖는다.

우리는 창조주가 아닌 피조물을 통해 만족을 얻으려고 애쓰는 세상에 살고 있다. 우리의 마음속에 있는 교만한 성향 때문에 하나님을 온전히 의지해야만 기쁨을 얻을 수 있다는 사실을 거부한다. 우리는 봉급을 더 많이 받고, 지위가 더 높아지고, 더 멋진 이성 친구와 어울리고, 더 행복한 결혼 생활을 하고, 몸이 더 건강해진다면 진정으로 행복할 수 있다고 우리 자신을 속인다. 그런 이유로 우리는 만족을 찾을 수 없는 곳에서 그것을 찾으려고 생을 허비한다.

"주님은 우리의 욕망이 너무 강한 것이 아니라 너무 약하다고 생각하신다. 우리는 해변에서 휴가를 보내는 것이 무엇인지 상상조차 할 수 없는 까닭에 빈민가에서 진흙 파이를 만드는 일만 계속하기를 바라는 어린아이처럼, 무한한 기쁨이 제공되었는데도 술과 섹스와 야망으로 삶을 탕진하는 열의 없는 피조물이다."라는 C.S. 루이스의 말은 매우 지당하다.[15] 우리가 진흙 파이를 만들며 빈둥거리며 지내는 이유는 교만하기 때문이다. 우리는 우리가 하나님의 형상으로 창조된 피조물, 곧 그분을 철저히 의지해야만 기쁨을 얻을 수 있는 피조물이라는 사실을 인정하기를 거부한다. 우리는 창조주 안에서 무한한 기쁨을 누릴 수 있는데도 우상 숭배를 통해 일시적인 헛된 쾌락을 좇기를 좋아한다.

---

15) C. S. Lewis, *The Weight of Glory and Other Addresses* (Grand Rapids: Eerdmans, 1965), 2.

겸손의 리얼리즘

앞 장에서 말한 대로, 겸손은 종종 하나님을 향한 의존심으로 정의된다. 이번 장의 논의는 겸손을 그렇게 정의하는 이유를 부분적으로 설명해준다. 피조물의 절대 의존심을 온전히 의식해야만 겸손, 곧 낮아지려는 성향이 생겨난다. 아울러, 스스로를 낮게 인식하면 기꺼운 마음으로 하나님을 적극적으로 의지할 수 있다.

우리가 인정하든 인정하지 않든, 우리의 존재와 정체성와 만족이 모두 하나님께 의존해 있다. 이것이 현실이다. 하나님의 형상을 지닌 우리는 원형과 동떨어지면 그야말로 아무것도 아니고, 그 무엇도 소유할 수 없다. 우리가 선택할 수 있는 길은 단 두 가지뿐이다. 하나는 이 현실을 기꺼이 받아들이는 것이고, 다른 하나는 자아가 구축한 동화 속에서 사는 것이다. 우리는 교만하기 때문에 동화를 선택하기 쉽다. 교만은 하나님을 거부하는 것이기 때문에 현실을 거부한다. 그것은 우리의 피조성을 노골적으로 거부하는 것이다. 교만은 창조주보다 피조물을 더 높이지만, 겸손은 온전히 현실적이다. 겸손은 피조물과 창조주의 실존적인 간극을 기꺼이 인정한다. 겸손은 지나치게 부정적인 관점으로 인간을 바라보지는 않지만, 인간의 본질(곧 온전히 독립적인 하나님을 온전히 의존하는 피조물)을 잊지 않는다.

2

언약적인 피조물

그리스도인들이 영적으로 미숙한 상태로 머물러 있는 이유 가운데 가장 두드러지면서도 자주 간과되는 이유는 자신들의 피조성을 고려하지 않는 것이다. 교회는 죄와 그리스도를 중요하게 여긴다. 마땅히 그래야 한다. 그러나 타락과 성육신에 관한 개념은 우리의 피조성에 관한 개념과 긴밀하게 맞물려 있다. 우리의 피조성은 우리의 믿음과 겸손의 토대다. 앞 장에서 살펴본 대로, 피조물이라는 개념에 함축된 의미 가운데 하나는 우리가 하나님께 의존해 있다는 것이다. 그러면 이제부터 하나님과 우리의 관계에 관해 잠시 살펴보도록 하자.

G.C. 베르까우어는 "성경은 하나님과 관계를 맺고 있는 인간에게 관심을 기울인다. 인간은 절대로 독자적으로 존재할 수 없다."라고 통찰력 있게 말했다.[1] 성경은 인간을 독자적으로 존재하는 인간으로 제시하지 않는다. 창조주와 관계를 맺고 있지 않은 피조물은 아무것도 없다. 성경은 창세기에서부터 요한계시록에 이르기까지 하나님의 형상으로 창조된 인간은 하나님과 본질적이면서도 근본적인 관계를

---

[1] G. C. Berkouwer, *Man: The Image of God* (Grand Rapids: Eerdmans, 1962), 59 – 60.

맺고 있다고 가르친다. 그러나 성경은 거기에서 멈추지 않는다. 하나님은 이 자연적인 관계 외에도 인간과 언약의 관계를 맺기를 기뻐하셨다.

하나님과 인간의 언약은 그분이 주권적으로 시작하신 특별한 관계를 가리킨다. 하나님은 언약을 통해 자신의 형상인 인간을 자기와 연합시키셨다. 하나님은 그 목적을 위해 인간을 창조하셨다. 그분은 흙으로 아담을 만들자마자 곧바로 그와 언약의 관계를 맺으셨다. 아담은 언약을 위해 창조되었다.

아담과의 언약이라고?

"잠깐만요. '언약'이라는 말은 창세기 6장 18절에 처음 등장합니다. 그 용어가 아직 사용되지도 않았는데 하나님이 아담과 언약을 맺으셨다고 말하는 것은 성경 말씀을 지나치게 확대해석한 것 아닌가요?"라고 말할 사람이 있을지도 모른다.

무슨 말인지 잘 안다. '언약'이라는 용어는 창세기 1, 2장에는 등장하지 않는다. 그러나 그 용어가 사용되지 않았다고 해서 현실이 없어지는 것은 아니다. 창세기의 처음 몇 장에서 '겸손'이나 '겸손한'이라는 용어를 찾으려고 노력해봤자 헛수고일 테지만, 하나님이 인간을 창조하신 순간부터 겸손은 엄연히 존재했다. 그와 마찬가지로 창세기 2장 22-25절에도 '결혼'이나 '결혼식'이라는 용어가 전혀 사용되지 않았지만, 그것이 결혼을 다룬 내용인 것은 너무나도 분명해 보인다. 어떤 현실이 그것을 가리키는 용어가 없이는 존재할 수 없다고 주장하는 것은 섣부른 추론에 지나지 않는다.

비록 용어는 사용되지 않았지만, 언약의 현실은 두 번째 창조 기사

(창 2:4-17) 안에 분명하게 존재했다. 하나님은 주권적으로 자기의 형상을 지닌 피조물과 구속력 있는 관계를 맺으셨다. 앞으로 알게 되겠지만, 이 관계는 아담에게 확실한 책임을 부여했고, 책임을 완수했을 때는 축복이, 그렇게 하지 못했을 때는 저주가 임할 것이라고 약속했다. 성경적인 언약을 구성하는 필수 요소들이 이미 에덴동산에 모두 나타났다.

더욱이 하나님은 아담이 타락하기 이전에 그와 언약을 맺으셨다. 호세아는 언약을 파기한 아담을 언약을 파기한 이스라엘의 전형으로 삼았다. "그들은 아담처럼 언약을 어기고 거기에서 나를 반역하였느니라"(호 6:7). 아담이 언약을 어기려면(죄를 지어 타락한 것) 먼저 언약이 존재해야 했다. 바울 사도는 아담과 그리스도를 비교하면서 아담이 에덴동산에서 독립적인 개인의 신분이 아닌 인류 전체를 대표하는 언약의 수장으로서 자신에게 주어진 책임을 다하지 못했다고 말했다(로 5:12-21, 고전 15:21, 22).

하나님은 세상을 창조할 때 아담과 언약을 맺으셨다. 이것은 단지 그럴싸한 교리가 아니라 우리의 피조성이 무슨 의미인지를 이해하는 데 중대한 영향을 미치는 진리다. 하나님의 언약은 우리에게 겸손에 관한 많은 것을 가르친다. 이를 올바로 이해해 마음속에 깊이 새기면, 하나님을 지향하는 자기 인식에서 비롯한 낮아지려는 성향이 우리 안에 확실하게 형성될 것이다.

창조주의 자발적인 자기 낮추심

하나님은 언약을 통해 피조물과 관계를 맺기 위해 먼저 자기를 낮추셨다. 〈웨스트민스터 신앙고백〉 7장 1항은 우리는 "하나님이 자발적으로 스스로를 낮춰 허락해주지 않으시면 우리는 하나님에 대해 아무것도 알 수 없다. 그분은 이를 언약으로 나타내기를 기뻐하셨다."라고 진술했다. 우리는 '자기 낮춤(condescension)'이라는 용어를 잘 알고 있지만, 대개는 생색을 내기 위해 짐짓 겸손하게 군다는 부정적인 의미로 주로 사용한다.

우리 집에서 길을 따라 내려가면 "페어리랜드(Fairyland) 초등학교"가 있다. 우리가 그 동네로 이사했을 때 지역 주민들은 그 학교를 '펄렌드(Furlend) 초등학교'로 불렀다. 나는 그들이 왜 그렇게 말하는지 도통 이해할 수가 없었다.

"펄렌드 초등학교라니 무슨 말이죠?" 내가 물었다.

그러자 "맞아요, 그 초등학교는 당신 집에서 불과 몇 킬로미터 떨어진 곳에 있어요."라는 대답이 주어졌다.

"페어리랜드 초등학교를 말씀하시는 거죠?"

"아뇨, 펄렌드 초등학교라니까요."

남부 지방에 사는 이웃들의 잘못을 고쳐줄 기회가 주어진 셈이었다. 누구라도 그 학교의 이름을 '페어리랜드'로 발음해야 한다고 생각할 것이 틀림없다. 그러나 새로 알게 된 지인에게 대뜸 초보적인 영어 발음을 가르치는 것은 친구를 사귀는 방법으로는 최선이 아닐 것이 분명했다. 나의 완벽한 북부 지방의 발음으로 이웃의 잘못을 시정하는 것은 그를 무시하면서 짐짓 생색을 내는 듯한 인상을 줄 것이 뻔했다. 우월감을 느끼며 그를 대하는 것은 그를 바보로 만드는 것과 다름없었다. 이것이 우리가 위의 용어를 사용하는 전형적인 방식이다. 그것은 다른 사람들 위에 올라서서 열등감을 불러일으켜 수치심을 느끼게 만드는 행위에 해당한다.[2]

그러나 하나님의 자기 낮추심은 우리의 열등감을 자극하기 위한 것이 아니다. 오히려 그분은 우리의 열등감을 극복하게 하려고 우리에게 자기를 낮추신다. 〈웨스트민스터 신앙고백〉 7장 1항을 다시 읽어보자. "하나님과 피조물의 격차는 너무나도 크기 때문에 비록 이성적인 피조물이 창조주이신 그분께 복종한다고 하더라도 그분이 자발적으로 스스로를 낮춰 허락해주지 않으시면 축복이나 상급을 얻을 수 없다. 하나님은 이를 언약으로 나타내기를 기뻐하셨다."

우리와 하나님의 격차는 너무나도 크다. 이것은 마치 하나님이 수억 마일 떨어져 계시는 것과 같은 공간적인 격차도 아니고, 마치 하나님이 다른 시대에 살고 계시는 것과 같은 시간적 격차도 아니다. 이것은 존재론적인 격차, 곧 하나님의 본질에서 비롯한 차이다. 하나님은 우리와 같지 않으시다. 그분은 우리와 전적으로 다르시기 때문에 그분이 우리의 수준에 맞게 자기를 낮춰 피조물이 수용할 수 있는 방식으로 우리와 관계를 맺지 않으시면 그분에 대해 아무것도 알 수 없다. 존 칼빈은 자기를 계시하시는 하나님의 행위를 유모가 혀짤배기소리로 갓난아이를 어르는 것에 비유했다.[3] 그것이 하나님이 우리와 언약을 맺을 때 하시는 일이다. 그분은 우리에게 혀짤배기소리를 내신다. 그분은 우리와 관계를 맺기 위해 자신을 우리의 수준에 맞추신다.

만일 내가 열 달 된 아들에게 말하는 식으로 장난스럽게 목소리를

---

2) 내가 처음에 이 예화를 설교에 사용했을 때 교인 가운데 한 사람이 내가 남부 사람들의 발음을 놀리면서 정작 '발음(pronunciation)'이라는 단어를 정확하게 발음하지 못했다고 알려주었다. 잠시 생각해 보았더니 내가 잘못 발음한 것이 분명했다. 남부 사람들의 발음을 비판한 내가 똑같은 잘못을 저지른 것이었다. 하나님은 때로 유머러스한 방식으로 우리를 겸손하게 하신다.

3) Calvin, *Institutes*, 1.13.1.

높여 말한다면, 불쾌하게 생각하거나 재미있게 생각하거나 둘 중 하나일 것이다. 만일 우리가 함께 앉아 차를 마시면서 내가 얼굴을 옷으로 가리고 있다가 쑥 내밀면서 '까꿍!'하고 소리친다면, 아마도 나의 정신 상태를 의심할 것이다. 우리 사이에는 그런 격차가 존재하지 않기 때문에 관계를 맺기 위해 나를 낮춰야 할 필요가 전혀 없다. 그러나 하나님과 우리의 격차는 무한히 크기 때문에 그분의 무한한 자기 낮추심이 필요하다.

이것은 우리를 겸손하게 하는 진리가 아닐 수 없다. 우리와 같은 피조물이 하나님을 알 수 있는 이유가 무엇일까? 그 이유는 우리의 길을 하나님에게까지 높일 수 있기 때문이 아니다. 우리가 그분께 다가갈 수 있는 이유는 그분이 우리에게로 내려오셨기 때문이다. 하나님의 낮아지심이 없다면, "우리는 그분을 우리의 축복이나 상급으로 얻을 수 없다." 갓난아이가 양자 물리학에 관한 박사 후 연구 과정을 이수할 수 없는 것처럼, 우리도 하나님을 알 수 없기는 마찬가지다. 만일 창조주께서 자기를 낮춰 우리에게 혀짤배기소리를 내지 않으시면, 우리는 그분을 전혀 알 수 없다. 우리는 하나님의 자발적인 자기 낮추심에 전적으로 의존해 있다. 이것이 사실인 이유는 우리의 죄 때문이 아니라 우리가 피조물이기 때문이다. 이 무한한 격차와 무한한 자기 낮추심을 생각하면 우리의 심령이 얼마나 겸손해져야 하겠는가![4]

---

4) 프란시스 튜레틴은 우리와 언약을 맺으시는 하나님의 행위를 '그분의 무한한 자기 낮추심'으로 간주했다. *Institutes of Elenctic Theology*, trans. George Musgrave Giger, ed. James T. Dennison Jr. (Phillipsburg, N.J.: P&R, 1992), 1:574.

창조주의 절대적인 권위

하나님의 자기 낮추심을 자발적이라고 말하는 이유는 그분이 억지로 그렇게 하지 않으셨기 때문이다. 아무도 우리와 관계를 맺도록 그분을 강요하지 않았다. 하나님은 자존하신다는 사실을 기억하라. 그분은 아무것도 필요로 하지 않고, 아무의 명령도 받지 않는 독립적인 창조주이시다. 하나님은 주권적으로 아담과 언약을 맺고, 언약의 조건들을 제시하셨다.

하나님은 인간과 함께 언약에 관해 상의하려고 내려오지 않으셨다. 그분은 "아담아, 인류의 대표자인 너와 구속력 있는 관계를 맺을까 한다. 저 나무가 보이느냐? 너를 시험하기 위해 저것을 금할 생각이다. 어떻게 생각하느냐?"라고 말씀하지 않으셨다. 하나님과 인간의 언약은 입장이 동등한 당사자들 사이에서 이루어지는 관계가 아니다. 하나님은 언약의 주인으로 아담에게 다가와서 절대적이고, 무조건적인 권위로 관계를 맺으셨다. 인간이 의견을 제시할 수 있는 의논의 장이 제공되지 않았다. 피조물은 아무런 발언권이 없었다. 하나님이 말씀하셨고, 그것으로 모든 것이 정해졌다. 하나님은 권위 있는 명령으로 "동산 각종 나무의 열매는 네가 임의로 먹되 선악을 알게 하는 나무의 열매는 먹지 말라 네가 먹는 날에는 반드시 죽으리라"(창 2:16, 17)라고 말씀하셨다.

조금 이상한 조건처럼 생각되는가? 하나님은 왜 자신의 피조물인 인간에게 이 나무의 열매만을 먹지 못하게 하셨을까? 이 나무의 열매는 '먹음직했다'(창 3:6). 하나님이 그것을 먹지 말라고 명령하신 이유는 그 열매가 맛이 쓰거나 영양가가 없어서가 아니었다. 이 나무가 그 자체로 독특한 특성을 띠고 있었다고 암시하는 내용은 어디에서도 발견되지 않는다. 아담과 하와의 주위에는 그것과 비슷하게 생긴 나무들이 셀 수 없이 많았을 것이 틀림없다.

하나님은 주권적인 명령을 통해 인류의 대표자인 아담과 언약을 맺으셨다. 그분의 명령은 제멋대로 이루어진 것처럼 보였다. 코르넬리우스 반틸은 "하나님은 많은 나무 가운데서 하나를 택해 '임의로' 인간에게 그것을 먹지 말라고 명령하셨다."라고 말했다.[5] '임의로'라는 용어는 사전적으로 '겉으로 볼 때 아무렇게나 우연히 일어나거나 존재하는 것처럼 보이는'이라는 의미로 정의된다.[6] 하나님이 아무렇게나 임의로 행동하신다고 말하는 것이 온당할까? 물론, 하나님은 아무렇게나 변덕스럽게 행동하지 않으신다. 단지 이따금 피조물의 관점에서 볼 때 그렇게 행동하시는 것처럼 보일 뿐이다.[7]

한 아버지가 아들에게 생일 선물로 나무 블록을 사주고 그것을 쏟아부으며 "아들아, 이 모든 블록을 마음대로 가지고 놀아도 좋다. 그러나 이 큰 직사각형 블록 하나만은 손대지 말아라."라고 말했다고 가정해 보자. 그러면 아들의 입에서 곧장 "왜요, 아버지?"라는 말이 튀어나올 것이다. 그 블록은 특별한 것이 아무것도 없다. 그것과 모양과 크기와 색깔이 똑같은 블록이 열아홉 개나 더 있다. 아버지의 말은 임

---

5) Cornelius Van Til, "Nature and Scripture," in *The Infallible Word: A Sym-posium by the Members of the Faculty of Westminster Theological Seminary*, ed. N. B. Stonehouse and Paul Woolley, 2nd ed. (Phillipsburg, N.J.: P&R, 1967), 269.

6) *Merriam-Webster's Collegiate Dictionary*, s.v. "arbitrary," accessed Sep-tember 28, 2021, https://unabridged.merriam-webster.com/collegiate/arbitrary.

7) 나는 이것이 반틸이 '제멋대로'라는 용어를 사용한 이유라고 생각한다. 그는 하나님이 실제로 제멋대로 행동하신다고 말하지 않았다. 그는 단지 그분의 명령이 제멋대로인 것처럼 보일 뿐이라고 말했다.

의로 하는 말처럼 들린다. 하나님이 아담에게 나무 한 그루를 손대지 말라고 말씀하셨을 때도 마찬가지였을 것이다. 그분은 왜 그런 지시를 내리셨을까?

사실, 명령이 임의로 주어진 것처럼 보이는 그것이 곧 그 이유가 무엇인지를 알려주는 열쇠다. 금지 명령이 아무렇게나 주어진 것에 그런 명령을 내리신 하나님의 의중이 고스란히 담겨 있다. 팔머는 "이 특별한 상황에서 하나님의 명령이라는 것 외에는 인간이 이 한 그루 나무를 보고서 특이하다고 말할 만한 특성은 아무것도 없었다."라고 설명했다.[8] 그 나무는 다른 나무들과 특별히 다른, 본질적 특성이 전혀 없었다. 외관이나 냄새나 열매의 맛과 관련해 특별한 것이 아무것도 없었다. 그 나무가 다른 나무들과 구별되는 이유는 단 한 가지, 하나님의 말씀뿐이었다. 그 나무에는 "창조주의 명령이 임의적인 것처럼 보일 때조차도 그분께 복종하며 살겠느냐? 하나님의 권위 있는 말씀을 접했을 때 피조물답게 겸손히 복종하겠느냐?"라는 의미가 담겨 있었다.

임의로 주어진 것처럼 보이는 명령은 창조주이자 언약의 주인이신 하나님의 권위를 밝히 드러내는 역할을 했다. 로버트슨은 "한 그루의 나무가 인간은 하나님이 아니라는 것을 상기시켜 주는 상징물로서 동산 중앙에 서 있었다."라고 말했다.[9] 다시 말해, 이 나무는 아담의 피조성을 보여주는 증거이자 표시였다. 그는 선악을 알게 하는 나무를 볼 때마다 원하는 대로 아무렇게나 행동할 자유는 없다는 사실을 상

---

8) O. Palmer Robertson, *The Christ of the Covenants* (Phillipsburg, N.J.: P&R, 1980), 84.

9) Robertson, *Christ of the Covenants*, 83.

기해야 했다. 피조물인 우리는 창조주 하나님 앞에서 도덕적인 책임을 이행해야 한다.[10]

개개인의 주관적인 견해나 감정에 상관없이 모든 사람에게 보편적인 구속력을 지니는 절대적인 도덕 기준이 존재한다는 신념은 오늘날의 문화에서는 극도의 혐오감을 불러일으킨다. 철학자 찰스 테일러는 "각자 자기 일을 하게 하라…누구도 다른 사람들의 가치를 비판해서는 안 된다. 왜냐하면 모두 제각기 자신의 삶을 살 권리가 있기 때문이다."라는 말로 우리 시대의 윤리적 신념을 표명했다.[11] 두려운 것은 이런 신념을 배우기 위해 거창한 철학책을 파고들 필요가 없다는 것이다. 어디를 둘러보아도 이런 주관적이고, 상대적인 윤리관을 쉽게 발견할 수 있다. 심지어는 우리의 어린 자녀들에게까지 그런 윤리관이 주입되고 있다. 유명한 디즈니 영화 〈겨울 왕국〉에 등장하는 엘사의 '내 버려둬(Let It Go)'라는 노래에도 포스트모던 시대의 정서가 고스란히 담겨 있다.

> 내가 뭘 할 수 있는지를 알아야 할 시간이야,
> 한계를 시험하고, 극복해야 해.
> 내겐 옳은 것도, 틀린 것도, 어떤 규칙도 없어.
> 나는 자유야!

---

10) 이 진리는 앞 장에서도 쉽게 발견할 수 있다. 하나님의 형상을 지닌 피조물인 우리는 의와 거룩함으로 하나님을 반영하기 위해 창조되었다(엡 4:24). 아담과 하와의 마음에는 율법이 기록되어 있었다. 그들은 이런 특별한 언약적 조건이 없었더라도 항상 하나님께 순종하며 살아야 할 책임이 있었다. 그러나 하나님은 이 언약과 그 특별한 금지 명령을 통해 윤리의 영역을 관장하는 자신의 권위를 더욱 분명하게 보여주셨다.

11) Charles Taylor, *A Secular Age* (Cambridge, Mass.: Harvard University Press, 2007), 484.

도덕적 영역에 대한 하나님의 절대 주권을 강조하는 행위 언약은 세상의 정서와 큰 충돌을 일으킨다. 우리는 원하는 대로 살 자유가 없다. 우리는 모든 점에서 창조주요 언약의 주인이신 하나님과 관계를 맺고 있다. 옳은 것도 있고, 틀린 것도 있고, 규칙도 있다. 그것들은 우리가 정하는 것이 아니다. 우리는 피조물이다. "내겐 옳은 것도, 틀린 것도, 어떤 규칙도 없어."라는 말은 극도에 달한 피조물의 교만이다. 그러나 우리 문화는 바로 그것을 높이 치켜세운다. 앨 몰러는 "우리가 직면하는 세속주의의 폭풍우가 권위의 개념을 모조리 박살 내고 주관적인 자아(즉 인간성이 유신론과 성경적 세계관의 족쇄에서 풀려나 자유롭게 되었다는 그릇된 개념)를 보좌 위에 올려놓았다."라고 말했다.[12] '주관적인 자아'가 윤리를 주관하는 주권자가 되어 보좌 위에 올랐고, 외부에 초월적인 절대적 권위가 존재한다는 주장은 묵살되었다. 그러나 하나님의 말씀은 재갈을 물릴 수 없다. 하나님의 언약은 크고 선명한 목소리로 이 타락한 세상에서 활개를 치고 다니는 교만을 향해 외친다.

　우리는 그 소리를 귀담아들을 것인가? 우리의 피조성을 인정하겠는가? 아담과 하와에게 요구되었던 것처럼, 겸손한 마음으로 하나님의 권위 있는 말씀에 복종하겠는가? 하나님을 지향하는 자기 인식에서 비롯한 낮아지려는 성향을 지니게 되면, 때와 장소를 막론하고 우리 자신이 언약의 주님의 권위 아래 있는 피조물이라는 사실을 항상 상기할 수 있다.

---

12)　R. Albert Mohler Jr., *The Gathering Storm: Secularism, Culture, and the Church* (Nashville: Nelson Books, 2020), 15.

창조주의 엄숙한 제재

아담과 하나님과의 언약은 하나님이 일방적으로 정하고, 확립하셨지만, 이 관계를 유지하는 데는 쌍방의 참여가 필요했다. 아담은 특정한 나무의 열매를 먹지 않아야 할 의무가 있었다. 그는 언약을 처음 맺을 때는 수동적이었지만, 그 후부터는 하나님 앞에서 책임 있는 행동을 해야 했다. 바꾸어 말해, 그는 선택권을 갖게 되었다. 즉, 피조물로서 하나님께 순종함으로써 언약을 지키든지, 아니면 교만하게 금단의 열매를 먹고 언약을 어기든지 둘 중 하나를 선택할 수 있었다.

언약의 왕이신 하나님은 아담에게 만일 후자를 선택하면 저주를 받게 될 것이라고 경고하셨다. "네가 먹는 날에는 반드시 죽으리라"(창 2:17). 여기에는 강조의 의미가 담겨 있다. 이 말씀을 문자대로 옮기면 "죽어가는 너는 필경 죽을 것이다."라는 뜻이다.

저주는 육체적인 생명이 멈추는 것에만 국한되지 않았다. 아담이 언약을 어기면 인류는 육체적인 유한성에 직면하게 될 뿐 아니라 생명의 근원이신 하나님으로부터 단절되는 근본적인 죽음을 맞이하고 말 것이라는 의미였다.[13] 피조물과 창조주의 관계가 단절되는 것, 즉 형상이 원형과 단절되어 피조물이 창조주의 진노 아래 있는 것보다 더 무서운 것은 없다. 하나님이 경고하신 죽음은 그분과의 사랑의 관계를 잃게 된다는 점에서 영원한 죽음과 조금도 다르지 않았다.

---

13) 존 머레이는 여기에서 경고한 죽음이 '삼중적 차원, 즉 영적(도덕적, 종교적), 사법적, 심신적 차원을 지닌다'고 말하고 나서 "영적 죽음은 인간의 도덕적, 종교적 상태를 묘사하고, 사법적 죽음은 하나님과 관련된 인간의 지위를 묘사하며, 심신적 죽음은 인간의 존재 자체가 붕괴된 것을 묘사한다."라고 설명했다. "The Adamic Administration," in *Collected Writings of John Murray* (Edinburgh: Banner of Truth, 1977), 2:56-57.

이 모든 것이 조금 지나친 것처럼 보이는가? 어떤 아버지가 쿠키를 몰래 먹으려다가 들킨 딸을 때린단 말인가? 고작 열매 하나를 따 먹었을 뿐인데 영원한 죽음이라니?

그러나 그것은 단순히 열매를 따 먹은 것으로 끝나는 문제가 아니었다. 아담이 그 나무의 열매를 따 먹은 것은 하나님의 주권을 멸시한 행위였다. 그것을 따 먹으려면 먼저 자율적으로 주님을 거역해야 했다. 앞으로 좀 더 자세히 살펴보겠지만, 아담이 그 나무의 열매를 따 먹은 것은 자신의 피조성을 거부한 것에 다름없었다. 우리가 주권자라는 망상이 곧 교만이다.

문제의 초점은 열매가 아니었다. 문제는 원형에 대한 형상의 복종 여부였다. 그것은 삶과 죽음의 문제였다. 하나님은 아담에게 스스로를 '독립적인 인간'으로 생각하기 시작하면 어떤 결과가 초래될 것인지를 미리 경고하셨다. 창조주를 부인하고, 피조물을 신성시하면 죽음이 초래된다. "내겐 옳은 것도, 틀린 것도, 어떤 규칙도 없어."라는 사상은 지옥으로 향하는 길이다. 하나님은 교만을 가증스럽게 여기신다. 교만은 그분의 영원한 심판의 칼날을 면할 수 없다.

그러나 하나님은 언약을 파기하면 저주를 내리겠다고만 말씀하시지 않았다. 그분은 언약을 지키면 축복을 허락하겠다고 약속하셨다. 〈웨스트민스터 신앙고백〉 7장 2항은 구속력 있는 언약의 조건을 통해 "아담과 그의 후손들에게 생명이 약속되었다."라고 진술했다. 죽음에 대한 하나님의 경고 안에는 생명의 약속이 함축되어 있었다. 아담이 언약의 주님 앞에서 겸손했다면 무죄한 상태로 그분 앞에서 영원히 살았을 것이다.

겸손한 복종을 조건으로 아담에게 주어진 생명의 약속이 생명 나무를 통해 상징되었다(창 2:9). 생명 나무는 생명을 주는 마법적인 효력이 없었다. 언약을 통해 약속된 영원한 생명은 오직 하나님 안에서만 발견된다. 성찬에 참여하는 것이 그리스도인들에게 오직 그리스도 안에서만 누릴 수 있는 생명을 나타내고, 보증하는 것처럼, 생명 나무도 참여자들에게 영원한 생명을 나타내고, 확증한다. 생명 나무는 성례적인 기능을 발휘했다. 그것은 하나님이 정하신 가시적인 상징물로서 보이지 않는 영적 현실을 나타냈다. 그런 이유 때문에 하나님은 아담이 언약을 파기하자 즉시 그가 생명 나무에 접근하지 못하게 막으셨다(창 3:22). 아담이 창조주 앞에서 겸손하게 행했더라면, 그는 생명, 곧 영생을 얻었을 것이다.

피조물이라는 것이 무슨 의미인지를 더 분명하게 이해할수록 생명의 약속이 더 놀랍게 느껴질 것이다. 창조주와 피조물은 엄격하게 구별되기 때문에 아담 안에서 우리에게 약속된 축복은 순전한 선물이다. 피조물은 창조주께 온전히 복종해야 할 의무가 있지만, 창조주는 피조물에게 축복을 베풀어야 할 의무가 없다. "누가 주께 먼저 드려서 갚으심을 받겠느냐"(롬 11:35). 이 말씀에 대한 대답은 "아무도 없다." 이다. 종은 의무를 다했다고 해서 주인에게 무언가를 요구할 자격이 없다. 하나님은 자신의 피조물에게 빚진 것이 아무것도 없으시다. 그분은 채무자가 아니시다. 이것이 바로 우리가 겸손해야 할 이유다. 우리는 의무를 다한 후에도 여전히 '무익한 종'일 뿐이다(눅 17:10). 그러나 선하고 너그러운 창조주께서는 우리에게 말로 다 할 수 없는 축복을 베풀어주신다.

언약적 겸손

모든 사람이 창조주와 언약을 맺었다. 하나님이 자기를 낮춰 아담과 언약을 맺으셨을 때 온 인류가 그분과 언약을 맺었다. 사람은 누구나 주권자이신 하나님과 구속력 있는 관계를 맺은 상태로 태어난다.

공원 의자에 앉아 지나가는 사람들을 지켜보라. 휴대전화로 통화를 하는 세련된 직장인, 소리를 지르며 우는 아이를 달래느라 기진맥진한 엄마, 적선을 바라는 노숙자 걸인, 즐겁게 손을 잡고 걸어가는 젊은 연인 등, 모든 사람이 창조주와 언약을 맺었다. 독립적으로 존재하는 사람은 아무도 없다. 우리는 때와 장소를 불문하고 하나님과 밀접한 관계를 맺고 있다.

우리의 정체성을 언약적 피조물로 이해하고, 받아들이는 것이 아래로 성장하기 위한 필수 조건이다. 언약에 대한 지식이 없으면, 하나님을 지향하는 자기 인식에 도달할 수 없다. 우리는 우리의 노력으로 하나님께 나아갈 수 없다. 하나님이 우리에게 내려오셔야 한다. 우리는 하나님과의 관계를 위한 조건을 설정할 수 없다. 하나님이 우리와의 관계를 주권적으로 설정하신다. 도덕적인 질서를 확립하는 것은 우리가 아닌 하나님의 소관이다. 우리는 창조주께 모든 것을 빚지고 있고, 창조주께서는 우리에게 빚진 것이 아무것도 없으시다. 이런 진리보다 겸손해야 할 더 큰 이유가 어디에 또 있을 수 있겠는가?

피조물과 창조주가 필연적인 언약의 관계를 맺고 있다는 것은 우리의 행위와 말과 생각과 욕구를 모두 하나님의 절대적인 권위 아래 복종시킬 때 참된 자유를 발견할 수 있다는 사실을 일깨워준다. 자기 통치는 사망에 이르는 길이고, 겸손은 생명에 이르는 길이다. 어느 길을 선택하겠는가?

일시적인 피조물

나는 서른 살이다. 30년의 세월이 갈수록 가물거리는 일련의 기억만을 남긴 채 순식간에 왔다가 사라졌다. 시계는 느려지지 않는다. 옛 찬송가는 이렇게 노래했다.

> 시간은 영구히 흐르는 시냇물처럼
> 그 모든 아들들을 떠나 보낸다
> 그들은 꿈결처럼 잊혀지니
> 세월과 함께 날아가는도다.[1]

인정하기 싫을 때가 많지만, 우리는 '시간'으로 불리는 '흘러가는 세월'의 아들딸들이다. 우리는 시간에 속박되어 있다. 우리는 쉬지 않고 흘러가는 시간과 함께 무덤을 향해 신속하게 나아간다. 나중에 죽음이라는 주제를 좀 더 자세히 살펴볼 생각이지만, 여기에서 먼저 우리의 일시적 속성을 잠시 생각해 보기로 하자. 우리가 시간과 불가피

---

[1] Isaac Watts, "Our God, Our Help in Ages Past," in the public domain.

한 관계를 맺고 있다는 사실만큼 우리의 피조성을 더욱 확연하게 일깨워주는 것은 없다.

영원하신 창조주, 일시적인 피조물

성경은 태초에서부터 시작한다. 성경의 첫마디는 '태초에'(창 1:1)이다. 태초가 시작되려면 무엇이 필요했을까? 다른 무엇보다도 시간이 필요했다. 시간적인 연속성이 없으면 태초는 시작될 수 없다. 바꾸어 말해. 잇따르는 순간들이 없으면, 첫 순간은 존재할 수 없다. 창세기는 역사의 첫 순간을 기록한다. "태초에 하나님이…"(창 1:1)라는 말씀에서 짐작할 수 있는 대로, 하나님은 그 전에 이미 존재하셨다.

하나님은 시작이 없으시다. 그분은 '영원하신 하나님'이시다(사 40:28). 하나님의 영원성을 헤아리려고 시도하는 것은 우리의 팔로 에 베레스트산을 감싸 안으려는 것이나 다름없다. 그것은 한 마디로 불가능한 일이다. "하나님은 높으시니 우리가 그를 알 수 없고 그의 햇수를 헤아릴 수 없느니라"(욥 36:26). 성경이 하나님께 연대를 적용할 때 그것은 문자적인 의미를 지니지 않는다(시 102:27 참조). 하나님은 혀짤배기소리로 우리에게 자기를 계시하신다. 그분은 자기를 피조물의 수준으로 낮춰 시간이라는 범주를 이용해 자신의 초월성을 묘사하신다. 시간에 속박된 피조물은 시간의 흐름과 상관없이 존재하는 존재를 생각할 능력이 없다. 하나님의 영원성은 그분이 시간 밖에, 시간을 초월해 존재하신다는 의미를 지닌다. "영원부터 영원까지"(시 90:2)라는 시편 저자의 말은 순간들이 무한히 연속된다는 의미가 아니다. 그는 시간과 온전히 독립해서 존재하시는 지고하신 하나님을 경배하는 의미로 그렇게 말했을 뿐이다. 안셀무스는 "주님이 없으면 아무것도 존재할 수 없지만, 주님은 공간이나 시간 속에 계시지 않고, 만물이 주님 안에 있나이다. 주님은 어떤 것에도 포함되어 있지 않으시고, 오히려 만물을 포함하고 계시나이다."라고 말했다.[2] 시간도, 공간도, 그 무엇도 하나님을 구속할 수 없다. 그분은 '스스로 있는 자'이시다(출 3:14).

그러나 성경의 첫 부분은 깊은 신비를 드러낸다. 하나님은 시간과 공간을 초월한 무한한 존재이시지만, 시간과 공간으로 이루어진 우주를 창조하고, 그것과 관계를 맺는 능력을 소유하고 계신다.[3] 영원하신 하나님이 창조 사역을 통해 처음 시작이 있게 하고, 그 시간적 흐름 속에서 피조물로 가득한 세상을 만드셨다.

창조주께서는 영원하시고, 피조물은 유한하다. 피조물은 시작이 있고, 시간적 순간들의 연속선 안에 존재한다. 피조물이 시간의 한계를 벗어나 존재하는 것은 불가능하다. 우리의 유한성은 우리의 피조성을 여실히 드러낸다. 헤르만 바빙크는 "시간을 말한다는 것은 곧 운동, 변화, 측정 가능성, 계산 가능성, 한계성, 유한성, 피조성을 말하는 것이다."라고 말했다.[4] 시간 속에 존재하는 것은 유한하고, 제한적이며, 늘 변한다. 초와 분과 시간과 날과 해는 우리가 하나님이 아니라는 사실을 끊임없이 상기시킨다. 우리는 무한한 창조주가 아닌 유한한 피

2) Anselm, *Monologion and Proslogion, with the Replies of Gaunilo and Anselm*, trans. Thomas Williams (Indianapolis: Hackett, 1996), 106.

3) 이 점에 대해 좀 더 자세히 알고 싶으면 다음의 자료를 참조하라. James E. Dolezal, *All That Is in God: Evangelical Theology and the Challenge of Classical Christian Theism* (Grand Rapids: Reformation Heritage Books, 2017), 79 – 104.

4) Herman Bavinck, *Reformed Dogmatics*, ed. John Bolt, trans. John Vriend (Grand Rapids: Baker Academic, 2004), 2:163.

조물이다.

날마다 드러나는 피조물의 한계

내가 기숙사 밖에 있는 콘크리트 바닥 위에 침을 흥건히 흘린 채로 얼굴을 숙이고 누워있는 그를 발견한 때는 새벽 2시 30분이었다. 나는 그를 흔들어 깨우면서 속으로 "일어나, 이 굼벵이야. 지금은 잠잘 시간이 아니야."라고 말했다. 내가 친구에게 짜증을 낸 이유는 무엇일까? 그 이유는 기도를 해야 했기 때문이다. 우리는 한밤중에 일어나서 영적 부흥을 위해 함께 열심히 주님께 구하는 중이었다. 하룻밤 정도는 충분히 할 수 있는 일이었지만, 몇 주가 지나자 지속하기가 어려웠다. 우리는 열심히 노력했지만, 육체가 감당하지 못했다. 주님을 향한 우리의 열정은 잠을 자는 것은 시간을 낭비하는 것이자 영적이지 않은 일이라는 그릇된 생각에 지배되었다. "평범한 그리스도인은 잠을 자지만 강한 그리스도인은 울며 부르짖는다. 평범한 그리스도인은 코를 골지만, 강한 그리스도인은 간구한다."라는 것이 우리의 무언의 좌우명이었다.

24시간에 속박된 우리

성경이 우리에게 가르치는 첫 번째 진리 가운데 하나는 하나님이 시간을 창조했을 뿐 아니라 그것을 구성하셨다는 것이다. 하나님은 빛으로 어둠을 비추게 하고 나서 빛의 기간과 어둠의 기간을 나누고, 그것들을 각각 밤과 낮으로 일컬으셨다(창 1:3-5). 그분은 다시 태양과 달을 창조해 빛과 어둠으로 이루어진 24시간의 주기를 관장하게 하셨다(14-19절). 진화론의 주장과는 달리, 지구가 그렇게 정확하게 돌면서 시간적 주기를 만들어내는 것은 아무렇게나 이루어진 우연이 아니었다. 하루가 정확히 24시간의 빛과 어둠으로 이루어진 것은 하나님의 계획에 따른 것이다.

솔직히 말하면, 이따금 하나님이 계획하신 시간적 구조가 탐탁하지 않게 생각될 때도 있다. 하루가 48시간으로 이루어진 세상이었으면 좋겠다는 생각도 들고, 공상 과학 소설에 나오는 행성들처럼 시간을 멈추는 장치가 있는 행성을 꿈꾸기도 한다. 단지 버튼을 누르는 것만으로 시간을 멈추고, 태양을 멈추어 하루를 원하는 만큼 길게 만들 수 있다면 멋지지 않을까? 그렇게 된다면 우리가 무엇을 이룰 수 있고, 얼마나 성공적이고 생산적일지 한번 상상해 보라. 우리는 아무런 한계가 없을 것이다.

그렇다, 바로 '한계 없음'이다.

내가 하나님이 구축하신 시간적 구조를 싫어하는 이유는 무엇일까? 그 이유는 그것이 끊임없이 나의 유한성을 상기시키기 때문이다.[5] 나는 낮과 밤에 지배되는 것이 싫다. 내가 주관자가 되고 싶다. 나는 24시간에 속박되는 것이 못마땅하다. 나는 시간적 제약으로부터 자유롭고 싶다. 한마디로, 나는 하나님이 되고 싶다.

우리는 마음의 열망을 채우지 못한 채 삶의 압박감에 시달릴 때면, "시간이 충분하지 않아."라고 실망감을 토로하며 우리의 피조성을 한탄한다. 우리는 "나는 시간에 속박된 피조물이 아닌 영원한 창조주가

---

5) 나는 폴 데이비드 트립이 *Lead: 12 Gospel Principles for Leadership in the Church* (Wheaton, Ill.: Crossway, 2020), 77–80에서 언급한 내용 덕분에 시간에 있어서의 제한성이라는 관념을 지금과 같이 형성할 수 있었다.

되고 싶어."라고 말한다. 그러나 그것은 우리의 하루를 구성하신 하나님의 의도와 정면으로 배치된다. 하나님의 은혜로운 의도는 우리를 교만으로 강퍅하게 만드는 것이 아니라 시간적인 제약을 통해 '하나님을 지향하는 자기 인식에서 비롯한 낮아지려는 성향'을 일깨우는 것이었다. 겸손은 시간적 한계를 싫어하지 않고, 오히려 그것을 달갑게 받아들인다. 겸손은 시간적 한계가 피조성의 범주에 속한다는 것을 기꺼이 인정한다.[6]

수면에 의해 제약을 받는 우리

우리가 직면한 한계선은 실제로는 처음 생각하는 것보다 훨씬 더 좁다. 우리는 24시간으로 구성된 낮과 밤이라는 시간적 틀 안에 존재하지만, 피조물인 우리는 대략 그 시간의 3분의 1을 깜깜한 어둠 속에서 침대에 누운 채로 보낸다. 의학적으로 권고하는 수면의 양이 하루에 여덟 시간이라면, 우리는 일 년에 약 3,000시간을 침대 위에서 보내는 셈이다. 그것은 분으로 환산하면 무려 18만 분이나 된다.

아마도 몹시 분주한 시대 속에서 카페인에 의존하며 살아가는 사람들은 거의 대부분 "하루에 여덟 시간이나 잘 시간이 어디 있어요? 내 삶이 얼마나 바쁜지 모르시는군요."라고 말할 것이 분명하다. 그러

---

[6] 하나님은 시간적으로는 물론, 공간적으로도 무한하시다. 나는 이번 주에 노스캐롤라이나에서 모인 노회에 참석하기 위해 다섯 시간 동안 운전을 했다. 하나님도 노회에 함께 참석하셨지만, 나와는 달리 그곳까지 여행할 필요가 없으셨다. 그분은 어느 곳이든, 그곳으로 여행하지 않으신다. 창조주께서는 피조물과는 달리 공간적 한계에 속박되지 않으신다. 아침에 일어나 학교에 가는 것과 같은 무익해 보이는 활동들이 하나님이 우리의 피조성을 일깨워주기 위해 정하신 것들이라는 점을 생각해 본 적이 있는가? 우리는 이런 공간적 한계를 통해 겸손한 마음을 길러야 한다.

나 나는 "그렇지 않아요. 스스로의 한계를 이해하지 못하시는군요."라고 대답하고 싶다.

인간으로서 왕성하게 살아가려면 매일 밤 일고여덟 시간의 양질의 수면이 필요하다. 피조물에게 필요한 것을 무시하면 해로운 결과가 초래된다. "인간 수면 과학 센터"의 원장인 매튜 워커는 "수면 부족으로 인한 해로운 영향을 피할 수 있는 신체 기관은 단 하나도 없다. 우리는…사회적으로, 조직적으로, 경제적으로, 물리적으로, 인식적으로, 감정적으로, 행동학적으로, 영양학적으로. 언어학적으로 수면에 의존해 있다."라고 말했다.[7]

우리는 이것에 '영적으로'를 더할 수 있다. 전날 밤에 네 시간만 자고 나서 설교를 듣거나 기도를 하거나 자녀들을 사랑으로 돌보거나 배우자를 섬기려고 한 적이 있는가? 수면이 부족한 상태에서 하나님과 다른 사람들을 사랑으로 섬기기는 매우 어렵다. 피조물인 우리의 영적 생활은 물리적인 생활과 밀접한 관련이 있다. 이것이 내 친구와 내가 잠을 자지 않고서 기도하려고 애썼는데도 실제로는 기도를 그렇게 많이 하지 못했던 이유였다. 하나님은 우리가 은혜의 보좌 앞에 나아가려고 애쓰다가 침을 흥건히 흘리며 몽롱한 상태에 빠져드는 것을 조금도 기뻐하지 않으신다.

수면이 부족하면, 불안, 우울, 과식, 조급함, 성급한 결정 등, 그리스도인에게 어울리지 않는 특질들이 생겨날 가능성이 훨씬 커진다. 나는 오랫동안 상당한 사회적 불안감에 시달려 왔다. 때로는 너무나 불

---

7) Matthew Walker, *Why We Sleep: Unlocking the Power of Sleep and Dreams* (New York: Scribner, 2017), 133.

안해서 말을 하기는커녕 숨을 쉬기조차 어려웠다. 그런데도 나는 의도적으로 수면을 무시하고, 하루에 평균 네다섯 시간, 길어야 여섯 시간을 잤다. 사회적 불안감과 나의 수면 부족 사이에 모종의 관계가 있을 수 있다는 생각을 전혀 하지 못했다. 나는 "성령 충만하면 하루에 여덟 시간씩 잘 필요가 있을까?"라고 생각했다. 그러나 나는 마침내 성경이 피조물인 우리의 육체적 삶을 매우 중요하게 여긴다는 사실을 깨닫고는 식습관과 운동을 비롯해 수면에 관심을 기울이기 시작했다. 그러자 내가 느끼던 불안감이 대부분 사라졌다.[8]

우리의 피조성이 지닌 측면들 가운데 수면에 의존하지 않는 것은 아무것도 없다. 끊임없이 달리려고만 하면, 심각한 심신 장애, 심지어 회복하기 어려운 장애를 겪을 위험이 크다. 그러나 우리 가운데 그런 식으로 살아가는 사람들이 얼마나 많은지 모른다. 우리는 우리의 시간적 유한성을 부인할 때가 많다. 그것은 교만이다.

존 파이퍼는 수면을 밤마다 똑같은 말을 되풀이하는 '고장 난 음반'에 빗대었다. 그것은 "인간은 주권자가 아니다. 인간은 주권자가 아니다. 인간은 주권자가 아니다."라는 말이다.[9] 미국 대통령, 아마존 최고 경영자, 중국의 독재자 등 큰 권력을 가진 사람들을 생각해 보라. 그들도 하루가 끝나면 잠옷을 입고 잠자리에 들어 꿈나라로 떠난다. 온갖 영광을 누리는 그들도 날마다 가장 무기력한 상태로 잠을 잔다. 그

---

8) 불안은 복합적인 문제다. 개개의 경우를 특별히 관심을 기울여 다루어야 한다. 모든 불안이 수면 부족의 결과라고 주장할 생각은 조금도 없다. 그것은 결코 사실이 아니다. 나는 단지 우리의 시간적 한계성을 생각하지 않으면 불안을 비롯해 여러 가지 육체적, 심리적, 영적 장애를 겪을 수 있다는 것을 보여주기 위해 나의 경험을 잠시 언급했을 뿐이다.

9) John Piper, "A Brief Theology of Sleep," Articles, Desiring God, August 3, 1982, http://www.desiringgod.org/articles/a-brief-theology-of-sleep/.

때는 권력을 행사하고, 생산하고, 관리하고, 감독하는 일이 모두 중지된다. 그들은 강력한 힘을 지니고 있지만 피조성에서 벗어날 수는 없다.

오직 하나님만이 피곤하지도, 곤비하지도 않으신다(사 40:28). 오직 그분만이 졸지도, 주무시지도 않으신다(시 121:4). 그분은 하나님이시다. 하나님은 우리 자신을 신격화하려는 성향으로부터 우리를 구원하기 위해 매일 밤 잠을 자게 하신다. 은혜롭게도 하나님은 우리가 매일 밤 잠자리에 누울 때마다 피조물의 유한성을 일깨워주신다.[10]

겸손함을 기르기 위해 잠을 자고 있는가? 잠자리를 하나님을 지향하는 자기 인식에서 비롯하는 낮아지려는 성향을 키우기 위한 기회로 삼고 있는가? 매일 밤 눈을 감고 잠을 청할 때마다 "주님, 저는 한계가 있습니다. 하루의 일을 하다 보면 금세 피곤함이 밀려옵니다. 주님

---

10) 최근에 가벼운 불면증에 좀 시달리고 있다. 의도적으로 수면을 등한시할 생각은 없다. 나는 잠을 자고 싶다. 피조물인 내게 잠이 필요하다는 것을 알고 있다. 그러나 새벽 1시면 잠에서 깨어나 마치 커피를 다섯 잔이나 마신 것 같은 기분을 느낀다. 내가 준비해야 할 설교나 다음 날에 정해진 어려운 상담 시간이 머릿속에 떠오르면, "밤에 충분한 휴식을 취하지 못하면 어떻게 그런 일을 감당할 수 있을까?"라는 생각이 든다. 그런 생각은 불안감을 일으키기 때문에 마음이 긴장되어 다시 잠을 청하기가 어렵다. 그것은 교만이고, 하나님을 지향하는 자기 인식의 결여다. 그것은 내가 통제할 수 없는 것을 통제하려는 시도다. 하나님은 잠을 주신다. 그런데 왜 그분께 잠을 구하지 않는 것일까? 하나님은 잠을 주신다. 그런데 왜 그분이 내일 내게 하라고 맡기신 일을 하는 데 필요한 것들을 정확히 알고 계신다는 사실을 믿고 안식하지 못하는 것일까? 하나님은 피조물인 나의 유한성을 나보다 훨씬 더 잘 알고 계신다. 그분이 이따금 잠들지 못하게 하는 이유는 자기에게 복종하고, 자기를 의지하게 하시기 위해서다. 나는 시편 131편을 암기했다가 밤중에 그것을 읊조리는 것이 많은 위로가 된다는 것을 알았다. 이 시편은 내 마음을 안정시켜 잠들게 도와주었다. 혹시 불면증에 시달린다면 데이비드 포울리슨의 아티클, "Peace, be still': Learning Psalm 131 by Heart," *The Journal of Biblical Counseling* 18, no. 3 (Spring 2000): 2-9을 읽고 이 시편을 암기해 보라고 강력하게 권한다. 이 아티클은 https://www.ccef.org/wp-content/uploads/2016/09/Peace-be-still-Learning-Psalm-131-by-Heart.pdf에서 찾을 수 있다.

이 주시는 잠의 선물을 기꺼이 받아들임으로써 제가 모든 것을 통제할 수 있다는 망상을 버리게 하옵소서. 제 영혼과 가정과 교회를 비롯해 저의 모든 것을 지키시는 주님을 바라보나이다. 졸지도, 주무시지도 않으시는 주님, 이 밤도 저를 지켜주소서."라고 기도하라. 아침에 자명종이 울리면, '사랑하는 자에게 잠을 주시는' 하나님께 감사하라(시 127:2). 연약한 피조물인 우리에게 새 힘을 공급하시는 하나님께 감사하고, 또 하룻밤 동안 우리를 지켜주신 그분을 찬양하라. 하나님이 잠을 허락하신 이유는 하루를 시작하고, 마감할 때마다 우리의 피조성을 기억하게 하시기 위해서다.

매주 드러나는 피조물의 한계

하루는 우리가 창조주가 아니라는 사실을 항상 상기시키는 역할을 하도록 구성되었다. 이는 한 주간도 마찬가지다. 하나님은 한 번에 모든 것을 다 창조할 수 있으셨다. 그러나 그분은 그렇게 하지 않으셨다. 그분은 엿새에 걸쳐 세상을 창조하셨다(창 1:3-2:1). 하나님은 만물을 모두 창조하고 나서 일곱째 날에 안식하셨다. "하나님이 그가 하시던 일을 일곱째 날에 마치시니 그가 하시던 모든 일을 그치고 일곱째 날에 안식하시니라"(창 2:2).

하나님은 왜 안식하셨을까? 말씀으로 은하계를 만드는 어려운 일을 하느라고 지치셨기 때문일까? 수많은 별과 모래를 만드느라 힘이 다하셨기 때문일까? 전혀 그렇지 않다.

"영원하신 하나님 여호와, 땅끝까지 창조하신 이는 피곤하지 않으시며 곤비하지 않으시며"(사 40:28).

그렇다면 하나님이 엿새 동안 일하고, 하루를 쉬신 이유는 무엇일까? 그것은 자신의 형상으로 창조된 인간이 따라야 할 시간적 구조를 확립하기 위해서였다. 이런 사실이 창세기 2장 3절을 통해 분명하게 드러난다. "하나님이 그 일곱째 날을 복되게 하사 거룩하게 하셨으니 이는 하나님이 그 창조하시며 만드시던 모든 일을 마치시고 그 날에 안식하셨음이니라." 창조된 것들 가운데 가장 먼저 거룩하게 된 것은 '날'이었다. 하나님은 일곱째 날을 복되고 거룩하게 하고, 그 날에 안식함으로써 안식일을 제정하셨다. 이 거룩한 안식의 날은 시내산에서 모세를 통해 시작되지 않았다. 이 날은 시간과 공간이 처음 만들어졌을 때 하나님을 통해 시작되었다. 이것이 하나님이 훗날 이스라엘 백성에게 십계명의 네 번째 계명을 허락하면서 안식일을 창조 사역과 연관시키셨던 이유였다. "이는 엿새 동안에 나 여호와가 하늘과 땅과 바다와 그 가운데 모든 것을 만들고 일곱째 날에 쉬었음이라 그러므로 나 여호와가 안식일을 복되게 하여 그 날을 거룩하게 하였느니라"(출 20:11). 하나님은 자신의 형상으로 창조된 인간을 위해 일주일이라는 시간적 구조를 확립해 엿새 동안 일하고, 하루를 쉬게 하셨다.

1장에서 말한 대로, 형상은 항상 원형에 의해 규정된다. 만일 내가 조지 워싱턴의 초상화를 보여주면서 "이것은 레오나르도 다빈치의 '모나리자'입니다."라고 말한다면, 안과에 가보라는 말을 들을 것이 틀림없다. 다빈치의 유명한 그림을 조금도 닮지 않은 초상화는 그것의 형상이라고 말할 수 없다. 형상이 제 기능을 하려면 원형을 반영해야 한다. 우리의 경우도 마찬가지다. 하나님은 우리를 자신을 반영하는 형상으로 창조하셨다. 원형이신 하나님이 엿새 동안 일하고 하루를 쉬신 이유는 형상인 우리가 그런 시간적 구조를 그대로 따르게 하시기 위해서였다. 존 머레이는 "(안식일은) 인간에게 이 세상에서의 삶이 하나님이 보여주신 본보기를 따르는 삶이 되어야 한다고 가르친다."라고 말했다.[11] 한 주간이라는 시간적 구조는 우리가 원형이신 하나님께 모든 것을 의존하고 있고, 그분에 의해 규정된 삶을 살아가야 할 형상이라는 사실을 계속해서 상기시켜 준다. 이것은 하나님을 지향하는 자기 인식에서 비롯한 낮아지려는 성향이 우리 안에 생겨나게 하려는 의도를 지닌다.

하나님은 나의 주권자이시다

하나님이 안식하셨다는 것은 보좌를 베풀고 만물 위에 좌정하셨다는 뜻이다. 그분의 안식은 그분의 주권을 나타낸다. 구약성경에서 성전은 하나님이 안식하시는 장소로 일컬어졌다. 다윗은 성전을 "여호와의 언약궤 곧 우리 하나님의 발판을 봉안할 성전"(대상 28:2)으로 일컬었다. 시편 저자도 이렇게 노래했다.

> "우리가 그의 계신 곳으로 들어가서 그의 발등상 앞에서 엎드려 예배하리로다 여호와여 일어나사 주의 권능의 궤와 함께 평안한 곳으로 들어가소서"(시 132:7, 8).

성전은 값비싼 양탄자, 애굽산 순면 이불, 햇빛 차단 커튼으로 이루어진 하늘의 침실이 아니었다. 하나님의 안식처인 성전은 그분이 그룹 사이에 좌정하고 왕으로서 자기 백성을 다스리시는 곳이었다.

---

11) John Murray, *Principles of Conduct*, 33.

하나님은 창조 사역을 마치고 일곱째 날에 안식함으로써 우주적인 성전의 보좌 위에 좌정하셨다.

> "여호와께서 이와 같이 말씀하시되 하늘은 나의 보좌요 땅은 나의 발판이니 너희가 나를 위하여 무슨 집을 지으랴 내가 안식할 처소가 어디랴"(사 66:1).

창조의 왕이신 하나님은 '왕권을 행사하기 위한 왕의 안식'에 드셨다.[12] 하나님의 안식은 피곤함을 달래기 위한 것이 아니라 통치하기 위한 것이었다.

예수님이 안식일에 영원한 안식을 얻으신 것을 생각하면 이런 사실이 더욱 분명하게 드러난다. 사도 시대 이후로 교회는 줄곧 한 주간의 마지막 날(토요일)이 아닌 첫날(일요일)을 안식일로 지켜왔다. 왜일까? 그 이유는 한 주간의 첫날에 이루어진 그리스도의 부활이 기념비적인 의미를 지니기 때문이다. 하나님이 창조 사역을 마치고 나서 왕으로서 안식에 들어가셨던 것처럼, 예수님도 구원 사역을 마치고 나서 왕으로서 안식에 들어가셨다. 그분은 우리의 구원을 이루고 나서 하나님의 오른편에 앉아 새로운 피조 세계 위에 군림하셨다. 그분의 안식도 '왕권을 행사하기 위한 왕의 안식'이었다. 신약성경이 '주의 날'로 일컫는 일요일이 돌아올 때마다 우리는 진정한 통치자가 누구인지를 상기하게 된다.

---

12) Meredith G. Kline, *Kingdom Prologue: Genesis Foundations for a Cove-nantal Worldview* (Eugene, Ore.: Wipf & Stock, 2006), 35.

우리는 안식일을 지킬 때마다 옛 피조 세계와 새 피조 세계를 다스리시는 성삼위 하나님의 절대적인 주권에 복종한다. 하나님은 우리의 일정을 관장하는 주인이자 우리의 일과 안식을 정해주고, 우리의 시간 사용을 결정하는 결정권자이시다. 그분은 우리의 한시적인 삶을 다스리신다. 주권자는 우리가 아닌 하나님이다. 칠 일이 한 주간으로 구성된 달력을 볼 때마다 우리가 시간의 구조로부터 자유로운 유일한 존재이신 하나님의 신민이라는 사실을 기억해야 한다.

주님은 나의 삶의 유지자이시다

우리는 성공이라는 우상을 좇아 칠 일을 쉬지 않고 일하도록 부추기는 과잉 생산의 시대에 살고 있다. 몇 년 전에 백만장자인 빌 게이츠에게 하나님을 믿지 않는 이유를 물었더니 "시간이라는 자산을 할당하는 관점에서만 보아도 종교는 그렇게 효율적이지 못하다. 일요일 아침에 내가 할 수 있는 일이 아주 많다."라는 대답이 돌아왔다.[13] 대뜸 그렇게 말하는 교만함에 은근히 부아가 치밀 수도 있겠지만, 솔직히 말하면 우리도 때로 '시간이라는 자산의 관점에서 볼 때' 안식일을 지키는 것이 그렇게 효율적이지 못하다고 느낄 때가 적지 않다. 일요일에도 일을 한다면 얼마나 더 많은 일을 할 수 있고, 얼마나 더 많은 돈을 벌 수 있을지 생각해 보라.

비효율적인 안식일이 제정된 이유는 모든 것에 충족하신 하나님께로 눈을 돌리게 하기 위해서다. 마감 날짜가 가까이 다가오거나 청구서가 잔뜩 쌓이거나 처리해야 할 일이 다 끝나지 않았거나 직장 상사

---

13) See Walter Isaacson, "In Search of the Real Bill Gates," *Time* (January 13, 1997): 7.

의 기대감이 갈수록 커지면, 주일에 우리의 피조성을 인정하고 싶지 않은 생각이 들 수 있다. 기독교 상담사 로버트 쇼는 "일주일에 하루 동안 물질적인 목적을 추구하는 것을 중단하는 것은 곧 '하나님, 오늘 하루 주님만을 생각하며 지내더라도 주님이 모든 것을 관장하실 것이라고 믿습니다. 일주일에 엿새만 일해도 주님이 이레 동안 살 것을 공급해주실 것으로 믿습니다. 제가 오늘 얼마나 많은 돈을 벌 수 있고, 또 지난주부터 제가 해야 할 일이 얼마나 많이 남았든 상관없이 몸과 마음의 안식을 누리며 주님의 임재를 즐거워할 것입니다.'라고 말하는 것과 같다."라고 말했다.[14]

하나님은 시내산에서 율법을 수여하기 전부터 이스라엘 백성이 안식일을 지키기를 원하셨다. 그분은 매일 아침 하늘에서 양식을 내려주면서 그 날에 필요한 것만을 거두어 먹으라고 명령하셨다(출 16:16). 그러나 엿새째만은 예외였다. 즉 안식일에는 양식을 거두는 일을 중단해야 했기 때문에 금요일에 평소의 두 배의 양식을 거두어들여야 했다(22-26절). 그러나 일곱째 날에 그들 가운데 일부가 양식을 가외로 좀 더 쌓아놓을 생각으로 양식을 거두러 나갔고(27절), 그 일로 인해 이스라엘 백성은 하나님의 책망을 들어야 했다. 그분은 "볼지어다 여호와가 너희에게 안식일을 줌으로써 여섯째 날에는 이틀 양식을 너희에게 주는 것이니 너희는 각기 처소에 있고 일곱째 날에는 아무도 그의 처소에서 나오지 말지니라"(29절)라고 말씀하셨다.

하나님은 엿새라는 시간에 그들에게 필요한 모든 것을 허락하셨다.

---

14) Robert B. Shaw Jr., "Purpose of Sabbath Rest," American Association of Christian Counselors, http://www.aacc.net/2016/07/22/purpose-of-sabbath-rest/.

그들이 일곱째 날에 양식을 거두러 나간 이유는 먹을 것이 없어서가 아니라 가외의 양식을 더 장만해 두면 안심이 될 것 같은 생각이 들었기 때문이다. 그들은 하나님을 전적으로 의지하며 살려고 하지 않았다. 그러나 하나님은 "그렇게 하지 말라. 아직도 이해하지 못하느냐? 너희는 의존적인 피조물이다. 내가 너희를 돌볼 것이다. 나를 믿고 안식하라."라고 말씀하셨다.

겸손한 자들은 경제적인 필요를 온전히 하나님께 의지한다. 그들은 일주일에 엿새만 일해도 하나님이 일주일 동안 먹을 양식을 공급해 주실 것으로 믿는다. 그들은 마감 날짜는 물론, 직장 상사들의 과도한 기대감까지도 하나님께 온전히 맡긴다. 겸손한 자들은 안식일에 안식하며 삶의 유지자이신 하나님을 바라본다.

주님은 나의 만족이시다

하나님이 일곱째 날을 복되게 하사 거룩하게 하셨다는 것은 무슨 의미일까(창 2:3)? 하나님은 무엇을 복되게 하실 때면 축복을 소나기처럼 내려주신다. 그분은 무엇을 거룩하게 하실 때는 그것을 따로 구별해 자기를 섬기게 하신다. 주일이 복된 이유는 하나님을 예배하기 위해 거룩하게 구별된 날이기 때문이다. 주일은 하나님을 경배하는 데 바쳐야 할 그분의 날이다.

아담과 하와가 세상에서 처음 맞이한 날이 안식일이었다는 사실을 생각해 본 적이 있는가? 토머스 보스턴은 "아담은 자신이 창조된 목적이 하나님을 섬기기 위한 것이라는 사실을 알아야 했다."라는 말로 그 이유를 설명했다. 하나님은 인류의 첫 조상이 오직 자기에 대한 예배를 통해서만 궁극적인 만족과 기쁨을 발견할 수 있다는 것을 알기

원하셨다. 이때는 아직 그들이 타락하기 이전이었다. 타락하기 이전의 인간이 하나님을 예배하는 데 몰두하기 위해 하루 동안 노동을 중단하고 안식하는 것이 필요했다면, 우리 같은 타락한 피조물들은 더더욱 그래야 하지 않겠는가?

우리의 교만한 마음은 항상 창조주가 아닌 피조물을 통해 만족을 얻으려고 애쓴다. 그러나 안식일을 지킨다면, 그것은 곧 하나님이 우리의 가장 귀한 보화요 기쁨이시라는 것을 인정하는 셈이다. 이것이 겸손의 본질이다. 하나님을 지향하는 자기 인식에서 비롯하는 낮아지려는 성향은 그분의 아름다우심을 즐거워하며, 그분 외에는 아무것도 바라지 않으며, "내 영혼은 세상의 부와 인간의 찬사에 만족하지 않을 것이다. 나의 주린 영혼을 채워줄 수 있는 분은 오직 한 분, 하나님뿐이다."라고 외친다. 안식일을 거룩하게 지킬 때, 우리는 그 무엇도 그렇게 할 수 없을 만큼 우리 영혼을 기쁘게 해주시는 하나님을 바라본다.

시간이 깨우쳐주는 겸손

하루와 한 주간의 시간적 구조는 우리에게 겸손을 가르친다. 하나님은 우리에게 겸손을 가르치기 위해 우리를 자신의 형상으로 창조해 언약의 관계를 맺었을 뿐 아니라 시간의 구조까지도 지혜롭게 확립하셨다. 우리는 매일 피조물의 한계와 유한성을 경험한다. 우리는 매일 밤 피조물의 연약함과 부족함을 의식한다. 우리는 매주 창조주의 형상을 반영해야 할 피조물의 의무를 깨닫는다. 우리는 안식일마다 피조물로서 주권자요 유지자요 우리의 만족이신 하나님께 의존해 있다는 사실을 상기한다.

이것은 교만한 본성을 지닌 우리에게 너무나도 큰 은혜가 아닐 수 없다. 시계와 달력을 통해 우리의 피조성을 깨닫게 하신 것은 참으로 심오한 가르침이 아닐 수 없다. 시간에 속박된 상태로 영원한 창조주 앞에 서 있는 피조물, 이것이 곧 우리의 본질이다. 이 사실을 등한시해서는 안 된다. 우리의 시간적 한계를 기꺼이 받아들여 겸손해지려고 노력해야 한다.

2부

윤리적 겸손

우리는 타락하고, 망상에 빠지고, 절망적인 죄인들이다.

타락한 죄인들

그레샴 메이첸은《기독교와 자유주의》라는 책에서 "현대 자유주의 운동의 근저에는 죄의식의 상실이 놓여 있다…현대 교회의 근본적인 결함은 절대적으로 불가능한 일을 시도하느라고 바쁜 데 있다. 다시 말해, 오늘날의 교회는 의인들을 회심으로 이끄느라고 분주하다. 현대의 설교자들은 교만을 버리라고 요구하지 않고 사람들을 무작정 교회 안으로 불러들이고 있다. 그들은 사람들이 죄책감을 느끼지 못하게 도와주려고 애쓴다."라고 말했다.[1] 이것은 1920년대는 물론, 지금도 여전히 사실이다. 교회 안에는 종교를 통해 죄책감 없이 위로만을 얻으려는 사람들이 많다. 그들은 허물지 않고 세우기만 하는 종교를 원한다. 그러나 인류의 보편적인 타락을 부인하는 곳에서는 기독교가 존재할 수 없다. 이것이 메이첸이 인간의 본질적인 선을 외쳤던 자유주의를 단지 왜곡된 기독교가 아닌 전혀 다른 종교라고 주장했던 이유였다.

---

1)   J. Gresham Machen, *Christianity and Liberalism*, 2nd ed. (Grand Rapids: Eerdmans, 2009), 55, 58.

하나님을 지향하는 자기 인식의 성향을 지닌 사람들은 자기 자신을 전적으로 부패한 존재로 간주한다. 우리의 피조성이 우리를 낮추는 결정적인 현실(실존적 겸손)이라면, 우리의 부패성은 우리를 향해 더 낮아지라고 요구하는 또 하나의 결정적인 현실(윤리적 겸손)이 아닐 수 없다. 겸손, 곧 낮아지려는 성향이 생겨나려면 죄를 철저하게 의식하는 것이 필요하다.

거룩하신 창조주와 거룩하지 못한 피조물

구원의 역사를 돌아보면 하나님의 거룩하신 임재를 통해 인간의 부패성을 의식하게 된 사례들이 많이 발견된다. 시내산에서 연기가 가득하고, 우레가 울리며 하나님의 영광이 나타나자 이스라엘 백성들은 두려워 떨면서 중보자인 모세에게 "당신이 우리에게 말씀하소서 우리가 들으리이다 하나님이 우리에게 말씀하지 말게 하소서 우리가 죽을까 하나이다"(출 20:19)라고 간청했다. 베드로는 배가 가라앉을 만큼 많은 물고기가 잡히는 기적이 일어나자 그리스도 앞에 엎드려 "주여 나를 떠나소서 나는 죄인이로소이다"(눅 5:8)라고 부르짖었다. 타락 이후의 인간은 거룩하신 하나님을 볼 때마다 항상 자신의 부정함을 의식하게 된다. 이런 사실을 가장 잘 보여주는 대표적인 성경의 인물은 이사야 선지자다.

하나님의 거룩하심

이사야는 유다 왕국의 왕이 죽던 해에 환상 중에 지극히 높은 왕이신 하나님을 보았다. 이 이야기를 잘 알고 있다고 해서 대충 넘어가려고 해서는 안 된다. 이사야 선지자가 본 것에 주목하라. "웃시야 왕이 죽던 해에 내가 본즉 주께서 높이 들린 보좌에 앉으셨는데 그의 옷자락은 성전에 가득하였고"(사 6:1). 이사야는 지고한 위엄을 지닌 왕, 곧 왕복을 입고 보좌 위에 앉아 계신 하나님을 보았다.

이사야의 환상 속에 나타나신 하나님은 지극히 높으신 분이셨고, 그는 그 위엄에 온전히 압도되었다. 이사야는 하나님의 위엄에 압도된 경험을 토대로 나중에 "그의 앞에는 모든 열방이 아무것도 아니라 그는 그들을 없는 것 같이, 빈 것 같이 여기시느니라"(사 40:17)라고 말했다. 이사야의 말에 따르면, 〈타임지〉가 선정한 '세계에서 가장 영향력 있는 100인'의 재능과 지성과 부와 권력을 다 합치더라도 하늘의 하나님 앞에서는 '없는 것 같고, 빈 것 같을' 뿐이다. 하나님의 지극한 위엄을 생각해 보라.

그러나 그것은 단지 환상의 시작에 불과했다. 천사들이 하나님을 에워싸고 "거룩하다 거룩하다 거룩하다 만군의 여호와여 그의 영광이 온 땅에 충만하도다"라고 쉬지 않고 찬양을 드렸다(사 6:2, 3). 어떤 것을 최상급으로 높여 말하고자 할 때 영어는 감탄 부호를 사용하지만, 히브리어는 반복 어법을 사용한다. 이 세 차례의 반복은 하나님이 더할 나위 없이 거룩하시다는 것을 나타낸다. 따라서 "'거룩한'이라는 용어가 하나님에게 적용되었을 때 어떤 의미를 지니는가?"라는 물음을 잠시 생각해봐야 할 필요가 있다.

하나님의 거룩하심은 흔히 피조물과의 분리라는 개념으로 정의된다. 창조되지 않으신 하나님은 창조된 모든 것과 분리되신다. 온전히 순결하신 하나님은 죄가 있는 모든 것과 분리되신다. 이런 진술들은 모두 사실이지만, 하나님의 거룩하심이 무엇인지를 정확하게 묘사하기에는 역부족이다. 왜일까? "하나님은 세상을 창조하기 전에 거룩하셨을까? 그분은 인간이 죄로 타락하기 전에 거룩하셨을까?"라는 질문을 생각해 보라. 그에 대한 대답은 당연히 '그렇다'이다. 여기에서 하나님의 거룩하심을 분리로 정의하는 것의 문제점이 발견된다. 분리란 어떤 것으로부터의 구별을 의미한다. 그러나 창조 이전에는 하나님과 분리될 수 있는 것들이 전혀 존재하지 않았다. 타락 이전에는 하나님과 분리될 수 있는 악한 것들이 전혀 존재하지 않았다. 시간과 공간으로 구성된 우주가 창조되기 이전에는 하나님 외에는 아무것도 존재하지 않았다. 하나님의 거룩하심이 창조와 타락을 선행한다면, 거룩함은 분리로 정의할 수 없다. 하나님 안에는 그분과 따로 분리되는 것이 존재하지 않는다. 성삼위 하나님은 영원히 상호침투적으로 완전하게 교통하신다. 사실상, 하나님의 거룩하심을 이해하는 열쇠는 분리가 아닌 상호침투다.

구약 시대에 사람이나 사물을 거룩하게 할 때는 따로 구별했다. 그것은 일반적인, 즉 확실하지 않은 구별이 아니었다. 거룩하게 된다는 것은 하나님을 위해 따로 구별되는 것을 의미했다. 이스라엘이 거룩한 백성이 되거나 성막이 거룩한 장소로 봉헌된다는 것은 곧 하나님께 바친 것들이 된다는 뜻이었다. 싱클레어 퍼거슨은 이를 근거로 하나님의 거룩하심은 "성삼위 하나님이 각각 다른 두 위격에게 온전히, 순수하게 헌신하시는 것…곧 절대적이고, 배타적이고, 영원하고, 순수하고, 온전하게 표현되고, 결코 취소할 수 없는 헌신을 제공하는 것"으로 옳게 정의했다.[2] 게할더스 보스는 거룩함에 관한 전통적인 정

---

2) Sinclair B. Ferguson, *Devoted to God: Blueprints for Sanctification* (Edinburgh: Banner of Truth, 2016), 2. 내가 여기에서 하나님의 거룩하심에 관해 말한 내용은 주로 퍼거슨

의에 동의하면서 그것을 "자기 자신을 최고선으로 추구하고, 사랑하려는 하나님의 속성"으로 정의했다.[3] 창조되지 않은 유일한 존재이신 하나님은 자기 자신을 지극히 사랑하신다. 죄가 조금도 없으신 하나님은 자기 자신을 지극히 사랑하신다. 분리는 하나님의 거룩하심의 본질이 아니다. 그 이유는 그것이 그분을 분리될 대상들을 의존하는 존재로 만들기 때문이다. 분리는 단지 피조물이나 부패함과 관련해 성삼위 하나님 안에 존재하는, 비할 데 없이 무한한 사랑을 나타내고자 할 때만 필요한 개념이다.

아내와 나는 결혼하기 전에는 입맞춤도 하지 않았다. 결혼식을 할 때 주례자가 "신랑은 이제 신부와 입을 맞춰도 좋습니다."라는 말로 주례를 마치는 것이 우리 문화의 전통이지만, 아내와 나는 결혼식장에서 입을 맞추지 않기로 결정했다. 왜 그랬을까? 그 이유는 우리의 사랑을 그런 식으로 공개적으로 표현하는 것이 부도덕하다고 생각했기 때문이 아니라 생전 처음 하는 우리의 입맞춤이 너무나도 신성해서 다른 사람들이 차마 바라볼 수가 없을 것 같았기 때문이었다.[4]

스랍들이 얼굴을 가렸던 이유도 이와 비슷했다(사 6:2). 하나님의 거룩한 사랑에는 피조물의 눈으로는 감히 응시할 수 없는 강렬함과 신성한 힘이 깃들여 있었다. 피조물이 거룩하신 하나님을 보고 죽지 않

의 설명에 근거한다.

3) Vos, *Reformed Dogmatics*, 1:27. 조나단 에드워즈도 하나님의 거룩하심이 '자기에 대한 사랑 안에 놓여 있다'라는 비슷한 주장을 펼쳤다. "Treatise on Grace," in *The Works of Jonathan Edwards, vol. 21, Writings on the Trinity, Grace, and Faith*, ed. Sang Hyun Lee (New Haven, Conn.: Yale University Press, 2003), 186.

4) 이것은 퍼거슨이 *Devoted to God*, 3쪽에서 사용한 예화를 개작한 것이다.

으려면 자신을 가려야만 한다.

이사야는 환상을 보는 순간, "하나님의 위엄과 거룩하심에 압도되었고, 두려움으로 인해 유발된 깊은 숭앙심을 느끼지 않을 수 없었다." 이것이 존 머레이가 정의한 하나님에 대한 경외심이었다.[5] 이사야는 두려움이 커질수록 더욱 겸손히 낮아졌다. 그는 하나님의 위엄과 거룩하심을 목격하자 자신의 피조성과 부패함(특히 부패함)을 의식하지 않을 수 없었다.

자신의 부패함에 대한 의식

스랍들이 세 차례 외친 하나님의 거룩하심의 광채가 이사야의 영혼을 비추자 두려움에 사로잡힌 그는 이렇게 소리쳤다.

> "화로다 나여 망하게 되었도다 나는 입술이 부정한 사람이요 나는 입술이 부정한 백성 중에 거주하면서 만군의 여호와이신 왕을 뵈었음이로다"(사 6:5).

부패한 하나님의 백성을 향해 저주를 선언했던 그가 이번에는 자신을 향해 저주를 선언했다(사 5:8, 11, 18, 20). 에드워드 영은 "이 날카로운 한마디에 이사야가 느낀 죄책감이 고스란히 담겨 있다."라고 말했다.[6]

---

5) John Murray, *Principles of Conduct*, 236. 하나님에 대한 경외심을 겸손과 연관시켜 논의한 내용을 좀 더 자세히 알고 싶으면 '머리글'을 참조하라.

6) Edward J. Young, *The Book of Isaiah* (Grand Rapids: Eerdmans, 1965), 1:247.

그가 죄책감을 느낀 이유는 무엇일까? 그 이유는 "화로다 나여 망하게 되었도다 나는 입술이 부정한 사람이요"라는 말에 분명하게 드러나 있다. 이사야는 자신의 죄를 의식했다. 영광의 하나님과 마주치자 그는 자신의 부패함을 의식하고, 죽은 듯한 심정을 느꼈다. R.C. 스프로울은 "이사야가 자신을 다른 사람들과 비교했을 때는 자신의 인격이 그런대로 고매하다고 생각할 수 있었지만, 궁극적인 기준에 자기를 비춰보는 순간, 그는 도덕적으로나 영적으로 완전히 파괴되어 허물어지고 말았다."라고 말했다.[7]

그런 충격적인 순간에 이사야의 관심은 특히 입술의 부정함에 집중되었다. 천사들이 거룩한 입술로 하나님을 찬양하는 소리를 들은 그는 왕이신 하나님 앞에서는 그런 거룩한 예배를 드리는 것만이 온당한 태도라는 것을 깨달았다. 그러나 천사들의 입술과는 달리 이사야의 입술은 부정했다. 그런 입술은 하나님을 예배하거나 그분과 사랑의 교제를 나누기에 적합하지 않았다. 하나님은 단지 이사야만이 아닌 이스라엘 백성 전체를 향해 자신을 찬양하라고 요구하셨다.[8] 이로 인해 이사야는 철저하게 무너져내리지 않을 수 없었다.

이사야는 자신의 죄가 무한히 거룩하신 하나님을 무한히 욕되게 하는 것이기 때문에 무한한 진노와 저주를 피하기가 어렵다는 사실을 깨달았다. 다시 말해, 그는 겸손해졌다. 거룩하신 하나님 앞에서 자신의 부패한 자아를 발견하자 그의 내면에 겸손한 마음이 생겨났다. 하나님을 지향하는 자기 인식에서 비롯하는 낮아지려는 성향이 모습을

---

7)   R. C. Sproul, *The Holiness of God*, 2nd ed. (Carol Stream, Ill.: Tyndale, 1998), 28.

8)   Young, *Book of Isaiah*, 1:248.

드러냈다. 이처럼, 하나님의 형상을 지닌 채로 타락 이후의 시대를 살아가는 우리는 우리 자신의 부패함을 의식할 때 깊은 겸손을 느낄 수 있다.

아담의 타락과 우리의 타락

우리의 부패함을 이해하려면 수많은 세월을 되짚어 에덴동산으로 거슬러 올라가야 한다. 에덴동산은 우리의 피조성에 관해 많은 것을 가르친다. 슬프지만, 우리는 우리의 부패함에 관해서도 그곳을 통해 근본적인 교훈을 얻을 수 있다.

앞서 말한 대로, 인류의 첫 조상은 겸손하게 창조되었다. 그들은 하나님을 온전히 의지했고, 그분께 복종하며, 그분 안에서 즐거워했다. 그들은 창조주를 사랑하고, 공경하며 살았던 겸손한 피조물이었고, 그분과 언약의 관계를 맺었다. 하나님은 자기를 낮춰 "동산 각종 나무의 열매는 네가 임의로 먹되 선악을 알게 하는 나무의 열매는 먹지 말라 네가 먹는 날에는 반드시 죽으리라"(창 2:16, 17)라는 금지 조항을 통해 인류의 머리인 아담과 특별한 관계를 맺으셨다. 만일 아담이 복종하면 그는 물론, 그의 후손들에게까지 영생이 주어질 것이지만, 불순종하면 육체적으로나 영적으로 영원한 죽음을 맞이하게 될 것이었다.

그러나 결국 인간의 영혼 안에 존재했던 낮아지려는 성향은 치명적인 해를 당하고야 말았다. 겸손한 마음이 사라지고 만 것이다. 겸손한 마음이 사라진 이유는 아담과 하와가 피조성을 의식하는 마음을 버렸기 때문이다. 그것이 곧 죄의 타락이었다. 인간은 피조물 아닌 창조주처럼 사는 길을 선택했다.

최초의 유혹에 대한 분석

그 운명의 날에 뱀 한 마리가 에덴동산에 모습을 드러냈다. 그것은 평범한 뱀이 아닌 사탄, 높은 지위에서 추락한 악한 천사였다. 그가 추락한 이유는 무엇일까? 바로 교만이었다. "네가 아름다우므로 마음이 교만하였으며 네가 영화로우므로 네 지혜를 더럽혔음이여"(겔 28:17)라는 말이 사탄에 대한 하나님의 판결이었다. 사탄은 하나님 안에서 즐거워하지 않고, 자신의 아름다움을 자랑했다. 그는 하나님의 지혜를 받아들이지 않고, 자신을 지혜롭게 여겼다. 그는 하나님의 권위에 복종하지 않고 반역을 저질렀다. 이 타락한 천사가 뱀의 형상을 하고 인류의 첫 조상에게 다가가 한 가지 질문을 던졌다.

사탄은 하와에게 "하나님이 참으로 너희에게 동산 모든 나무의 열매를 먹지 말라 하시더냐"(창 3:1)라고 물었다. 이것은 역사에 기록된 최초의 질문이었다. 이 질문은 하나님의 말씀을 겨냥했다. 교만한 뱀은 하와의 마음속에 창조주에 관한 의심의 씨앗을 심어주려고 시도했다. 그의 말은 정직한 의문을 제기하는 것처럼 들렸고, 바로 거기에 인간을 미혹하는 힘이 숨겨져 있었다.

사탄이 하나님에 관해 제기한 질문 가운데 가장 결정적인 것은 '모든'이라는 말이었다. 뱀은 하나님의 금지 조항이 모든 것을 포괄하는 의미, 곧 나무의 종류와 상관없이 모든 나무를 금지하는 의미인 것처럼 말했다. 그는 그 질문을 통해 하나님을 지나친 속박을 일삼는 분처럼 보이게 만들었다. 하나님은 아담과 하와를 위해 많은 나무가 있는 큰 동산을 창조하셨지만, 사탄은 그분의 관대한 공급과 배려가 전혀 이루어지지 않은 것처럼 말했다. 그는 하나님이 마치 자식들에게 누더기를 입히고, 음식 부스러기를 먹이는 부자 아버지라도 되는 것처럼 묘사했다. 제임스 몽고메리 보이스는 "사탄은 하나님이 선하지 않으신 분, 곧 피조물들에게 가장 좋은 것을 주려고 하지 않고, 오로지 금지만을 일삼는 분인 것처럼 보이게 했다."라고 말했다.[9]

하와가 자신의 말에 관심을 기울이는 것처럼 보이자 사탄은 즉시 최후의 일격을 날렸다. 그는 더 이상 은근하게 말하지 않았다. 다시 말해, 더 이상 에두른 질문으로 하나님의 말씀을 슬쩍 비틀어 말하지 않고, 곧장 노골적으로 그것을 부인했다. 하나님은 선악을 알게 하는 나무의 열매를 먹으면 반드시 죽을 것이라고 말씀하셨지만, 사탄은 "너희가 결코 죽지 아니하리라"(창 3:4)라고 말했다. 이는 "하나님은 거짓말쟁이야. 그분의 경고는 사실이 아니야. 그것은 거짓 협박에 지나지 않아."라는 의미였다. 사탄은 교활한 정치인들처럼 자신의 적을 신뢰해서는 안 되는 이유를 제시했다. 즉 그는 "너희가 그것을 먹는 날에는 너희 눈이 밝아져 하나님과 같이 되어 선악을 알 줄 하나님이 아심이니라"(5절)라고 말했다. 사탄의 말에 따르면, 하나님은 피조물의 유익을 안중에 두지 않는 무자비하고, 이기적인 사기꾼에 지나지 않는다.

뱀은 우리가 쉽게 간과하는 사실(하나님에 관한 왜곡된 시각은 자아에 대한 왜곡된 시각으로 귀결된다는 사실)을 잘 알고 있었다. 겸손에서 멀어지는 첫 단계는 하나님에 관한 것을 그릇 이해하는 것이다. 하나님을 옳게 알지 못하면 우리 자신을 옳게 알 수 있는 능력을 잃고 만다.

---

9) James Montgomery Boice, *Genesis: An Expositional Commentary* (Grand Rapids: Baker Books, 2006), 1:165.

최초의 죄에 대한 분석

불행히도 하와는 뱀의 속임수에 넘어가 자애로우신 창조주를 그릇 왜곡시킨 견해를 받아들였다. 이 모든 일은 하나님의 금지 조항에 의문을 제기한 사탄의 질문을 듣고서 하와가 처음 취했던 반응에서부터 시작되었다. 그녀는 처음에는 사탄의 말을 부인하며 "동산 나무의 열매를 우리가 먹을 수 있으나"(창 3:2)라고 대답했지만, 거기에서 멈추지 않고 "동산 중앙에 있는 나무의 열매는 하나님의 말씀에 너희는 먹지도 말고 만지지도 말라 너희가 죽을까 하노라 하셨느니라"(3절)라는 설명을 덧붙였다. 사탄은 '만지지도 말라'라는 말을 들었을 때 매우 기뻐했을 것이 분명하다. 하와는 무슨 짓을 저질렀던 것일까? 그녀는 하나님의 금지 조항에 말을 보탰다. 그것은 그녀가 하나님을 가혹하고, 인색한 분으로 여기기 시작했다는 증거였다. 하나님을 향한 선천적인 경외심이 그녀에게서 사라지기 시작했다.

우리는 인류의 첫 조상들이 금단의 열매를 먹는 순간에 죄의 타락이 일어났다고 생각할 때가 많지만 사실은 그렇지 않다. 타락은 아담과 하와가 뱀의 말을 사실로 받아들였을 때가 아니라 그의 말이 사실일지도 모른다는 가능성을 염두에 두었을 때 이미 시작되었다. 뱀이 하나님을 왜곡하는 유혹의 말을 던졌을 때 그들은 즉시 믿음으로 그의 머리를 짓이겨야 했다. 하나님은 우리의 첫 조상에게 제사장의 신분으로 에덴동산을 지키는 임무를 부여하셨다. 그러나 그들은 거룩한 장소에서 거룩하지 않은 자를 쫓아내지 않고, 그를 친구처럼 받아들여 그의 말에 귀를 기울였다. 그들은 선악을 알게 하는 나무의 외관을 보면서 그의 주장의 타당성을 타진했다(창 3:6). 뱀의 말이 사실일지도 모른다고 생각하는 순간, 그들은 그의 말을 하나님의 말씀과 동등하게 취급했고, 스스로 재판관이 되어 판결봉을 두들겼다. 하나님은 더이상 주권적인 재판관이 아니셨다. 하와가 그 역할을 자임했다. 그녀는 증거를 조사해 창조주를 믿고, 그분께 복종하는 것이 옳은 것인지를 결정했다. 간단히 말해, 그녀는 자신의 피조성을 의식하지 않았다. 자율적인 자아가 주권자가 되어 하나님 위에 올라섰다.

무슨 말인지 알겠는가? 중요한 것은 불순종이라는 외적 행위가 아니었다. 물론, 금단의 열매를 먹은 행위는 하나님을 거역하는 중대한 죄였다. 그러나 열매를 먹는 외적 행위보다 자기를 높이는 내적 교만이 먼저였다. 영혼의 모든 기능 안에서 창조주와 피조물의 관계를 부인하는 일이 벌어졌다. 게할더스 보스는 이렇게 설명했다.

1) 이 타락은 의식 속에서 나타났다. 인간은 더 이상 자기를 하나님으로 인해 살고, 그분을 위해 사는 존재로 간주하지 않았다.

2) 이 타락은 인간의 의지 안에서 나타났다. 인간은 더 이상 하나님께 복종하지 않고, 그분처럼 되려고 했다. 그는 하나님보다 못한 상태를 원하지 않았다.

3) 이 타락은 인간의 감정 생활 속에서 나타났다. 인간이 정욕과 욕망에 사로잡혀 하나님이 금지하신 열매를 바라보았다는 사실은 그의 감정이 그릇된 방식으로 기능했다는 것을 보여준다. 인간의 감정은 물건들을 더 이상 하나님 안에서 즐기려고 하지 않고, 그분 밖에서 그것들에 매료되는 불경을 저질렀다.[10]

---

10) Vos, *Reformed Dogmatics*, 2:52.

아담과 하와의 생각과 의지와 감정에서 하나님을 지향하는 자기 인식에서 비롯하는 낮아지려는 성향이 사라졌다. 그들은 창조주를 거부했고, 그로써 자신들의 피조성을 거부했다. 그들은 교만해졌다. 자아가 하나님보다 높아지는 순간, 그들은 금단의 열매를 따 먹을 수밖에 없었다. "여자가 그 나무를 본즉 먹음직도 하고 보암직도 하고 지혜롭게 할 만큼 탐스럽기도 한 나무인지라 여자가 그 열매를 따 먹고 자기와 함께 있는 남편에게도 주매 그도 먹은지라"(창 3:6).

우리의 죄에 대한 분석

이것은 단지 한 쌍의 부부나 개인이 저지른 반역이 아니었다. 아담은 행위 언약을 통해 온 인류를 대표하는 머리의 역할을 했다. 그가 타락했을 때 우리도 함께 타락했다. "한 사람으로 말미암아 죄가 세상에 들어오고 죄로 말미암아 사망이 들어왔나니 이와 같이 모든 사람이 죄를 지었으므로 사망이 모든 사람에게 이르렀느니라"(롬 5:12)라는 말씀대로,[11] 그가 창조주께 겸손하게 복종하지 않음으로써 우리 모두 교만의 나락으로 떨어졌다. 하나님의 동산이자 성전인 곳에서 피조물인 인간이 죄를 지은 것이 모든 사람이 죄 가운데서 잉태되어 태어나는 이유다(시 51:5).

우리가 개인적으로 짓는 죄는 무엇이든 인간이 처음 지었던 죄와 똑같은 성질을 띤다. 코르넬리우스 반틸은 "사람들은 자신들이 창조되지 않았다고 생각하거나 가정한다."라는 말로 모든 죄의 본질을 설

---

11) 이 본문을 통찰력 있게 상세히 설명한 내용을 원한다면 다음의 자료를 참조하라. John Murray, *The Imputation of Adam's Sin* (Grand Rapids: Eerdmans, 1959).

명했다.[12] 인간은 살인하거나 간음하거나 거짓말하거나 하나님의 이름을 망령되게 일컬을 때마다 자신이 피조물이 아니라고 생각한다. 외적인 반역 행위는 창조주를 의지하고, 그분께 기꺼이 복종하기를 거부하는 데서 비롯한 결과물이다. 우리는 스스로 미혹되어 우리가 삶의 주관자이고, 우리가 원하는 대로 무엇이든 할 수 있으며, 우리가 창조주보다 더 잘 알고 있다고 믿는다.

우리나라에서는 해마다 수많은 아이들이 태 안에서 살육당한다. 아무런 이유도 없이 우리의 뒷마당에서 대량 학살이 일어나고 있다. 과연 무엇이 우리의 문화 속에서 여섯 번째 계명을 어기는 그런 만행을 저지르게 만드는 것일까? 그것은 바로 여성의 선택권이다. 모든 여성은 자신의 몸을 자기 마음대로 할 수 있는 권리가 있다고 말한다. 여성이 주권자라는 생각이 만연하다. 여성은 절대적인 권위를 지닌 창조주께 아무런 책임이 없다. 하나님이 고려 대상에서 완전히 배제된 것처럼 보인다. 여섯 번째 계명을 잠시 떠올릴지는 모르지만, 결국에는 여성이 주권자이고, 주권적인 자아는 하나님의 율법을 지나치게 엄격하다고 판단한다. 여성이 산아 제한을 통한 가족계획에 참여하려면, 먼저 자신의 피조성을 부인하고, 절대적이고, 무조건적인 자유의 권리를 주장해야 한다. 살인으로 인해 그녀의 손에 묻은 피의 궁극적인 출처는 다름 아닌 교만이다.

교만, 즉 '우상 숭배적인 자아 인식에서 비롯하는 높아지려는 성향'이 모든 죄의 근원이다. 현대 교회 안에 만연해 있는 고질적인 포

---

12) Greg L. Bahnsen, *Van Til's Apologetic: Readings and Analysis* (Phillipsburg, N.J.: P&R, 1998), 109에 인용되어 있음.

르노그래피를 생각해 보라. 그리스도인을 자처하는 수많은 사람이 정기적으로 노골적인 성행위를 보여주는 웹사이트를 방문한다. 성을 왜곡하고, 여성을 학대하고, 남성을 파괴하고, 사랑을 퇴락시키는 이미지들을 하나님이 증오하신다는 사실을 알지 못하기 때문일까? 그렇지 않다. 사람들은 하나님이 포르노그래피를 혐오하신다는 사실을 너무나도 잘 알고 있다. 사람들은 일곱 번째 계명을 알고 있을 뿐 아니라 예수님이 그것을 더욱 철저하게 적용하셨다는 사실까지 알고 있을 가능성이 크다(마 5:27, 28). 사람들은 성적 욕망을 죽이지 않으면 영적 죽음에 이를 수 있다는 것은 물론(마 5:29, 30, 고전 6:9, 10, 엡 5:5, 6), 음욕의 불을 품에 품고 있으면 산채로 불타 죽게 될 수 있다는 것도 알고 있다(잠 6:27). 그러나 사람들은 유혹을 느끼는 순간에 자신을 하나님과 그분의 말씀보다 더 높여 재판관 행세를 한다. 그들은 "하나님은 음녀의 길이 사망의 길이라고 말씀하셨지만, 나는 그곳에서 생명을 발견할 수 있다고 생각해. 하나님은 너무 엄격하신지도 몰라. 그분은 남의 흥을 깨기를 좋아하시는 것 같아. 아니면, 내게 무엇인가를 숨기고 계시는지도 몰라. 그분은 내게 세상에서 가장 좋은 것을 주기를 원하지 않으시는 것 같아. 하나님은 포르노그래피가 주는 쾌락이 나의 영혼을 만족시키지 못할 것이라고 말씀하지만, 내가 그분보다 더 잘 알아. 더욱이, 그분은 내가 어떻게 하든 용서해주실 거야."라는 그릇된 추론을 일삼는다. 그들이 그런 이미지들이 자기를 더럽히고, 파괴할 것을 뻔히 알면서도 기꺼이 그것들을 클릭하는 이유는 바로 이런 교만한 성향 때문이다. 사람들은 자신의 피조성을 거부하고, 창조주를 충성할 가치가 없는 고약한 독재자로 간주한다. 그들은 하나님을 지향하는 자기 인식에서 비롯하는 낮아지려는 성향을 상실했다.

교만과 사랑의 종말

교만이 사랑의 종말이라는 것을 아는가? 낙태의 궁극적인 원인은 교만이다. 그런 교만에 사로잡힌 임산부는 자신의 개인적인 안위를 위해 자기 아이의 생명을 무가치하게 여긴다. 포르노그래피의 궁극적인 원인도 교만이다. 그런 교만에 사로잡힌 남성은 여성을 자신의 성적 만족을 위해 마음대로 가지고 놀 수 있는 대상으로 전락시킨다. 자아를 높이면 다른 사람들을 비인간화하는 결과가 초래된다.

아담과 하와의 교만한 반역 행위도 마찬가지였다. 그들은 금단의 열매를 따 먹고 나서 하나님과 마주쳤을 때 마땅히 죄를 고백하고, 회개해야 했다. 아담은 아내를 이끌고, 보호하기 위해 자신의 실패를 기꺼이 인정해야 했다. 그러나 그는 오히려 아내에게 책임을 전가했고, 하와는 뱀을 원망했다(창 3:12, 13). 우리의 첫 조상들은 오로지 자기 자신만을 생각하며, 제각기 서로를 자기 보존과 자기 정당화를 위한 수단으로 여겼다. 겸손이라는 낮아지려는 성향이 실종되자 사랑도 함께 종말을 고했다. 우리의 죄는 어떤 형태를 취하든 항상 사랑의 종말을 초래한다.

망상에 사로잡힌 죄인들

인터뷰에 응했을 때, 스테펀니 월슈트는 생물학적으로 쉰두 살의 남성이었다. 그는 23년 동안 결혼 생활을 하면서 자녀를 일곱이나 낳았지만, 가족을 떠나기로 결정했다는 이야기를 들려주었다. 그가 그런 황당한 결정을 내리게 된 이유는 자신이 실제로 50대 초반의 남성이 아니라는 내적 확신에 도달했기 때문이었다. 그의 증언에 따르면, 그는 자신이 여섯 살 된 소녀라고 믿고 있었다.[1] 그는 더 이상 그렇지 않은 척하지 않겠다고 결심했다. 그는 지금도 여전히 커피를 마시고, 자동차를 운전하고 다니지만, 초등학교 1학년 여자아이처럼 옷을 입고, 놀이를 할 뿐 아니라 심지어는 다른 가정에 양녀로 입양되기까지 했다.

그에 관한 기사를 읽다 보면 너무나도 터무니없는 현실에 어안이 벙벙해지지 않을 수 없다. 기사의 첫 줄에는 "일곱 자녀를 둔 캐나다

---

1) Hannah Al-Othman, "Transgender Father Stefonknee Wolscht Leaves Family to Live as a Six-Year-Old Girl," Evening Standard, December 22, 2015, https://www.standard.co.uk/news/world/transgender-father-stefonknee-wolscht-leaves-family-to-live-as-a-sixyearold-girl-a3142551.html.

의 성전환자가 자기 가족을 떠나 여섯 살 된 소녀로 살기 시작하다." 라고 적혀 있다. 이 기사는 일곱 자녀를 둔 아버지를 '그녀'로 일컫고 있다. 어떻게 그럴 수가 있을까? 어떻게 10대 자녀들을 둔 아버지가 여섯 살 된 소녀가 될 수 있을까? 월슈트와 그의 동료 성 혁명가들에게는 "심리학이 생물학에 대해 승리를 거둔 셈이다."[2] 그러나 이것은 사실 편리할 때만 그렇다. 캐나다에서는 여섯 살 된 아이가 자동차를 운전하는 것이 불법이지만, 스테펀니는 여전히 자동차를 운전하고 다닌다.

월슈트는 스스로 구축한 망상의 세계 속에서 살고 있다. 그의 출생신고서에는 남성으로 표기되어 있지만, 그는 여성이 되기로 결정했다. 그의 운전면허증에는 그가 50대로 기록되어 있지만, 그는 자기가 여섯 살이라고 결론지었다. 그는 인터뷰 진행자에게 "나는 고통으로부터 해방되었습니다. 그 이유는 내가 여섯 살이라면 더는 어른들의 일을 생각할 필요가 없기 때문입니다."라고 말했다. 다시 말해, 이는 월슈트가 스스로를 어린아이로 생각하면 성인 생활에 뒤따르는 어려움을 더 이상 생각할 필요가 없다는 뜻이다. 그는 성인이지만 그 현실 속에 살기를 원하지 않고, 자기 나름의 현실, 즉 현실에 반하는 세계를 스스로 창조했다.

스테펀니 월슈트의 이야기는 그냥 웃어넘길 일이 아니다. 그것은 비참하고, 삭막한 교만의 실상을 적나라하게 보여준다. 그는 자아를

---

2) Carl R. Trueman, *The Rise and Triumph of the Modern Self: Cultural Amnesia, Expressive Individualism, and the Road to Sexual Revolution* (Whea-ton, Ill.: Crossway, 2020), 369.

자신의 인격과 목적을 규정하는 주권자로 세워 보좌 위에 올려놓았다. 그는 하나님을 부인하고, 가장 충격적인 비현실적 세계를 구축했다. 이 이야기가 주는 교훈을 간과하지 않으려면, 여섯 살 소녀로 살아가는 쉰두 살의 월슈트가 사실은 우리를 비롯한 모든 죄인의 표상이라는 것을 알아야 한다. 비록 우리의 교만이 우리의 생물학적인 정체성을 노골적으로 부인하는 것으로 표출되지는 않았더라도 우리의 죄가 그것에 조금도 뒤지지 않는 망상 속으로 우리를 몰아넣고 있는 것은 분명하다.

우리는 너나 할 것 없이 모두 정신이상에 가까운 우상 숭배적 자아 인식을 구축한다. 앞장에서 말한 대로, 교만은 우리의 참된 정체성을 부인한다. 그것은 반(反)현실적이다. 찰스 브리지스는 교만은 하나님과 "주권을 다툰다."고 말했다.[3] 궁극적인 질문은 항상 "누가 주권자인가?"이다. 죄인인 우리는 자아가 주권자라고 주장한다. 우리는 하나님을 부정하고, 자아를 신격화해 마치 주권적인 창조주인 것처럼 살아간다. 월슈트의 이야기에 충격을 받았을 테지만, 그가 하나님을 거부하고, 자신의 세계를 만들어낸 것이 아담의 타락한 모든 후손 안에 군림하는 교만이 제멋대로 역사한 결과라는 사실은 훨씬 더 큰 충격을 안겨준다. 타락한 상태에서는 자아가 선택한 망상의 세계에서 살아갈 수밖에 없다.

인간의 부패한 본성을 다루려면 죄의 망상적 속성을 살펴봐야 할 필요가 있다. 우리의 교만은 정신이상과 다름없다. 로마서 1장 18-32절보다 교만의 전적인 비합리성을 더 상세하게 묘사한 성경 본문은

---

3) Mahaney, *Humility: True Greatness*, 31에 인용되어 있음.

찾아보기 어렵다. 바울은 우리의 반역이 제정신을 잃는 결과를 초래했다고 말했다. 교만은 현실에 대한 가장 기본적인 진실을 부인한다. 그것은 창조주와 피조물의 관계를 근본적으로 거부한다.

창조주에 관한 부인할 수 없는 지식을 부인하는 교만

바울 사도는 하나님을 자신의 형상으로 창조된 피조물을 향해 진노하시는 재판관으로 묘사하는 데서부터 시작했다. 하나님이 사람들에게 진노하시는 이유는 그들이 '불의로 진리를 막기' 때문이다(롬 1:18). 여기에서 '막는다'는 것은 '어떤 것을 억누르거나 억제하는 것'을 의미한다. 죄인들은 진리가 나타나는 것을 억누르는 데 능숙하다.

내가 어렸을 때 인기 있는 오락실 게임 가운데 '두더지 잡기'라는 게임이 있었다. 그것은 두더지 머리가 마구 튀어나오게 작동하는 커다란 오락 기계였다. 고무망치로 최대한 빨리 두더지 머리를 쳐서 기계 속으로 다시 집어넣는 놀이였다. 이따금 그 게임이 왜 그토록 재미가 있는지 궁금했다. 우리가 본성적으로 두더지를 싫어하기 때문일까, 아니면 우리가 물건을 망치로 때리는 것을 즐기기 때문일까? 둘 다일 수도 있다. 조금 과장된 생각일 수도 있지만, 신학적으로 생각해 볼 때 내가 두더지 잡기 게임을 좋아하는 이유는 그것이 죄인인 나의 본성과 딱 맞아떨어지기 때문은 아닐까 생각한다. 그것은 나의 교만을 나타내는 비유로 매우 적절하다. 어디에서든 진리가 고개를 쳐들 때마다 나는 항상 최대한 빨리 그것을 쳐서 본래의 자리로 되돌려놓으려고 애쓴다. 나는 진리가 나타나지 않도록 억제한다. 그것이 '막는다'라는 말의 의미다. 우리는 광적으로 두더지 머리를 때려서 땅속에 집어넣으려고 애쓰는 어린아이들과 같다.

우리가 가로막는 진리는 추상적인 진리가 아니다. 그것은 하나님에 관한 진리다. "이는 하나님을 알 만한 것이 그들 속에 보임이라 하나님께서 이를 그들에게 보이셨느니라 창세로부터 그의 보이지 아니하는 것들 곧 그의 영원하신 능력과 신성이 그가 만드신 만물에 분명히 보여 알려졌나니 그러므로 그들이 핑계하지 못할지니라"(롬 1:19, 20). 우리는 피조 세계에 나타난 하나님의 자기 계시를 땅속에 묻어두려고 애쓴다. 우리는 이것을 일반 계시로 일컫는다. 하나님에 관한 이 지식의 네 가지 특징을 열거하면 다음과 같다.

1) 이 지식은 명확하다. 이 지식은 우리에게 '명확하게 나타났다.' 그것은 우리가 '분명하게' 볼 수 있을 만큼 확실하다.

2) 이 지식은 신성하다. 이 지식이 우리에게 명확한 이유는 '하나님이 그것을 보이셨기' 때문이다. 하나님은 자기에 대한 진리를 계시하셨고, 자신의 진리가 목적을 확실하게 이루게 하신다.

3) 이 지식은 구체적이다. 이것은 모호한 신이 아닌 살아 계시는 유일한 참 하나님에 관한 지식이다. 그분은 우리에게 '(자신의) 보이지 아니하는 것들 곧 영원하신 능력과 신성'을 나타내 보이셨다.

4) 이 지식은 보편적이다. 이 지식은 창세 이후부터 '그가 만드신 만물'에 계속 나타났다. 창조주의 자기 계시가 없는 상태로 존재했던 시간이나 장소나 사람은 어디에도 없었다.

무신론 철학자 버트런드 러셀은 만일 하나님이 실제로 존재하시는 것으로 드러난다면 심판의 날에 그분께 뭐라고 말하겠느냐는 질문을 듣고서 "증거가 충분하지 않았습니다. 증거가 충분하지 않았습니다."

라고 대답할 것이라고 말했다.[4] 그러나 성경은 다르게 말씀한다. 증거는 확실하고, 어디에나 있기 때문에 아무도 "핑계하지 못할" 것이다(롬 1:20).

이런 사실을 고려하면, 하나님의 형상으로 창조된 인간은 창조 질서에 나타난 영광스러운 창조주의 지혜와 능력과 통치를 높이 찬양해야 마땅하다. 그러나 죄인인 인간은 그와 정반대로 행동한다. 우리는 곳곳에 하나님의 진리가 존재하는 것을 볼 때마다 그것을 후려쳐 막는다. 하나님을 알면서도 마치 모르는 것처럼 살아가고(롬 1:21), 진리를 알면서도 그것을 "거짓 것"으로 바꾼다(25절). 우리는 하나님 없는 현실을 원하고, 기꺼이 비현실적인 망상 속에서 살아간다.

인간이 하나님의 형상으로 창조되었다는 사실을 기억하면, 이 망상은 훨씬 더 충격적으로 다가온다. 시편 저자의 찬양은 사실이다. 그는 "하늘이 하나님의 영광을 선포하고 궁창이 그의 손으로 하신 일을 나타내는도다"(시 19:1)라고 노래했다. 그러나 광대한 하늘도 인간과 비교하면 아무것도 아니다. 인간은 만물 가운데서 하나님의 영광을 가장 분명하게 보여주는 피조물이다. 인간의 영적, 관계적, 직업 활동적, 이성적 속성을 통해 나타나는 하나님의 영광은 동물이나 무생물을 통해 나타나는 것과는 차원이 다르다. 주변 세상에 나타난 하나님의 영광은 외면할 수 있을지 몰라도 자연을 통한 계시의 정점에 해당하는 인간에게 각인된 그분의 영광은 결코 외면할 수 없다. 이처럼, 하나님은 우리의 안과 밖, 모든 곳에서 항상 '완전한 신적 속성'을 적극적으

4] K. Scott Oliphint, *Covenantal Apologetics: Principles and Practice in Defense of Our Faith* (Wheaton, Ill.: Crossway, 2013), 114에 인용되어 있음.

로 나타내신다.[5]

창조주의 영광이 모든 곳에 나타나 있다. 그러나 우리는 그분의 영광이 없는 현실을 원하고, 그 안에서 주권자로 군림하기를 바란다. 우리는 창조주요 주권자이신 하나님께 의존하며, 그분 앞에서 책임 있게 살아가기를 원하지 않고, 스스로 주권자가 되고 싶어 한다. 우리는 사실이라고 알고 있는 것을 극구 부인하려고 애쓴다.

창조주의 비할 데 없는 가치를 부인하는 교만

하나님의 영광에 관한 지식을 부인하는 것은 우상 숭배와 다름없다. 우리는 예배하기 위해 창조되었다. 우리는 항상 사물이나 사람을 예배한다. 우리의 예배를 받기에 합당하신 분은 하나님 한 분뿐이다. 따라서 하나님을 거부하면, 우상들을 섬길 수밖에 없다. 우리는 하나님의 분명한 계시를 통해 그분을 알면서도 부패한 본성을 지닌 까닭에 "하나님을 영화롭게도 아니하며 감사하지도 아니한다"(롬 1:21). 하나님의 형상으로 창조된 피조물이 창조주께 영광을 돌리는 것은 가장 합리적인 반응이지만, 타락한 본성을 지닌 우리는 그렇게 하기를 거부한다. 우리는 하나님께 영광을 돌리지 않는다. 우리는 그분을 우리의 가장 큰 기쁨으로 여겨 찬양하지 않고, 우리에게 모든 것을 허락하시는 그분께 감사하지 않는다.

반틸은 죄인인 인간을 자애로운 아버지의 무릎에 앉아 있는 어린 소녀에 빗대었다. 소녀는 얼굴을 잔뜩 찌푸린 표정으로 화를 내며 손

5] Charles Hodge, *Commentary on the Epistle to the Romans* (Grand Rapids: Eerdmans, 1994), 37.

으로 아버지의 얼굴을 후려쳤다. 반틸이 말하려는 요점이 무엇인지 생각해 보라. 소녀가 아버지의 얼굴을 후려치려면 그를 의지한 채로 그의 무릎에 앉아 있어야 한다. 이것이 죄인인 우리의 모습이다. 하나님은 우리를 감싸고 있고, 우리는 그분께 온전히 의존하고 있다. 우리는 그런 상태로 계속 하나님의 얼굴을 후려치고 있다. 이것은 미친 짓이지만, 모든 죄인은 그런 짓을 저지르고 있다.

우리는 아담 안에서 하나님께 감사와 영광을 드리기를 거부했다. 그 대신 우리는 피조물을 영광과 감사의 대상으로 삼았다. "스스로 지혜 있다 하나 어리석게 되어 썩어지지 아니하는 하나님의 영광을 썩어질 사람과 새와 짐승과 기어 다니는 동물 모양의 우상으로 바꾸었느니라"(롬 1:22, 23). 교만은 비할 데 없는 창조주의 가치를 파생적인 피조물의 가치와 바꾸는 것을 의미한다.

저녁에 집에 돌아왔는데 느닷없이 사랑스러운 강아지가 반갑게 나를 맞이했다고 가정해 보자. 한동안 강아지를 키우고 싶은 마음이 있었는데 마침내 아내가 깜짝 선물로 나를 놀라게 했다. 나는 즉시 녀석에게 루터라는 이름을 지어주었다. 녀석이 내 마음에 꼭 들어서 아내에게 몇 번이고 고맙다고 말했다. 시간이 지나면서 나는 녀석에게 흠뻑 빠져들었다. 나는 자유시간을 녀석에게 모두 할애했고, 밖에 데리고 나가 다른 개들을 만나게 해주었으며, 모아놓은 돈을 털어 최신식 애견 장난감과 애견 옷을 사주었다. 나는 심지어 아내에게 루터와 함께 잘 테니 소파에서 자라고 부탁하기까지 했다. 이쯤 되면 모두 내가 제정신이 아니라고 말할 것이 틀림없다. 맞는 말이다. 선물(강아지)은 선물을 주는 자(아내)를 더 사랑하고, 존중하게 만들어야 했다. 그러나 선물이 되려 선물을 주는 자를 멸시하고, 멀리하는 수단이 되고 말왔다. 이것이 바로 죄인인 우리가 하는 짓이다. 우리는 선물을 선물을 주는 자보다 더 귀하게 여긴다. 즉 우리는 창조주보다 피조물을 더 즐거워한다. 불신자들만 그렇게 할 것 같지만 사실은 그렇지 않다. 그리스도인들도 회심 이후에 교만에 빠져들면 그와 똑같은 일을 한다. 우리가 짓는 죄는 모두 창조주와 피조물을 바꾸는 교만에서 비롯한다.

우리의 우상 숭배는 금은으로 만든 신상에 절했던 1세기의 이방인들의 우상 숭배만큼 뚜렷하지는 않지만, 실질적이고, 망상적이라는 점에서는 그것에 조금도 뒤지지 않는다. 우리는 하나님의 영광을 무엇과 바꿀까? 우리는 어디에서 기쁨과 만족을 얻을까? 아마도 물질적인 번영, 정치 권력, 직업적인 성공, 성적 쾌락, 육체적인 건강, 유명인들에 대한 열광적 관심 등일 것이다. 이것이 문명화된 21세기의 죄인들이 숭배하는 우상들이다.

제리 브리지스가 '흉하지 않아 보이는 죄'로[6] 일컬은 폭식을 예로 들어 보자. 음식과 음료를 지나치게 탐하는 것은 문화적으로 용인된다. 심지어는 교회 안에서도 마찬가지다. 우리는 폭식을 농담 삼아 말하기를 좋아하고, 그것을 기대하기까지 한다. 아무런 윤리 의식 없이 '프레시맨 피프틴'(the freshman fifteen, 대학교 1학년을 다니는 동안 15파운드의 체중이 증가한다는 뜻)과 같은 표현들이 흔히 사용된다. 그러나 폭식은 성적 부도덕이나 살인과 마찬가지로 하나님을 부인하고, 진리를 가로막는 교만의 결과물이다. 나 자신이 음식을 지나치게 탐하는 성향이 있기 때문에 누구보다 잘 알고 있다. 나는 힘든 모임이나 피곤한 하루를 보내고 나면 냉장고를 열어 음식을 꺼내먹는 습관이 있다. 물론,

---

6) See Jerry Bridges, *Respectable Sins* (Colorado Springs: NavPress, 2007).

음식은 하나님이 주신 좋은 선물이다. 문제는 다크 초콜릿 브라우니나 브라질산 다크 로스트 커피가 아닌 나의 어두운 마음에 있다. 나는 오직 창조주만이 채워주실 수 있는 나의 갈망과 필요를 피조물로 만족시키려고 한다. 음식이 우상이 되었고, 나는 한 입 베어 먹을 때마다 나의 슬픔은 사라지고, 지속적인 기쁨을 얻을 수 있을 것으로 믿고 먹고, 먹고, 또 먹는다. 그러나 그것은 망상이다. 폭식으로 고민하는 사람은 누구나 그런 사실을 잘 알고 있다. 영혼의 깊은 갈망은 음식으로 채울 수 없다. 그러나 죄로 인해 제정신을 잃은 우리는 마치 그럴 수 있을 것처럼 계속해서 음식에 의존한다. 그렇게 하는 것은 그리스도를 통해 제공된 무한한 만족을 거부하는 것이다. 이것이 바로 폭식의 광기다. 나는 그리스도의 영원한 즐거움을 초콜릿의 일시적인 즐거움과 바꾸고 말았다. 폭식은 농담 삼아 말하거나 가볍게 여길 문제가 아니다. 그것은 하나님의 진노를 초래하는 악이다.

취소될 수 없는 창조주의 계획을 거부하는 교만

바울은 우리의 교만한 우상 숭배적인 망상이 '하나님의 진노가 하늘로부터 나타나는' 결과를 초래했다고 말했다(롬 1:18). 장차 진노의 날이 찾아올 것이다(롬 2:5). 그러나 지금도 하나님의 진노가 부패한 인간을 향해 쏟아지고 있다. 하나님의 진노가 하늘로부터 나타난다는 말씀을 생각하면, 하늘에서 벼락이 떨어져 사람들을 죽이는 광경이 떠오를 수 있다. 그러나 하나님의 의로운 분노는 우리가 상상하는 것보다 훨씬 평범하게 이루어진다. 하늘에 구름 한 점 없이 태양이 밝게 비칠 때도 하나님은 사람들이 스스로 선택한 망상에 빠져들도록 내버려 둠으로써 진노를 발하신다. "그러므로 하나님께서 그들을 마음의 정욕대로 더러움에 내버려 두사 그들의 몸을 서로 욕되게 하게 하셨으니"(롬 1:24, 살후 2:11 참조).

"하나님께서…내버려 두사"라는 말씀은 가장 두려운 성경 말씀 가운데 하나다. 이는 하나님이 은혜로운 억제력을 거두신다는 뜻이다. 하나님은 "너희는 나를 거부하고, 너희 마음대로 살고 있다. 나는 너희를 더 이상 붙잡지 않겠다. 너희를 너희가 선택한 망상에 빠져들게 놔두겠다. 너희를 죄에 넘겨주어 자멸하게 하겠다."라고 진노하셨다. 하나님이 그렇게 하신 이유는 그들이 "하나님의 진리를 거짓 것으로 바꾸어 피조물을 조물주보다 더 경배하고 섬기기"(롬 1:25) 때문이었다. 하나님을 거부하는 교만한 우상 숭배적인 자아 인식은 필연적으로 그분의 진노를 초래할 수밖에 없다.

바울 사도는 하나님이 교만한 인간을 죄에 내버려 두신 구체적인 사례를 하나 제시했다. 이것은 우리의 문화적 상황과 관련해 그 어떤 것보다 정신을 더 번쩍 들게 만드는 사례가 아닐 수 없다. "이 때문에 하나님께서 그들을 부끄러운 욕심에 내버려 두셨으니 곧 그들의 여자들도 순리대로 쓸 것을 바꾸어 역리로 쓰며 그와 같이 남자들도 순리대로 여자 쓰기를 버리고 서로 향하여 음욕이 불일 듯하매 남자가 남자와 더불어 부끄러운 일을 행하여 그들의 그릇됨에 상당한 보응을 그들 자신이 받았느니라"(롬 1:26, 27). 이 말씀의 의미는 명백하다. 하나님의 진노가 나타난 한 가지 방식은 남자와 여자들이 동성애를 저지르게 놔둔 것이었다. 오늘날의 사회에서 이보다 더 불쾌한 말을 상상하기는 어려울 테지만, 바울이 동성애를 인간의 부패한 욕망을 보여주는 주요한 사례로 제시한 데는 그만한 이유가 있다. 그는 인간의 교만이 근본적으로 창조 질서를 거부하는 것이라는 사실을 일깨워주기 위해 이 구절로 창세기 1, 2장을 암시했다.[7] 우리의 우상 숭배는 근본적으로 '세상의 자연적인 창조 질서를 바꾸고, 왜곡하려는 시도'다.[8] 이를 보여주는 사례로 남자와 남자가, 여자와 여자가 서로 성관계를 맺는 것보다 더 분명한 사례가 또 어디에 있겠는가? 사도의 말을 빌려 말하면, 그런 관계는 '순리대로 쓸 것을 바꾸어 역리로 쓰는 것'이다. 그것은 남편과 아내가 누리는 성적 연합이라는 하나님의 선하신 계획을 거스르는 것이다.

두어 달 전, 내가 목회하는 도시에서 '동성애자 프라이드 축제(gay pride festival)'로 일컬어지는 행사가 개최되었다. 성 혁명가들은 '교만(pride)'에 대한 성경적 정의를 따르지는 않을 것이 분명하지만, 그들은 자신들의 죄를 그런 식으로 일컬었다. 동성애를 찬양하는 것은 자율적인 자아를 찬양하는 것이다. 피조물은 자율적인 존재가 아니지만, 우리는 교만 때문에 그렇다는 망상에 사로잡혀 있다. 성경에 따르면, 동성애는 그런 망상을 확실하게 보여주는 사례 가운데 하나다.

서구 사회를 신속하게 점령하면서 시시각각 더욱 극단적으로 치닫고 있는 성 혁명은 하나님의 의로운 심판(죄인들을 그들 자신의 혼란스럽고, 왜곡되고, 망상적인 상태에 빠져들도록 놔두는 것)의 결과물이다. 이것은 비웃을 문제가 아니라 하나님 앞에 겸손히 엎드려야 할 문제다. 조간신문에 게재된 성소수자들에 관한 기사는 인간의 본성을 여실히 보여준

---

7) See Kevin DeYoung, *What Does the Bible Really Teach about Homosexu-ality?* (Wheaton, Ill.: Crossway, 2015), 52-55.

8) K. Scott Oliphint, "The Irrationality of Unbelief: An Exegetical Study," in *Revelation and Reason: New Essays in Reformed Apologetics*, ed. K. Scott Oliphint and Lane G. Tipton (Phillipsburg, N.J.: P&R, 2007), 71.

다. 동성애와 성전환은 모든 죄의 부자연스러운 특성을 가장 분명하게 보여준다. 죄는 창조주와 그분이 설계하신 우주를 부인하는 반현실적 특성을 띤다. 이 교만한 형태는 인간의 마음과 삶 속에서 다양한 형태로 끊임없이 모습을 드러낸다(롬 1:29-31 참조).

하나님의 확실한 심판을 부인하는 교만

교만은 의도적인 자기기만이다. 우리는 하나님을 알면서도 그렇지 않은 것처럼 살고, 오직 그분만이 예배를 받기에 합당하시다는 것을 알면서도 그렇지 않은 것처럼 살며, 그분이 세상을 다스리신다는 것을 알면서도 그렇지 않은 것처럼 산다. 창조주를 하나님으로 인정하지 않으려는 태도는 가장 심각한 형태의 정신이상을 초래한다. 교만은 현실을 부인한다. 교만은 과거와 현재는 물론, 미래에까지 영향을 미친다.

바울은 로마서 본문 마지막에서 "그들이 이같은 일을 행하는 자는 사형에 해당한다고 하나님께서 정하심을 알고도 자기들만 행할 뿐 아니라 또한 그런 일을 행하는 자들을 옳다 하느니라"(롬 1:32)라고 인간의 부패한 상태를 묘사했다. 인간은 하나님의 형상으로 창조되었기 때문에 자신이 창조주 앞에서 책임을 져야 할 피조물이라는 사실을 의식하지 않을 수 없다. 그 이유는 비록 타락으로 인해 심각하게 훼손되었더라도 우리의 마음에 기록된 하나님의 율법이 여전히 남아 있기 때문이다(롬 2:14, 15). 타락한 인간은 죄책감에 시달리는 양심을 소유하고 있다. 우리는 우리 자신이 죄인이며, 죄 때문에 하나님의 심판의 칼날을 피할 수 없다는 것을 알고 있다. 따라서 우리의 어리석음을 인정하고, 하나님의 심판을 모면할 수 있는 긍휼을 구하는 것이 그런 지식에 대한 합리적인 반응일 것이다. 그러나 우리는 그렇게 하지 않고, 오히려 그런 미래의 현실에 대한 의식을 억누른다.

죄를 지으면 죽음과 지옥의 심판을 피할 수 없다는 사실을 의식한다면 죄를 조금도 즐거워할 수 없을 것이다. 스테이크에 치명적인 독이 듬뿍 발라져 있는 것을 알고 있는 상태에서는 군침을 흘릴 수 없을 것이 분명하다. 고기를 베어 먹으려면 독이 발라져 있다는 현실을 부인해야만 한다. 경고 라벨이 부착되어 있는데도 죄가 즐거워 보인다고 해서 우리 자신과 우리의 미래와 관련된 현실을 거부할 셈인가? 망상적인 상태에 빠져 있는 자신에게 위안을 제공한다고 해서 다른 사람들의 죄를 칭송할 생각인가? 참으로 안타깝지만, 이것이 우리가 살아가는 세상의 모습이다. 이것이 바로 교만이 대로를 버젓이 활보하고 다니는 이유가 아니고 무엇이겠는가?

우리의 망상적인 부패 상태를 인정하면 낮아질 수 있다

죄의 광기를 진지하게 생각하는 사람의 마음속에는 교만이 싹트기 어렵다. 교만하다는 것은 곧 우리의 망상적인 부패 상태를 인정하지 않는다는 증거다. 우리는 로마서 1장의 증언(즉 성경적인 죄의 교리)을 익히 알고 있을 가능성이 크지만, 무언 중에 그것은 우리가 아닌 다른 사람들에게나 적용되는 성경 본문일 것이라는 태도를 드러내기 일쑤다.

우리 가운데는 기독교 가정에서 성장하는 큰 특권을 누린 사람들이 있다. 그런 사람들은 예수님을 믿지 않았던 때가 전혀 기억나지 않을 수 있다. 이것은 참으로 놀라운 축복이 아닐 수 없다. 그러나 그런 축복에는 죄의 부패성을 이해하지 못하는 위험이 뒤따를 수 있다. 로마서 1장은 하나님께 죄를 지은 우리 인간의 자화상을 여실히 보여준다. "우매한 자요 배약하는 자요 무정한 자요 무자비한 자라"(31절)라는 말씀은 아담 안에 있는 죄인의 본질을 그대로 드러낸다.

이것이 곧 낮아지려는 겸손한 성향이 필요한 이유다. 우리 멋대로 한다면, 너나 할 것 없이 모두 다 우리가 창조되지 않았다는 허구 속에 사는 것을 선택할 것이 틀림없다. 우리는 아담 안에서 우매한 자가 되었다. 우리도 본질상 '자기 파괴적인 자율성'이라는 반현실적인 세상을 구축한 스테펀니 월슈트와 아무런 차이가 없다. 우리는 하나님을 미워하며 망상에 사로잡혀 살고 있기 때문에 피조 세계에 있는 것들을 통해서는 제정신을 되찾기가 불가능하다. 우리는 본성적으로 영적인 정신병원에 갇혀 살기에 적합하다. 우리는 아담 안에서 우매한 자가 되었다. 따라서 우리를 일깨워줄 하나님의 말씀이 절실히 필요하다.

우리가 짓는 죄는 모두 교만이라는 망상에서 비롯한다. 험담, 폭식, 간음, 분노, 나태, 냉담 등 모든 죄가 그러하다. 그리스도인인 우리가 저지르는 죄는 무엇이든 우상 숭배적인 자아 인식의 결과물이다. 하나님을 거부하면, 그런 자아 인식에 사로잡혀 살아갈 수밖에 없다. 만일 그런 삶을 산다면 마땅히 베옷을 입고, 머리에 재를 뒤집어쓴 채로 슬피 울어야 마땅하다. 그러나 우리는 우리의 망상적인 부패 상태를 부인하며 살고 있다. 이것이 우리가 울지 않고, 애통해하지 않는 이유다. 우리는 스스로 속아 우리 자신을 기만한다. 오직 하나님만이 말씀과 성령으로 우리의 죄를 분명하게 볼 수 있게 해주실 수 있다. 오직 그분만이 우리가 우리의 부패 상태를 깊이 인식함으로써 겸손한 마음을 갖게 하실 수 있다.

절망적인 죄인들

절망은 희망이 없는 심리적 상태를 가리킨다. 우리는 구원의 가능성이 전혀 없는 비참한 상태에 처했을 때 절망한다. 인간은 희망이 없으면 오래 버틸 수 없다. 암 환자가 항암 요법을 기꺼이 감내하는 이유는 치유될 가능성을 믿기 때문이고, 군인이 전쟁터에서 모든 위험을 기꺼이 감수하는 이유는 승리할 가능성을 믿기 때문이다. 그러나 그런 희망의 근거가 사라지면, 계속 버텨야 할 이유가 없다. 희망은 강력한 힘을 발휘한다. 희망이 없으면 절망과 죽음의 나락으로 추락할 수밖에 없다.

불행히도, 타락한 아담의 후손들은 견고한 희망이 없는 상태다. 죄인들은 희망도 없고, 하나님도 없다(엡 2:12). 희망이 없는 절망적인 상태가 우리의 현실이지만, 우리는 교만하게도 비현실을 선택한다. 희망이 없으면 아무도 살 수 없기 때문에 우리는 우상 숭배적인 희망으로 우리 자신을 속인다. 우리는 상황이나 우리의 상태가 겉으로 보이는 것만큼 나쁘지 않다고 생각한다. 우리는 절망적인 상태라는 참된 현실을 외면하려고 안간힘을 쓴다.

우리의 본질적인 부패 상태는 우리의 저주스러운 상황을 극복할 수 있는 능력이 우리에게 조금도 존재하지 않는다는 사실을 생각할 때 비로소 확연하게 드러난다. 낮아지려는 겸손한 성향은 우리의 부패 상태와 그로 인한 결과들로부터 우리 자신을 구원할 능력이 전혀 존재하지 않는다는 사실에 근거한다. 우리의 힘만으로는 구원을 얻을 가능성이 전혀 없다. 우리는 절망적인 죄인들이다.

죄의 형벌을 피할 길이 없는 죄인

베아트릭스 포터는《피터 래빗 이야기》라는 고전에서 피터라는 장난꾸러기 어린 토끼가 심술 궂은 맥그리거 할아버지의 농장에서 채소를 훔치다가 현장에서 붙잡히게 된 이야기를 들려주었다. 피터는 맥그리거 할아버지의 농장에 무단으로 침입해 자기의 소유가 아닌 것을 훔쳤다. 녀석은 그 일로 인해 하마터면 맥그리거 할머니의 파이 재료가 될 뻔한 위기를 겪었다. 우리도 피터 래빗처럼 들어가서는 안 될 장소에 들어가서 우리의 소유가 아닌 것을 훔쳤다. 그러나 맥그리거 할머니의 무서운 식칼을 간신히 피해서 달아난 피터와는 달리 우리는 달아날 수는 있지만 숨을 수는 없다. 왜냐하면 우리가 훔친 것은 동료 피조물이 아닌 하나님의 것이었기 때문이다.

에덴동산에서의 죄책감

하나님은 참으로 너그럽게도 우리의 첫 조상들에게 한 그루의 나무만 제외하고 에덴동산의 모든 나무를 허락하셨다. 금지된 나무는 단 한 그루뿐이었다. 금지 명령을 어길 경우는 날카로운 하나님의 칼날이 언제라도 내려칠 준비가 되어 있었다(창 2:17). 하나님은 아담과 하와에게 자신의 금지 명령을 조금만 어겨도 죄인으로 정죄되어 죽음을 면치 못할 것이라고 엄중히 경고하셨다. 창조주의 계명을 어기는 것은 가장 높은 질서를 파괴하는 범죄였기 때문에 영원한 죽음의 형벌을 당해야 했다.

타락하기 이전의 아담과 하와는 죄책감이나 수치심을 전혀 느끼지 않았다(창 2:25). 그들은 마음에 기록된 율법을 어긴 적이 없었기 때문에 죄책감이 무엇인지 알지 못했다. 그들은 감추어야 할 결함이 없었기 때문에 수치심도 전혀 느끼지 못했다. 그러나 그들이 자치권을 주장하며 반역을 저질렀던 순간에 모든 것이 변했다. 그 최초의 범죄를 통해 죄책감과 수치심의 수문이 활짝 열렸다. 아담과 하와는 처음으로 숨을 곳이 필요하다고 느꼈다. 그들은 자신들의 재간으로 신속히 무화과나무 잎을 엮어 가릴 것을 만들었다. 그 후에 참으로 불행한 말씀 한 구절이 이어졌다. "그들이 그 날 바람이 불 때 동산에 거니시는 여호와 하나님의 소리를 듣고 아담과 그의 아내가 여호와 하나님의 낯을 피하여 동산 나무 사이에 숨은지라"(8절). 하나님의 형상을 지닌 아담과 하와는 자애로운 창조주와 친밀한 교제를 나누기 위해 창조되었다. 그들은 항상 하나님과 함께 있는 것을 좋아했다. 그들의 영혼 안에서는 창조주로부터 도망치기는커녕 끊임없이 그분을 갈구하는 충동이 일었었다. 그러나 이제는 원형이 다가오자 형상이 두려워 도망쳤다. 창조주께서 가까이 오시자 피조물이 두려워 숨을 곳을 찾았다.

아담과 하와는 죄를 지었다. 메러디스 클라인은 "그들은 하나님의 형상이 지닌 윤리적인 영광, 곧 제사장으로서 그분의 앞에 나서서 그분의 영광을 반영하는 데 꼭 필요한 전제 조건을 잃어버렸다."라고 말했다.[11] 그들은 죄를 지은 까닭에 하나님의 칼날을 피할 수 없다는 것을 알고서 피할 곳을 찾았다. 그러나 창조주를 피해 달아나더라도 피할 곳은 피조 세계밖에 없었다. 그들은 나뭇잎으로 몸을 감추고, 나무 뒤에 숨는 등, 창조주의 선물을 그분을 피하는 방편으로 이용했다. 그들은 하나님의 거룩한 눈길을 피하려고 필사적인 노력을 기울였다. 그러나 그들은 최선을 다했는데도 피할 곳이 없었다. 그들이 마련한 방편으로는 죄책을 없앨 수 없었다. 창조된 질서 안에서는 구원의 방편을 찾을 수 없었다. 창조주께서는 쉽게 속아 넘어가지도 않고, 죄를 묵인하지도 않으신다. 그분은 아담과 하와를 심판하기 위해 그들을 찾아오셨다.

우리 안의 죄책

"모든 사람이 죄를 범하였으매 하나님의 영광에 이르지 못하더니"(롬 3:23)라는 말씀대로, 우리의 첫 조상들처럼 우리도 죄를 지었다. 우리는 창조주의 무한한 영광을 유한한 피조물의 우상들로 대체했다. 우리는 거룩하신 하나님 앞에서 죄를 지었기 때문에 죄의 형벌을 피할 수 없게 되었다. 우리는 죄로 더럽혀진 영혼을 깨끗이 씻거나 우리의 범죄 기록을 지울 수 없다. 우리는 달아날 수는 있지만 숨을 수는 없다. 하나님이 굳이 알려주시지 않아도 우리는 직관적으로 이 사실을 알고 있다. 심지어는 가장 검게 그을린 양심의 소유자도 때로 죄책감과 수치심을 느끼며 깜짝깜짝 놀라지 않을 수 없다.

중학교 시절에 교내 식당에 앉아 있던 나는 생각이 상스럽고, 입이 거친 중학생이었다. 나는 또래 친구들이 나를 인정해주고, 좋아해주

---

1) Kline, *Kingdom Prologue*, 130.

기를 바랐다. 나는 하나님을 모독하는 말을 하면 그들의 호응을 얻을 줄로 생각하고, 치즈버거를 한 입 베어 먹으면서 하나님의 이름을 모독하며 가장 심각한 신성모독의 죄를 저질렀다. 그러나 하나님을 증오하는 나의 말은 내가 생각했던 것과는 달리 친구들에게 아무런 감명도 주지 못했다. 오히려 나의 친구는 진정으로 염려된다는 표정으로 "짜샤, 너는 지옥에 갈 거야."라고 말했다. 그의 말은 내게 강력한 충격을 안겨주었다. 일순간 죄책감이 느껴졌다. 맥그리거 할머니의 파이가 돼도 싸다는 생각이 들었다. 나는 하나님의 진노가 두려웠고, 숨을 곳이 필요했다. 하나님의 형상을 지닌 나의 양심이 "너는 죄를 지었어! 너는 죄를 지었어!"라고 경종을 울렸다. 그러나 그 순간은 지나갔고, 몇 시간이 흐르자 내가 괜찮을 것이라는 거짓된 안도감에 젖어 들었다. 나도 다른 모든 죄인처럼 자기 정당화에 능숙했다.

새뮤얼 데이비스의 통찰력 있는 말은 교만한 우리 모두에게 적용된다.

우리는 우리 자신과 달갑지 않은 의무들에 관한 의식, 우리의 죄와 위험에 관한 발견, 하나님의 율법 아래 정죄된 우리의 비참한 상태와 같은 자아에 관한 진실을 조심스럽게 회피하려고 애쓴다. 그런 진실이 강력한 기세로 뇌리에 떠오르면, 우리는 그것이 들어올 수 있는 마음의 통로를 모조리 틀어막으려고 안간힘을 쓰고, 죄의식을 일깨우는 수단들을 회피하려고 노력한다…마음속에서 "모든 것이 좋지 않아. 나는 영원한 세상에 들어갈 준비가 되어 있지 않아. 만일 이 상태로 죽게 된다면 영원히 멸망할 거야."와 같은 불길한 생각이 떠오르고, 양심에서 우리의 그런 운명을 속삭이는 소리가 들리면, 우리는 잠시 슬프고,

처량한 생각에 빠져들지만 이내 모든 것을 잊는다. 다시 말해, 우리는 의도적으로 그런 생각을 떨쳐버리고, 이전처럼 별로 심각하지 않은 척 평온을 되찾는다. 이 죄책감의 빛은 죄인의 눈을 고통스럽게 하는 섬광이다. 우리는 그것이 떠오르지 않게 하려고 우리 자신을 어둠으로 감싼다.[2]

거짓 종교는 무엇이든 교만하게도 어둠 속에 몸을 감추고 자신의 힘으로 죄책을 가리기 위해 의로우신 창조주를 피해 숨으려고 애쓰는 피조물의 헛된 시도에 지나지 않는다. 다시 말해, 거짓 종교란 무화과나무 잎사귀, 즉 피할 수 없는 심판으로부터 자신을 구원하려는 피조물의 필사적인 노력일 뿐이다. 심지어는 무신론자도 자신을 구원하려고 애쓴다. 무신론자들은 창조주에 관한 진리를 억누름으로써 양심의 가책을 무마하려고 시도한다. 만일 그들이 세상의 재판관이신 하나님을 없앨 수 있다면, 자신들의 이마에 새겨진 사형 선고를 없앨 수 있을 것이다. 그러나 창조주를 없앨 수 있는 사람은 아무도 없다. 아무리 큰 노력을 기울여도 죄로 인해 초래된 무한한 죄책을 제거할 수는 없다.

무한한 죄책
교만은 평화가 없는데도 평화를 말하지만, 인간은 죄로 인한 죄책을 어떻게든 처리해야만 한다. 영혼의 낮아지려는 성향은 부패한 피

---

2) Samuel Davies, "The Rejection of Gospel-Light the Condemnation of Men," in *Sermons of the Rev. Samuel Davies* (Morgan, Pa.: Soli Deo Gloria, 1995), 3:39–40.

조물의 눈을 열어 죽음을 선고받은 절망적인 상태에 처한 자신의 모습을 보게 해준다. 토머스 보스턴이 주장한 대로, 죄인인 인간이 죄책으로부터 자기를 구원하려면 두 가지 일을 해야 한다. 첫째, 그들은 온 마음을 다해 하나님의 계명을 완전하게 지켜야 한다. 둘째, 그들은 자신들이 저지른 죄를 완벽하게 보상해야 한다.[3] 그는 두 번째의 일에 관해 이렇게 말했다. "이미 삶의 경로를 바꾸었거나 지금 그렇게 하려고 결심하고 하나님의 계명을 지키는 일을 막 시작했을 수도 있을 것이다. 그러나 과거의 빚을 어떻게 처리했고, 또 어떻게 처리할 생각인가? 하나님께 대한 순종은 아무리 완전하다고 해도 순종이 이루어지는 동안에도 줄곧 그분께 마땅히 갚아야 할 빚에 지나지 않는다. 따라서 이전에 집세를 밀린 세입자가 올해 집 주인에게 집세를 낸다고 해서 연체금(지불하지 않은 집세)이 모두 변제되는 것은 아닌 것처럼, 현재의 순종만으로는 이전의 죄가 보상될 수 없다."[4] 물론, 보스턴의 말은 일종의 가정이다. 우리와 같은 부패한 피조물은 절대로 하나님께 완전하게 순종할 수 없다. 심지어 지금부터 완전하게 순종한다고 하더라도 과거의 죄로 인해 초래된 죄책과 형벌을 완전히 지워 없앨 수 없다. 완전한 순종은 그때그때의 빚만 청산할 뿐이다. 그것은 피조물인 우리가 하나님께 진 빚에 지나지 않는다. 보스턴은 "이제 한번 물어보자. 하나님의 정의를 만족시킬 수 있겠는가? 자신의 빚을 다 갚을 수 있겠는가? 절대로 그럴 수 없다. 우리가 거역한 하나님은 무

---

3) Thomas Boston, *Human Nature in Its Fourfold State: Of Primitive Inte-grity, Entire Depravity, Begun Recovery, and Consummate Happiness or Misery* (Edinburgh: Banner of Truth, 1964), 183–89.

4) Boston, *Human Nature in Its Fourfold State*, 187.

한한 하나님이시기 때문에 그 죄질에 적합한 형벌도 무한할 수밖에 없다. 그러나 우리는 유한한 피조물이기 때문에 우리의 형벌(즉 죄로 인한 고통)은 무한한 가치를 지닐 수 없다. 따라서 그 형벌의 지속 시간이 무한해야 한다. 곧 영원히 계속되어야 한다."라고 덧붙였다.[5]

우리는 무한한 빚을 졌다. 우리는 잘못을 바로잡거나 죄를 보상할 능력이 없다. 하나님은 온전히 의롭기 때문에 우리의 죄를 마치 없는 것처럼 묵과하실 수 없다. 우리의 죄에 대한 형벌은 영원한 죽음이다. 그 이유는 앞서 말한 대로 죄가 무한히 영광스러우신 하나님을 거역하는 것이기 때문이다. 우리가 생각이나 욕망이나 말이나 행위로 지은 단 한 가지 죄만으로도 영원한 정죄를 받기에 충분하다. 우리가 우리 자신을 죄에서 구원할 수 있는 희망은 전혀 없다.

우리의 행위를 고쳐 더 잘 하려고 노력하는 것만으로는 충분하지 않다. 우리가 죄의 더러움을 제거할 수 있는 길은 어디에도 없다. 우리 자신의 힘으로는 죄책과 수치심의 감옥에서 빠져나올 수 없다. 하나님은 자기 자신을 부인하지 않고서는 우리의 반역 행위를 절대로 묵과하실 수 없다. 우리 가운데 거룩한 창조주의 영원한 심판의 선고를 모면할 수 있는 사람은 아무도 없다. 낮아지려는 겸손한 성향은 이 모든 사실을 기꺼이 인정한다. 마음이 겸손한 자들은 "나는 절망적인 죄인입니다."라고 고백한다. 그들은 자신에 대한 창조주요 재판관이신 하나님의 판결에 전적으로 동의한다.

---

5) Boston, *Human Nature in Its Fourfold State*, 187.

죄의 권세에서 벗어날 길은 없다

우리를 정죄하는 죄는 우리를 속박한다. 위대한 목회자요 신학자인 아우구스티누스는 죄의 사슬에 결박되는 것이 무엇인지를 잘 알고 있었다. 한때 이방 철학에 푹 빠져 지내면서 세상 사람들의 찬사를 원했던 아우구스티누스는 삶의 의미와 만족을 절실히 갈구했다. 그는 밀라노에 있는 동안 암브로시우스 주교의 설교에 강하게 매료되었다. 그는 큰 관심을 기울여 설교를 들었지만, 암브로시우스가 전하는 하나님께로 돌이킬 수가 없었다. 그는 나중에 주님께 "주님의 아름다우심이 저를 주님께로 이끌었지만, 이내 저의 무거운 짐이 다시 저를 질질 끌고 나와 낙담한 상태로 세상의 것들 속으로 뛰어들게 만들었습니다…마치 음식 냄새를 맡지만, 그것을 먹을 수는 없는 것과 같았습니다."라고 고백했다.[6] 그를 속박했던 죄는 성적 부도덕이었다. "나는 여전히 여인의 사랑에 단단히 속박되어 있었다."[7] 아우구스티누스는 자신의 정부가 하나님보다 더 아름답게 보였다. 일시적인 성적 쾌락이 하나님의 영원한 즐거움보다 더 가치 있게 보였다. 아우구스티누스는 교만했다. 그는 피조물을 창조주보다 더 높게 생각했다. 그는 삶을 개혁하려고 아무리 많은 노력을 기울여도 우상 숭배적인 정욕의 지배로부터 자유로울 능력이 없었다. 그는 죄에 온전히 속박된 상태였다.

죄를 짓지 않을 수 없는 인간

우리도 본질상 아우구스티누스와 똑같은 상태다. 우리는 아담의 죄

---

6) Augustine, *Confessions*, trans. R. S. Pine-Coffin (New York: Penguin, 1961), 152.

7) Augustine, *Confessions*, trans. Pine-Coffin, 158.

책을 물려받았을 뿐 아니라 그로 인해 완전히 부패했다. "허물과 죄로 죽었던 너희"(엡 2:1)라는 말씀대로, 우리는 아담 안에서 영적으로 완전히 죽었다. 부패한 피조물인 우리는 영적으로 상처를 입었거나 질병을 앓는 정도가 아니라 완전히 죽었다. 우리는 그 죽음으로 인해 전적으로 무능력해졌다.

수잔은 사랑스러운 아내이자 세 자녀의 어머니였다. 그러나 지금은 더 이상 그렇지가 못하다. 어느 일요일 오후, 그녀는 불행한 사고를 당하고 말았다. 그녀는 죽었고, 오늘이 그녀의 장례를 치르는 날이다. 그녀의 가족에게 위로의 말을 전하려고 줄을 서고 있는데 그녀의 어린 딸이 슬그머니 아버지의 곁을 빠져나가는 모습이 눈에 띄었다. 녀석은 뚜껑이 열려 있는 수잔의 관으로 다가가서 의자에 기어 올라가서는 그 안에 누워있는 생명 없는 그녀의 시신을 흔들기 시작했다. 녀석은 눈물을 폭포수처럼 흘리면서 "엄마, 제발 좀 일어나봐요. 나를 혼자 두지 말아요, 다시 돌아와요."라고 소리쳤다. 너무나도 슬픈 광경이 아닐 수 없었다. 불과 지난주에 녀석이 유아용 스쿠터에서 떨어져 팔꿈치를 다치고는 울면서 수잔을 소리쳐 불렀을 때만 해도 그녀는 그 소리를 듣고 곧바로 달려와서 녀석을 두 팔로 사랑스레 안아 들었지만, 오늘은 녀석의 고통스러운 외침에도 미동조차 하지 않았다. 수잔은 들을 수도 없고, 생각할 수도 없고, 딸을 안아줄 수도 없었다. 그녀는 녀석에게 위로의 말을 해줄 수 없었다. 그녀는 죽었다.

이것이 죄 가운데 죽은 우리의 모습이다. 우리는 죽어서 아무것도 할 수 없는 상태가 되고 말았다. 우리는 하나님을 구하거나 그분께 순종하거나 그분의 말씀을 믿을 능력이 없다. 영적으로 말하면, 우리는 썩어 없어질 시체일 뿐이다. 관 속에 누워있는 수잔의 생명 없는 육체처럼, 우리는 우리 자신을 되살리기 위해 아무것도 할 수 없다.

> "의인은 없나니 하나도 없으며 깨닫는 자도 없고 하나님을 찾는 자도
> 없고 다 치우쳐 함께 무익하게 되고 선을 행하는 자는 없나니 하나도
> 없도다"(롬 3:10-12).

우리는 죄로 인해 죽었기 때문에 죄를 짓는 것 외에는 아무것도 할 수 없다.

"그러나 의지는 자유롭지 않은가?"

"그러나 내가 원하기만 하면 선을 행할 수 있어. 내가 마음만 먹으면 얼마든지 하나님께 나갈 수 있어. 내게는 자유 의지가 있어."라고 생각할지도 모른다. 진정으로 원하면 하나님께 순종할 수도 있고, 그분을 따를 수도 있다는 것을 부인할 사람은 아무도 없다. 문제는 영적으로 죽은 사람은 결코 하나님의 영광을 위해 그분의 뜻을 행하려는 진정한 마음을 가질 수 없다는 데 있다. 우리의 마음은 부패했기 때문에 하나님을 미워할 수밖에 없다. 우리는 본성적으로 하나님을 적대시하기 때문에 우리의 뜻을 그분께 복종시킬 수 없다. 칼빈은 "의지가 죄에 속박된 상태이기 때문에 선을 행하기는커녕 선을 행하는 방향으로 움직일 수 없다…의지가 남아 있긴 하지만, 온통 죄를 향해 힘써 달려가려는 성향뿐이다. 죄인들은 의지를 상실하지는 않았지만, 의지의 건전성을 상실했다."라고 설명했다.[8] 우리의 의지는 진공 상태에서 무엇을 선택하지 않는다. 우리의 선택은 모두 우리의 애정(affections)에 영향을 받는다. 우리는 우리가 귀하게 여겨 사모하

는 것을 선택한다. 부패한 피조물은 창조주를 귀하게 여겨 사모하지 않는다.

　대한민국에서는 산낙지를 미국의 필레미뇽과 같은 별미로 즐긴다. 한국 친구가 한국 음식을 대접하겠다고 나를 초대했다고 가정해 보자. 그는 가장 좋은 음식으로 나를 대접하겠다고 생각했다. 그는 마침내 촉수가 여전히 꿈틀거리는 산낙지를 접시에 담아 가지고 와서 내 앞에 보란 듯이 내놓았다. 나는 한동안 가만히 있다가 한숨을 내쉬며 친구에게 "미안하지만 먹을 수가 없네요."라고 말했다. 그것이 사실일까? 나의 의지는 자유롭지 않은가? 물론이다. 어떤 점에서 나의 의지는 먹거나 먹지 않거나 둘 중 하나를 선택할 수 있다. 그러나 그것을 먹을 수 없다는 나의 말은 결코 과장이 아니다. 왜일까? 그 이유는 나의 애정(affections)이 그것을 먹는 것을 전적으로 거부하기 때문이다. 살아 있는 낙지를 먹는다고 생각하니 그저 역겹기만 하다. 더욱이 나는 사람들이 그 끈적끈적한 해산물을 먹다가 기도가 막혀 질식사했다는 이야기까지 들었다. 나는 내 목숨을 귀히 여겨야 했다. 친구를 즐겁게 하는 일보다 내 목숨을 지키는 일이 더 중요했다. 나는 의지로도 그것을 먹을 생각이 없고, 현재의 애정 상태로도 그것을 먹을 수 없었다. 내가 그것을 먹을 수 있으려면, 역겹고 위험한 산낙지를 피하려는 마음보다 친구를 즐겁게 하려는 마음이 더 커야만 한다. 내가 사람의 기분을 맞추려고 했다면 그것을 먹을 수 있다. 이처럼, 우리는 항상 더 강한 욕구와 가치에 따라 선택하고, 결정한다. 한 마디로, 의지는 애정에 지배된다.

---

8)　Calvin, *Institutes*, 2.3.5.

죄로 인한 우리의 문제는 의지력이 없는 것이 아니라 우리의 의지가 하나님을 극도로 싫어하는 애정에 의해 지배받는 것에 있다. 우리는 갈망하는 대로 행할 자유가 있지만, 교만하고, 반항적인 상태에서는 하나님을 진정으로 갈망할 수 없다. 하나님을 의지하며 복종하는 것이 산낙지를 삼키는 것보다 훨씬 더 견딜 수 없는 일이다. 따라서 우리는 하나님께 가려고 하지도 않고, 갈 수도 없다. "육신에 있는 자들은 하나님을 기쁘시게 할 수 없다"(롬 8:8).

전적으로 부패한 인간

이것이 죄 가운데 있는 우리의 절망적인 상태다. 노력은 할 수 있지만, 죄의 속박에서 벗어날 능력은 없다. 영혼의 모든 기능이 단단히 속박된 상태다.

- 악한 거짓말이 우리의 이성을 지배한다. 우리는 하나님을 경외하기를 거부한 탓에 참된 지식과 지혜를 잃어버렸다.
- 악한 가치가 우리의 감정을 지배한다. 우리는 하나님을 우리의 가장 큰 보화로 여기지 않고, 피조물을 즐거워한다.
- 악한 선택이 우리의 의지를 지배한다. 우리는 우리를 다스리는 하나님의 권위를 거부하고, 우리의 길을 고집한다.

R.C. 스프로울의 표현을 빌리면, 우리는 죽었지만 '악마같이 살아 있다.'[9] 악마 같은 교만이 우리의 인격 전체를 강력하게 사로잡고 있다.

---

9) R. C. Sproul, *What Is Reformed Theology?: Understanding the Basics* (Grand Rapids:

그렇다고 해서 우리가 무한정 악해질 대로 악해질 수 있는 것은 아니다. 하나님의 은혜로운 통제 덕분에 우리 가운데 많은 사람이 부패한 상태에서도 교양 있고, 예절 바르게 살고 있다.[10] 그러나 겉은 단정하고 좋게 보여도 안은 썩어가는 무덤과 같아서 하나님을 거부하는 부패함이 가득하다(마 23:27). 우리는 영적으로 죽었다. 우리는 서로 친절하게 인사를 나누고, 자선을 베풀고, 부끄럽지 않은 직업 활동을 하지만, 본성상으로는 지옥에 갈 수밖에 없는 우상 숭배자들이다. 우리의 말과 생각과 행위에는 교활함과 교만함이 가득하다. 우리는 그런 상태를 변화시킬 수 있는 능력이 없다. 이것이 우리의 본성이다. 우리는 아담 안에서 전적으로 부패했다.

우리에게 희망이 있을까

하나님을 지향하는 자기 인식은 죄로 인해 절망적인 상태에 놓여 있는 우리의 처지를 분명하게 일깨운다. 하나님의 무한한 영광 앞에서 우리 자신을 바라보면, 그분을 거역함으로써 우리로서는 도저히 갚을 수 없는 무한한 빚을 졌다는 사실을 깨달을 수 있다. 우리는 완전히 정죄되어 영원한 죽음을 피할 수 없는 절망적인 상태다. 하나님의 완전한 속성들에 우리 자신을 비춰보면, 우리의 가장 훌륭한 행위조차도 진노의 심판을 받을 수밖에 없고, 우리가 마땅히 해야 할 행위를 단 한 가지도 행할 능력이 없다는 사실을 확연하게 알 수 있다. 우

Baker Books, 1997), 129.

10) See John Murray, "Common Grace," in *Collected Writings of John Mur-ray* (Edinburgh: Banner of Truth, 1977), 93–119.

리는 완전히 부패해 죄에 단단히 속박된 상태다. 하나님께 매료된 눈으로 우리의 자아를 바라보면, 그런 사실들을 깨닫고 낮게 낮아지지 않을 수 없다.

아담 안에서 절망적인 상태로 전락한 사실로 인해 크게 낙담해본 적이 있는가? 자기 자신이나 창조된 것들을 통해서는 죄의 형벌과 권세로부터 자유롭게 될 길이 없다는 것을 깨닫고 절망을 느껴본 적이 있는가? 윌리엄 플러머는 "자기를 하나님 앞에서 실제보다 더 큰 죄인으로 생각한 사람은 아무도 없었고, 죄로 인해 괴로워해야 할 분명한 이유 이상으로 죄를 괴로워한 사람도 아무도 없었다."라고 말했다.[11] 우리는 우리가 아담 안에서 얼마나 큰 곤경에 처해 있는지를 옳게 이해하지 못한다. 그러나 이런 현실이 우리의 영혼을 더욱 강력하게 짓누를수록 우리의 영혼은 더욱 낮아지기 마련이다. 우리의 영혼이 낮아져야 하는 이유는 오직 겸손만이 절망적인 자아에서 벗어나 희망의 하나님께로 나아갈 수 있게 해주기 때문이다.

1907년에 대한민국 평양에서 한 무리의 신자가 기도회로 모였다. 그들은 그리스도의 나라가 널리 확장되기를 간절히 원하는 마음으로 하나님께 열심히 기도하기 시작했다. 한 선교사는 그 기도회를 "주체할 수 없는 기도의 열정에 이끌린 영혼들의 모임"으로 묘사했다.[12] 그들이 하나님께 부르짖자 성령께서 크게 역사하셨고, 그로 인해 그들은 자신이 부패한 죄인이라는 사실을 더욱 절실히 깨달았다. 그 선교

---

11) William Plumer, *The Grace of Christ* (Keyser, W. Va.: Odom, 1853), 20.

12) Thomas Kidd, "The North Korean Revival of 1907," *Thomas Kidd* (blog), The Gospel Coalition, May 2, 2017, https://www.thegospel coalition.org/blogs/evangelical-history/the-north-korean-revival-of-1907/에 인용되어 있음.

사의 증언을 좀 더 들어보자.

> 기도가 계속되면서 죄를 슬퍼하고, 애통해하는 영이 모두에게 임했다. 한쪽에서 어떤 사람이 울기 시작하자 곧 모두가 울었다. 한 사람씩 일어나서 죄를 고백하며 크게 울음을 터뜨렸고, 죄책으로 인한 괴로움을 주체하지 못한 채 바닥에 엎드려 주먹으로 바닥을 꽝꽝 내리쳤다. 나의 요리사도 방 한쪽에서 울며 죄를 고백하면서 나를 향해 "목사님, 제게 희망이 있을까요? 제가 용서받을 수 있을까요?"라고 울부짖더니 바닥에 쓰러져 울고, 또 울면서 고통스럽게 소리쳤다.[13]

성령의 역사로 인해 죄를 자각하게 되면 낮아지게 된다. 죄를 자각하면 바닥에 낮게 엎드릴 수밖에 없다. 이사야처럼 크게 고통스러워하며 절망감으로 산산이 부서질 수밖에 없다. 그러나 참된 겸손은 그것으로 그치지 않는다. 하나님은 우리의 부패함을 일깨워 우리를 비참하게 만드는 것을 좋아하지 않으신다. 그분은 우리의 헛된 희망을 제거해 "제게 희망이 있을까요? 제가 용서받을 수 있을까요? 제가 자유롭게 될 수 있을까요?"라고 필사적으로 부르짖게 만드신다. 그분은 자신을 올려다보게 하려고 우리를 낮게 낮추신다. 그분은 우리의 교만을 낮춰 자기를 온전히 의지하게 하신다. 하나님은 우리를 멸하기 위해서가 아니라 구원하기 위해 우리를 낮추신다. 그 이유는 교만한 망상에서 벗어나야만 비로소 하나님의 구원이 필요하다는 것을 깨달을 수 있기 때문이다. 자, 그러면 이제 구원자이신 하나님께로 나아가 보기로 하자.

---

13) Kidd, "North Korean Revival of 1907"에 인용되어 있음.

3부

복음적인 겸손

우리는 대변자가 있는 신자, 미리 사랑받은 신자,
자녀로 입양된 신자이다.

대변자가 있는 신자

때는 1807년이었고, 장소는 런던이었으며, 등장인물은 윌리엄 제이였다. 그는 목회자가 된 지 얼마 되지 않아서 자신의 정신적 스승을 마지막으로 찾아갔다. 그가 들어선 침실에는 죽음을 앞둔 여든두 살의 노인이 누워 있었다. 그는 어떤 지혜의 말이라도 기꺼이 받아들일 준비가 되어 있었다. 그 노인은 누구였을까? 바로 존 뉴턴, 곧 "나 같은 죄인 살리신"이라는 찬송가로 유명한 영국의 목회자였다. 그 당시, 뉴턴이 무슨 말을 했는지는 다 알 수 없지만, 그가 죽어가면서 남긴 말 가운데 젊은 윌리엄이 받아 적은 한마디는 "이제 모든 기억이 거의 사라졌지만, 기억에 남는 두 가지가 있다면 그것은 내가 큰 죄인이고, 그리스도께서는 위대한 구원자이시라는 것이네."라는 말이었다.[1]

우리는 모두 본질상 희망이 전혀 없는, 망상에 빠진 죄인들이다. 겸손한 자들은 뉴턴처럼 아담 안에서 자신의 타락한 상태를 어떻게든 극복해 보려고 애쓴다. 아마도 통찰력이 뛰어난 독자들은 지금쯤 "왜

---

1) Jonathan Aitken, *John Newton: From Disgrace to Amazing Grace* (Wheaton, Ill.: Crossway, 2007), 347에 인용되어 있음.

그리스도를 언급하지 않는 것이지?"라고 생각하며 궁금해할 것이 틀림없다. '그리스도를 높이는 겸손에 이르는 길'이라는 이 책의 부제는 겸손이 그리스도와 떼려야 뗄 수 없는 관계를 맺고 있다는 것을 보여준다.

나는 복음의 사역자다. 나는 복음을 전하는 일로 먹고 산다. 우리와 같이 큰 죄인들의 유일한 희망은 위대한 구원자뿐이다. 이제 복음을 말하지 않고는 더는 못 배기겠다. 바울은 "복음을 전하지 아니하면 내게 화가 있을 것이로다"(고전 9:16)라고 말했다. 그러나 복음을 믿으려면 먼저 피조성과 부패성을 의식해야 한다. 그런 의식이 없으면 복음은 아무런 의미가 없다.[2] 지금까지 우리의 피조성과 부패성에 초점을 맞춰왔다. 그러나 그것이 끝이 아니다. 그 이유는 타락 이후의 겸손이 항상 복음적인 겸손이기 때문이다.

에덴동산에 나타난 하나님의 은혜

아담과 하와는 자치권을 주장하며 하나님을 거역했다. 그들은 자신들의 피조성을 부인하고, 사탄의 말을 하나님의 말씀과 동등하게 여겼으며, 창조주를 거짓말쟁이로 판단했다. 그들은 죽음의 형벌이 뒤따를 것이라는 하나님의 경고가 귓전을 맴도는데도 불구하고 교만하게도 금단의 열매를 따 먹었다. 하나님이 심판하기 위해 다가오시자

---

2) 이 말은 존 칼빈의 가르침에 근거한다. 그는 "하나님은 성경의 일반적인 가르침은 물론, 우주의 창조를 통해서도 자신이 창조주라는 사실을 분명하게 보여주신다. 또한, 그분은 그리스도의 얼굴을 통해 자신이 구원자라는 사실을 나타내신다. 여기에서는 일단 하나님에 관한 두 가지 사실 가운데 첫 번째 사실을 먼저 다루고, 두 번째 사실은 적절한 때가 되면 다루기로 하자."라고 말했다. *Institutes*, 1.2.1.

그들은 숨을 곳을 찾아 도망쳤다. 그러나 피조물은 언약의 하나님 앞에서 자기를 숨길 수 없었다.

하나님의 은혜로운 배려

하나님은 "네가 어디 있느냐"(창 3:9)라고 말씀하며 자기를 거역한 인간을 찾으셨다. 그가 실제로 어디에 있는지 몰라서 그렇게 말씀하신 것이 아니었다. 그분은 자신의 피조물이 있는 곳을 정확히 알고 계셨다. 그분이 그렇게 말씀하신 이유는 아담이 자신의 비참한 상태를 깨닫고, 고백하도록 이끌기 위해서였다.[3] 그분의 말씀은 "아담아, 너는 항상 자석처럼 기꺼이 내가 있는 곳에 나왔다. 지금까지 내가 다가오는 소리를 듣고서 네가 도망친 적은 한 번도 없었다. 내 아들아, 대체 어떻게 된 것이냐?"라는 의미였다. 하나님은 망상에 사로잡힌 자신의 피조물이 나무 뒤에 숨어 있도록 놔두지 않으셨다. 그분은 아담과 하와에게 찾아와서 죄를 일깨우는 질문으로 그들의 폐부를 깊숙이 찌르셨다(11-13절). 그들이 하나님을 찾지 않을 때 그분은 그들을 찾아오셨다.

아담과 하와는 창조주의 날카로운 질문을 듣는 순간, 자신들의 부패성을 즉각 의식했다. 그들에게 타락 이후의 겸손에 관한 가르침이 주어졌다. 그러나 예상과는 달리, 그것은 진노를 쏟아내기 위한 낮춤이 아니었다. 하나님은 정의의 칼로 그들을 죽일 생각으로 그들의 죄책을 드러내지 않으셨다. 그분은 그들에게 약속의 말씀을 허락할 생각이셨다. 죄의 확신을 일깨운 하나님의 입에서 곧 위로의 말씀이 흘

---

3) Waltke with Fredricks, *Genesis: A Commentary*, 92.

러나올 예정이었다. 그러나 이상하게도 하나님의 위로는 저주의 형태로 주어졌다. 그분은 교만한 뱀에게 이렇게 말씀하셨다.

"내가 너로 여자와 원수가 되게 하고 네 후손도 여자의 후손과 원수가 되게 하리니 여자의 후손은 네 머리를 상하게 할 것이요 너는 그의 발꿈치를 상하게 할 것이니라"(창 3:15).[4]

이 저주는 교회 안에서 항상 최초의 복음을 약속한 말씀으로 이해되어 왔다. 은혜를 전한 최초의 설교자는 하나님 자신이셨다.

그렇다면, 어떻게 강력한 적개심과 피 튀기는 싸움을 예고한 말씀이 복음으로 간주될 수 있는 것일까? 언뜻 생각하면, 전혀 좋은 소식처럼 들리지 않는다. 만일 내일 3차 세계대전이 일어난다면, 우리는 절대로 기뻐 춤추지 못할 것이다. 전쟁에는 희생과 고통과 정신적 충격과 중대한 손실이 뒤따르기 마련이다. 그런데 어떻게 뱀과 하와의 후손이 서로 끊임없이 싸우게 될 것이라는 하나님의 약속이 좋은 소식이 될 수 있는 것일까?

이런 적대 관계에 관한 말씀은 타락의 본질을 이해하는 사람들에게만 기쁜 소식이 될 수 있다. 하와는 사탄의 편에 서서 그가 소유하고 있던 교만한 성향과 우상 숭배적인 자아 인식을 선택했다. 교만해

---

4) 이 말씀은 뱀을 향한 저주의 두 번째 부분에 해당한다. 하나님은 저주의 첫 번째 부분에서는 뱀이 배로 기어 다니며 흙을 먹을 것이라고 말씀하셨다(14절). 하나님은 교만한 천사를 낮게 낮추어 흙을 먹게 만드셨다. 이것은 군사적 패배를 나타내는 표현이다(미 7:17 참조). 사탄의 지배 아래 있는 사람은 모두 그와 똑같은 운명에 처하게 될 것이다. 하나님의 때가 이르면, 교만한 자들은 모두 심판받을 것이다.

진 그녀는 뱀과 한통속이 되었다. 그러나 하나님은 저주의 형태를 띤 약속을 통해 "하와야, 너와 뱀의 결속은 계속되지 않을 것이다. 너는 사탄과 한편이 되었지만 나는 주권적인 은혜를 통해 너를 다시 내게로 돌아오게 할 것이다. 너는 나의 것이다."라고 말씀하셨다. 이것은 순수한 은혜다. 하와는 교만에 사로잡혀 창조주를 거역했다. 그녀는 죽어야 마땅했다. 그러나 창조주께서는 사탄의 노예가 된 그녀를 구원하기 위해 구원자로 다가오셨다. 이 구원은 하와는 물론, 그녀의 모든 후손을 위한 것이었다.[5] 하나님의 풍성한 은혜 덕분에 하와의 육체적인 후손 가운데 일부가 사탄의 속박으로부터 구원받을 예정이었다. *그들은 마귀의 후손이 아닌 하나님의 자녀들이다.*

이 약속에 '내가'라는 1인칭 주어가 사용되었다는 사실을 간과해서는 안 된다. 하나님은 "내가 너로 여자와 원수가 되게 하고"라고 말씀하셨다. 이 영적 대립은 하와나 아담으로 말미암아 발생하지 않았다. 그들은 죄의 형벌과 교만의 속박으로부터 스스로를 구원할 능력이 없었다. 그들은 정죄를 받고 부패해진 상태였다. 그들은 뱀에게 속박된 절망적인 상태였다. 그러나 하나님은 그들을 그 상태 그대로 놔두지 않으셨다. 그분은 은혜롭게도 그들을 위한 구원의 계획을 세우셨다. 그분은 그들에게 찾아가서 죄를 자각하게 하고, 구원을 약속하셨다. 아담과 하와가 해야 할 일은 단지 믿는 것뿐이었다.

---

5) 하나님이 창세기 3장 15절에서 말씀하신 후손은 궁극적으로 육체적인 후손을 가리키지 않는다. 사탄은 천사이기 때문에 후손을 낳을 능력이 없다. 사탄의 후손이 영적인 후손을 가리킨다면, 하와의 후손도 마찬가지다. 이 약속이 구원의 역사를 통해 전개되면서 이 두 영적 후손들은 서로 싸움을 벌인다. 이 싸움은 가인이 아벨을 살해하는 것에서부터 시작되었다. 그들은 육체적으로는 둘 다 하와의 아들들이었지만(창 4장), 영적으로는 서로 달랐다. 즉 가인은 마귀의 후손이었고(요일 3:12), 아벨은 하나님의 자녀였다(히 11:4).

하나님의 은혜로운 성취

뱀에 대한 하나님의 저주는 인류 전체를 아우르는 우주적인 싸움으로부터 시작되어 하와의 후손 가운데 나타날 한 사람과 사탄의 맞대결을 통해 절정에 달할 예정이었다. 하나님은 그 한 사람에 대해 "여자의 후손은 네 머리를 상하게 할 것이요 너는 그의 발꿈치를 상하게 할 것이니라"(창 3:15)라고 말씀하셨다. 이 두 후손이 서로 대립하는 가운데 하와의 후손으로 태어날 한 사람과 사탄이 일대일의 승부를 펼칠 것이었다.[6] 양측 모두 싸움으로 인해 피해를 받고, 상처를 입게 될 테지만, 사탄은 머리가 으스러지는 치명상을 입고, 여자의 후손은 발만 다치게 될 것이었다. 이것은 하와의 후손이 뱀의 머리를 짓밟는 과정에서 발에 상처를 입게 될 것을 암시한다. 아담과 하와는 타락한 상태였기 때문에 마귀를 물리칠 수 없었다. 그러나 하나님은 사탄이 승리하지 못하도록 필요한 모든 것을 조치하겠다고 약속하셨다. 그분은 교만한 천사에게 치명타를 날릴 여자의 후손을 일으켜 세울 생각이셨다.

하나님은 에덴동산에서 약속의 말씀으로 복음을 선언하셨다. 프란시스 튜레틴은 "이 약속을 통해 하나님의 놀라운 은혜의 빛이 밝게 빛난다. 하나님은 아담이 사탄으로부터 받은 상처를 치유할 수 있는 치료책을 제공하겠다고 약속하셨다."라고 말했다.[7] 인간이 타락하자마자 하나님은 곧바로 절망적인 상태에 빠진 인간을 위한 구원을 약

---

6) 팔머 로버트슨은 "싸움의 한쪽 상대자인 뱀의 후손이 '사탄'으로 좁혀진 것처럼, 여자의 수많은 후손도 '그'라는 한 사람으로 좁혀졌다. 그는 하나님의 편에 서서 사탄을 대적할 것이었다."라고 말했다. *Christ of the Covenants*, 99.

7) Turretin, *Institutes*, 2:220.

속하셨다.

이것이 이른바 '은혜 언약'의 시작이었다. 인류의 대표자인 아담은 교만하게도 뱀의 말을 따름으로써 행위 언약을 파기했다. 그러나 하나님은 놀라운 은혜를 베풀어 하와의 후손 가운데서 뱀을 제압하고, 교만한 피조물을 속박에서 구원해 창조주와 화해시킬 둘째 아담을 세우겠다고 약속하셨다.[8] 참으로 놀라운 은혜가 아닐 수 없다. 하나님은 아담과 하와가 구원의 은혜를 분명하게 이해하도록 약속의 말씀과 함께 생생한 표징을 보여주셨다.

하나님은 무화과나무 잎사귀로 만든 치마(스스로를 구원하려는 인간의 헛된 시도)를 벗기고, 가죽옷을 지어 입히셨다. "여호와 하나님이 아담과 그의 아내를 위하여 가죽옷을 지어 입히시니라"(창 3:21). 가죽옷을 만들려면 짐승을 죽여 가죽을 벗겨야 했다. 이것은 최초의 동물 희생 제사였고, 하나님이 직접 그 일을 주관하셨다.

우리가 아담과 하와라고 생각해 보자. 우리는 창조주를 거역했고, 피조물을 신격화했다. 스스로 자기 주인이 되고자 한 그런 반역 행위는 죽음을 초래할 것이라는 경고가 주어졌다. 이제 창조주께서 칼을 빼 들고 가까이 다가오셨다. 우리는 진노의 심판을 받을 것을 알고 몸을 숨겼다. 그러나 창조주께서는 심판의 칼로 우리를 치지 않고, 짐승을 죽이셨다. 짐승의 피가 땅에 흘렀고, 희생당한 짐승은 우리의 죄책과 수치심을 가려주는 수단이 되었다. 하나님은 은혜롭게도 대체물을

---

8) 〈웨스트민스터 신앙고백〉 7장 3항은 "인간은 타락으로 인해 행위 언약을 통해 주어지는 생명을 얻을 수가 없게 되었다. 이에 하나님은 흔히 은혜 언약으로 불리는 두 번째 언약을 체결하기를 원하셨다. 하나님은 이 언약을 통해 예수 그리스도로 말미암는 생명과 구원을 죄인들에게 값없이 베푸시고, 구원을 받으려면 그분을 믿으라고 요구하신다."라고 진술했다.

제공하셨다.

창조주께서는 말씀과 표징으로 인류의 첫 조상에게 은혜를 보여주셨다. J.I. 패커는 "하나님은 혹독한 대우를 받아야 할 사람들, 곧 혹독한 대우 외에는 아무것도 기대할 이유가 없는 사람들에게 선하심을 나타내신다."라고 말했다.[9] 하나님은 정확히 그렇게 하셨다. 그분은 무한한 형벌을 받아 마땅한 아담과 하와에게 무한한 은혜를 베푸셨다.

은혜, 은혜, 모든 것이 은혜

종교개혁 당시, 하나님의 구원 은혜는 '오직 은혜로(sola gratia)'라는 라틴어로 간단하게 요약되었다. 타락한 인간이 악한 영의 속박과 망상적인 교만과 하나님의 진노로부터 구원받을 수 있는 길은 오직 하나뿐이었다. 타락한 인간을 교만과 저주로부터 구원하는 데 필요한 것은 오직 하나님의 은혜뿐이었다.

은혜는 우리를 겸손하게 만드는 현실이다. 우리는 은혜를 받을 자격도 없고, 그것을 받을 공로를 세울 수도 없다. 우리는 비참하고, 무력한 상태다. 은혜로 구원받는다는 말과 '오직' 은혜로 구원받는다는 말은 큰 차이가 있다. '오직'이라는 문구는 구원과 관련된 우리의 전적인 수동성을 강조한다. 우리는 구원에 아무것도 기여할 수 없다. 하나님이 모든 것을 하신다. 창조주께서는 아담과 하와에게 찾아와서 너희가 최선의 노력을 기울이면 나머지는 자기가 처리하겠다고 말씀하지 않으셨다. 그분은 하와의 후손이 와서 뱀을 정복할 것이라고 약

---

9) Packer, *Knowing God*, 132.

속하셨다. 그분은 대리자가 죽임을 당해 그들의 교만을 가려줄 옷을 제공할 것이라고 약속하셨다. 그들은 스스로를 구원할 능력이 전혀 없었다. 하나님이 은혜로 타락한 인간을 회복시킬 구원자를 일으켜 세워 다시 자기와 겸손한 교제, 부모자식 간의 교제를 나누게 하실 예정이었다.

우리의 구원이 하나님을 통해 시작되고, 이루어진다면 우리가 할 일은 단지 그것을 받아들이는 것뿐이다. 오직 은혜로 주어지는 구원은 오직 믿음으로(sola fide) 받는 구원이다. 겸손은 부패성을 의식하는 것으로 그치지 않는다. 그것은 진창에 뒹구는 것으로 끝나지 않고, 심판과 어둠만을 생각하지 않는다. 마음이 겸손한 자들은 죄에서 돌이켜 하나님을 향해 "하나님이여 불쌍히 여기소서 나는 죄인이로소이다"(눅 18:13)라고 필사적으로 부르짖는다. 겸손한 자들은 "저는 저를 구원할 능력이 없습니다. 그러나 저와 같은 교만한 마귀의 자식을 위해 은혜롭게 구원을 약속하고 이루신 하나님을 찬양합니다. 하나님께서 모든 것을 행하셨습니다. 저는 하나님의 은혜를 감히 거절할 수 없습니다."라고 말한다. 겸손한 자들은 하나님의 구원 약속을 믿는다.

하나님의 아들 안에 나타난 하나님의 은혜

약속된 하와의 후손이 구원의 역사 속에 등장하려면 수많은 세월이 지나야 했다. 그러나 때가 차면 그가 올 것이었다. 그는 누구일까? 그는 바로 인간의 육신을 입고 태어난 하나님의 영원한 아들이시다(갈 4:4). 우리의 구원을 위해 참된 하나님이자 참된 인간인 구원자가 필요했다. 교만으로 인해 피조물과 창조주의 관계가 단절되었다. 그러나 하나님의 아들께서 중보자로 와서 피조물을 다시 하나님께로 이끌어 창조주와 부자지간의 교제를 나누게 하신다. 삼위일체 하나님 가운데 두 번째 위격인 성자께서 우리의 연약한 인성을 취하고, 언약의 대표자가 되셨다. 첫째 아담은 본래의 인류를 대표했고, 예수 그리스도께서는 둘째 아담이 되어 새로운 인류를 대표하셨다(롬 5:12-19, 고전 15:21, 22 참조).

성자의 중보 사역은 겸손한 자들에게 참으로 귀한 진리가 아닐 수 없다. 그 이유는 타락한 피조물을 향한 하나님의 은혜가 이 진리를 통해 가장 극명하게 드러날 뿐 아니라 우리에게 깊이를 헤아릴 수 없는 지극히 완전하고, 경이롭기 그지없는 겸손을 보여주기 때문이다.

하나님의 자기 낮추심을 통해 주어진 신적 은혜

성자께서는 영원 전부터 성부의 품속에 계셨다. 성부와 성자께서는 성령과 더불어 상호 내재를 통해 지극히 영광스럽고, 형용하기 어려운 기쁨의 교제를 나누신다. 성자께서도 스스로 존재하고, 스스로 충족하고, 스스로 만족하는 하나님이시다. 그분은 우리와 같은 피조물이 필요하지 않으시다. 그분이 피조물을 창조하신 것은 성삼위 하나님의 내적 사랑이 흘러넘친 결과다. 성자께서는 영원한 창조주요 만물의 유지자이시다(요 1:3, 골 1:16, 17). 이것이 "그는 근본 하나님의 본체시나 하나님과 동등됨을 취할 것으로 여기지 아니하시고 오히려 자기를 비워 종의 형체를 가지사 사람들과 같이 되셨고"(빌 2:6, 7)라는 바울 사도의 말이 충격적으로 느껴지는 이유다.

성자께서는 성부나 성령과 능력과 영광이 똑같지만, '하나님과 동등됨을 취할 것으로 여기지 아니하셨다.' 성자께서는 신적 특권을 누리지 않고 '오히려 자기를 비워 종의 형제를 가지셨다.' '비워'는 신성을 비운다는 뜻이 아니다. 성자는 성육신을 통해 하나님보다 열등한 존재가 되지 않으셨다. 성육신한 그리스도께서 하나님보다 못한 존재라면, 그분은 처음부터 하나님일 수 없으셨을 것이다.

그렇다면 성자께서 자기를 비우셨다는 것은 어떤 의미일까? 성자의 자발적인 자기 비움은 무엇을 빼거나 더하는 방식으로 이루어지지 않았다. 그분은 '종의 형제를 가지사 사람들과 같이 되심으로써' 자기를 비우셨다(빌 2:7). 성자께서는 자신의 신성을 버리지 않으셨다. 그분은 단지 인간의 인성을 취하셨을 뿐이다.[10] 무한한 창조주께서 창조주의 무한성을 조금도 포기하지 않고 유한한 인간이 되셨다.

이것은 우리의 이해력을 넘어서는 진리다. 성육신의 영광을 가장 잘 설명한 신학자 가운데 하나인 오웬은 이렇게 말했다.

우리는 이 진리를 조악하고, 저급하고, 불완전한 방식으로 말한다. 우리는 이 진리를 성경에 계시된 대로 가르치고. 계시된 대로 믿으려고 애쓰지만, 이것(하나님의 영원하신 아들이 인간이 되었다는 것) 자체를 직접 주시하며 생각하려고 하면, 생각은 한계에 부딪히고, 마음은 떨리며, 우리가 이해할 수 없는 것에 대해 거룩한 찬미만을 연발할 뿐이다. 우리는 크게 당황할 수밖에 없다. 우리가 이 세상에 있는 동안에는 그럴 수밖에 없다. 그러나 믿는 자들에게는 이 진리의 말로 다 할 수 없는

---

10) 존 칼빈은 이 자발적인 자기 비움의 본질에 관해 매우 유익한 설명을 제시했다. "그리스도께서는 자신의 신성을 버리실 수 없다. 그분은 단지 그것을 잠시 연약한 육신으로 가려 보이지 않게 숨겨놓으셨을 뿐이다. 그분은 자신의 영광을 줄이지 않고, 숨김으로써 사람들 앞에서 그것을 잠시 가리셨다." *Commentaries on the Epistles of Paul the Apostle to the Philippians, Colossians, and Thessalonians*, trans. John Pringle (Edinburgh: Calvin Translation Society, 1851), 56-57.

유익과 열매가 주어질 것이다.[11]

우리의 생각과 마음으로 이 진리를 이해하기는 불가능하다. 그러나 겸손한 자들은 신비롭고, 경이로운 성자의 성육신을 믿음으로 받아들인다.

성육신은 무한한 존재의 낮아짐을 요구한다. "성자의 낮아짐은 겸손의 표현이었는가?"라는 질문은 우리의 논의와 관련해 중요한 의미를 지닌다. 성육신을 역사상 가장 큰 겸손의 표현이었다고 말한 사람들이 많다. 그러나 그런 주장은 "하나님이 겸손하실 수 있는가? 겸손이 하나님의 속성인가?"라는 좀 더 근본적인 물음을 제기한다. 겸손이 피조성과 부패성에 대한 인식을 통해 심령이 낮아지는 것을 의미한다면, 대답은 '아니오'일 수밖에 없다. 하나님은 '하나님을 지향하는 자기 인식에서 비롯하는 낮아지려는 성향'을 소유하실 수 없다. 겸손은 스스로가 하나님이 아니라는 피조물의 인식에서 비롯한다. 하나님은 하나님이 아니실 수 없다. 따라서 성육신을 신적 겸손의 표현으로 말하기를 원한다면, 그 용어를 근본적으로 재정의해야 한다. 그러나 그런 노력은 불필요하다. 왜냐하면 하나님의 낮아짐을 묘사하는 데 그보다 훨씬 더 적합한 용어가 있기 때문이다. 그것은 바로 '자기 낮추심(condescension)'이다.

자기 낮추심은 하나님이 아담과 맺으신 언약에서 발견되는 용어다. 창조주께서 피조물과 관계를 맺으려면 항상 자신을 낮춰 피조물의 수

---

11) John Owen, *Meditations and Discourses on the Glory of Christ*, in *The Works of John Owen*, ed. William H. Goold (Edinburgh: Banner of Truth, 1965), 1:330.

준에 맞추셔야 한다. 하나님이 자기를 낮추실 때 그분은 낮아지신다. 그것은 겸손을 드러내는 것이 아니다. 물론, 일부 번역 성경은 하나님이 자기를 겸손히 낮추셨다는 표현을 사용한다. 예를 들어, 〈킹 제임스 성경〉은 시편 113편 5, 6절을 "여호와 우리 하나님과 같은 이가 누구리요 높은 곳에 앉으셨으나 스스로 (겸손히) 낮추사 천지를 살피시고"라고 번역했다. 그러나 6절은 '천지를 살피려고 자기 낮추심을 나타내 보이셨다'라고 번역하는 것이 더 낫다. 이것은 창조주가 피조물과 관계를 맺으려면 존재론적인 차원에서의 신적 자기 낮추심이 필요하다고 가르치는 성경 본문 가운데 하나다. 창조주께서는 겸손함을 주장하지 않으신다.

하나님은 과거의 역사 속에서 자기 백성과 함께하기 위해 자신을 낮추셨지만(때로는 심지어 일시적으로 인간의 형태로 나타나기도 하셨지만), 인간이 되기(즉 신성에 인성을 영구적으로 결합하기)까지 자기를 양보하는 자기 낮추심을 보이신 적은 한 번도 없었다. 존 오웬은 이것이 "기독교의 영광이요, 모든 복음적 진리에 생기를 불어넣는 영혼이다."라고 말했다.[12] 성육신은 하나님이 에덴동산에서 뱀을 제압할 하와의 후손을 일으켜 세울 것이라고 약속하신 것의 성취였다.

바울은 하나님의 영원한 아들께서 '자기를 겸손히 낮춰 종의 형체를 가지사'라고 말한 것이 아니라 '자기를 비워'라고 말했다(빌 2:7). 이처럼 성육신은 피조물의 겸손에서 비롯한 낮아짐이 아닌 은혜로운 자

---

12) Owen, *Meditations and Discourses on the Glory of Christ*, 1:330. 오웬은 이 말을 하기 전에도 "하나님이 피조물, 곧 만물 가운데 가장 영광스러운 피조물을 존중하신 것은 무한한 자기 낮추심에서 비롯한 행위였다"라는 말로 겸손하면서도 통찰력 있는 견해를 피력했다.

기 낮추심에서 비롯한 낮아짐이었다.[13]

인간적인 겸손을 통해 주어진 신적 은혜

'사람의 모양으로 나타나사 자기를 (겸손히) 낮추시고'(빌 2:8)라는 말씀대로, 그리스도께서는 자기를 비워 인성을 취하신 후에야 비로소 겸손한 성품을 소유하고, 그것을 드러내 보이셨다. 성육신이 겸손에서 비롯한 것이 아니라 겸손이 성육신에서 비롯했다. 성자께서는 겸손했기 때문에 인간이 되신 것이 아니다. 그분은 인간이 되었기 때문에 겸손해지셨다. 완전한 인성에 완전한 겸손이 뒤따랐다.

그리스도의 겸손은 우리의 겸손과 달리 자신의 부패성을 의식하는 데서 비롯하지 않았다. 그분은 우리처럼 부정한 입술과 마음을 지닌 인간이 아니시다(고후 5:21, 히 4:5). 그분은 인간으로서 온전히 하나님을 경외하며 그분께 온전히 헌신하셨다(사 11:1-3, 히 10:5-7). 경외심에서 비롯한 이 헌신을 통해 겸손한 복종의 삶이 이루어졌다. 그리스도께서는 '자기를 (겸손히) 낮추시고 죽기까지 복종하셨다'(빌 2:8). 그분은 "내겐 옳은 것도, 틀린 것도, 어떤 규칙도 없어. 나는 자유야."라고 말하지 않으셨다. 인간의 형상을 취한 그분은 자신의 피조성을 의식하셨다. 그분은 자신이 하나님께 도덕적으로 책임이 있다는 것을 아셨

---

13) 하나님이 인간의 육신을 취하신 행위를 묘사하기 위해 '겸손'이라는 용어를 사용한 경건한 사람들이 많다. 내가 믿는 표준적인 신앙고백은 "그리스도께서는 잉태와 출생을 통해 자기를 겸손히 낮추셨다. 다시 말해, 때가 되자 영원 전부터 성부의 품속에 있던 하나님의 아들이 비천한 여자를 통해 잉태되어 출생함으로써 사람의 아들이 되기를 기뻐하셨다."라고 진술한다(〈웨스트민스터 대요리문답〉 47문). 이 진술은 아무런 문제가 없다. 나는 이 교리문답의 작성자들이 시편 113편 6절에 관한 〈킹 제임스 성경〉의 번역과 비슷하게 '겸손히 낮추다'라는 용어를 '자기 낮추심'과 동의어로 사용했다고 생각한다. 그러나 '겸손'이나 '겸손한'이라는 용어는 피조물에게 적용하는 것이 더 낫다고 주장하고 싶다.

다. 그것은 냉담한 비인격적인 의무감이 아니었다. 그것은 피조물의 절대적인 의존감을 토대로 아버지의 뜻을 즐거이 행하려는 아들의 사랑에서 우러나온 의무감이었다(요 5:19, 30). 그로써 에덴동산 이후로 처음 하나님의 형상이 원형이신 그분과 올바른 관계를 맺기에 이르렀다.

- 하나님을 향한 완전한 의존
- 하나님을 향한 완전한 복종
- 하나님을 향한 완전한 기쁨
- 하나님을 향한 완전한 겸손

성육신하신 그리스도를 바라보라. 여기에 복음의 경이로움이 있다. 그리스도께서 여인의 후손으로 태어나 한 사람의 개인이 아닌 하와의 모든 영적 후손을 위한 대표자로서 겸손한 심령을 소유하셨다. 우리와 같은 부패한 피조물은 거룩하신 하나님 앞에 나설 수 있게 해줄 의로운 행위를 단 하나도 할 수 없다. 심지어 우리의 가장 훌륭한 행위조차도 교만이 가득할 뿐이다. 그러나 그리스도께서는 겸손히 하나님께 온전히 복종하셨다. 그분은 첫째 아담이 실패한 일을 하셨다. 그분은 하나님의 형상을 지닌 타락한 인간들 가운데 자기를 믿는 자들을 위한 중보자로서 그 일을 이루셨다(롬 5:12-21).

그러나 그것이 다가 아니었다. 하나님의 약속에 따르면, 하와의 후손은 뱀을 제압하는 과정에서 상처를 입을 예정이었다. 그리스도의 겸손한 복종은 저주스러운 십자가의 죽음을 거쳐야 하는 과정이었다. "사람의 모양으로 나타나사 자기를 낮추시고 죽기까지 복종하셨으니 곧 십자가에 죽으심이라"(빌 2:8). 로마의 십자가는 가장 잔인하고, 수

치스러운 죽음의 형벌이었다. 그것은 그 자체로 지옥의 구덩이였다. 그러나 뱀의 머리를 으깨고, 하와의 후손들을 교만의 속박에서 구원하는 방법은 그 방법밖에 없었다.

아담과 우리의 죄에 대한 형벌은 영원한 죽음이었다. "하나님의 정의를 만족시킬 수 있겠는가? 자신의 빚을 다 갚을 수 있겠는가? 절대로 그럴 수 없다. 우리가 거역한 하나님은 무한한 하나님이시기 때문에 그 죄질에 적합한 형벌도 무한할 수밖에 없다. 그러나 우리는 유한한 피조물이기 때문에 우리의 형벌(즉 죄로 인한 고통)은 무한한 가치를 지닐 수 없다. 따라서 그 형벌의 지속 시간이 무한해야, 곧 영원히 계속되어야 한다."라는 토머스 보스턴의 말을 잊지 말라.[14]

부패한 피조물인 우리는 무한한 빚을 졌다. 우리는 유한한 피조물이기 때문에 창조주의 무한한 정의를 만족시킬 능력이 없다. 오직 무한히 영광스러운 하나님만이 우리의 무한한 죄의 빚을 갚으실 수 있다. 이것이 정확히 성자께서 하신 일이요, 그분이 십자가를 짊어지신 이유다. 겸손한 형상이 교만한 형상들의 죄를 짊어졌다(고후 5:21, 벧전 2:24). 완전한 겸손이 우리의 교만이 당해야 할 죽음을 대신 당했다. 그것은 단순한 육체적인 죽음이 아니었다. 그리스도의 죽음은 화목 제물이었다(롬 3:25). 그것은 우리의 교만에 대한 하나님의 무한한 진노를 만족시킨 희생 제물이었다. 인류의 첫 조상에게 옷을 지어 입히기 위해 짐승이 희생되었던 것처럼. 그리스도께서는 하나님의 정의로운 칼날 아래 목을 내미셨다(시 22:1). 그분은 성부께 버림을 받고, 마치 마귀의 교만한 자녀 가운데 하나인 것처럼 대우를 받으셨다.

---

14) Boston, *Human Nature in Its Fourfold State*, 187.

우리는 십자가에서 무한한 가치를 지닌 희생 제물을 본다. 오직 창조주만이 무한한 가치를 지니실 수 있고, 오직 피조물만이 희생 제물이 될 수 있다. 이것이 복음의 경이로움이다. 참된 창조주요 참된 피조물인 그리스도께서 창조주와 피조물을 화목하게 하기 위해 죽으셨다. 존 스토트는 "죄의 본질은 인간이 하나님을 자신으로 대체하는 것이고, 구원의 본질은 하나님이 인간을 자신으로 대체하시는 것이다. 인간은 하나님께 대항해 그분이 계셔야 할 곳에 자신을 두었고, 하나님은 인간을 위해 자기를 희생해 인간이 있어야 할 곳에 자신을 두셨다. 인간은 하나님께 속하는 특권을 주장했고, 하나님은 인간에게 주어질 형벌을 받아들이셨다."라고 말했다.[15]

겸손이 복음의 핵심이라는 것을 알겠는가? 우리와 같은 부패한 피조물은 창조주를 자처했고, 창조주께서는 스스로 피조물이 되어 피조성을 취하고, 그것을 부인하는 교만한 우리를 대신해 죽으셨다. 그러나 복음은 십자가의 낮아짐으로 끝나지 않았다. 피조물의 낮아짐은 항상 높아짐으로 귀결되는 것이 하나님의 뜻이다.

성부께서는 성자의 겸손한 희생을 기쁘게 여기고, 그분을 가장 높은 자리로 일으켜 세워 가장 뛰어난 이름을 주셨다. "이러므로 하나님이 그를 지극히 높여 모든 이름 위에 뛰어난 이름을 주사"(빌 2:9). 겸손한 성자께서는 부활과 승천을 통해 높아지셨다. 그분은 새 인류의 대표자로서 첫째 아담이 상실한 하늘의 생명을 얻으셨다. 성자께서는 우리와 같은 교만한 피조물을 회복시켜 자애로운 창조주와 영원한 교제를 나누게 하려고 우리를 대신해 겸손하게 살다 죽었지만, 결국에

---

15) John Stott, *The Cross of Christ*, 2nd ed. (Leicester, UK: Inter-Varsity, 1989), 160.

는 다시 살아나셨다.

그리스도를 지향하는 자기 인식

복음은 우리의 이해를 초월한 은혜를 제시한다. 그 은혜는 오직 그
리스도 안에서만 발견된다. 오직 은혜로 받는 구원(*sola gratia*)은 그리
스도 안에서만 받을 수 있는 구원이다(*sola Christus*). 교만한 죄인들이
다시 하나님과 관계를 맺고 사랑의 교제를 나눌 수 있는 다른 길은 어
디에도 없다(요 14:6). 하늘 아래 우리의 교만과 그로 인한 결과로부터
우리를 구원할 수 있는 다른 이름은 어디에도 없다(행 4:12).

하나님을 지향하는 겸손한 자아 인식은 항상 그리스도를 지향하는
겸손한 자아 인식과 일맥상통한다. 타락 이후의 겸손은 하나님이요
사람이신 예수 그리스도를 지향한다. 이 겸손은 하나님과 사람 사이
의 유일한 중보자이신 예수님을 영접하고, 의지한다. 겸손한 자들은
자신이 더할 나위 없이 교만하다는 것은 물론, 지극히 겸손하신 구원
자가 자기를 대변하신다는 것을 잘 알고 있다. 겸손한 영혼은 믿는 영
혼이다. 구원 신앙의 대상은 인간의 육신을 입고 십자가에 죽었다가
높임을 받으신 그리스도이시다.

미리 사랑받은 신자

복음은 창조주께서 타락한 피조물을 자기에게로 다시 돌이키게 하려고 은혜롭게 자기를 낮추는 자기 낮추심(condescension, 무한하고, 지극히 영광스러운 자기 낮추심)을 보이셨다는 소식을 전한다. 우리는 교만한 자아를 구원할 능력이 없기 때문에 우리의 구원자인 하나님의 영원하신 아들께서 인성을 취하셨다. 하나님이요 사람이신 그분은 완전한 겸손으로 성부와 관계를 맺고, 겸손히 율법의 계명들을 지키고, 자애로우신 창조주를 거역한 자들을 위해 고난을 받고, 율법의 형벌을 온전히 감당하셨다.

겸손이 아니라면, 무엇인가

왜, 무엇 때문에 성삼위 하나님 가운데 두 번째 위격이신 성자께서 지옥에 가야 마땅한 마귀의 자녀들을 대신해 인간이 되어 죽기까지 복종하셨을까? 앞서 말한 대로, 이 질문에 대한 대답은 하나님의 겸손에서 찾아서는 안 된다. 성자께서 육신을 취하신 이유는 마음이 겸손하셨기 때문이 아니다. 겸손은 창조주 하나님께 적합하지 않다. 그렇다면 그분은 무엇 때문에 우리를 위해 인간의 육신을 취하셨을까? 성경에 따르면, 성자께서 세상에 오신 이유는 사랑 때문이었다. 이 은혜로운 자기 낮추심은 무한하고, 영원한 삼위일체적 사랑의 발현이었다. 하나님은 사랑이시고, 그분의 사랑은 성자의 성육신과 죽음을 통해 가장 분명하게 드러났다(요일 4:8-10).

존 플라벨은 우주가 창조되기 이전에 성삼위 하나님은 "더할 나위 없이 행복한 상태"로 존재하셨고, "거룩하고, 거룩하고, 거룩하신 성부께서는 똑같이 거룩하다고 세 번 일컬어지는 성자를 가장 거룩한 기쁨과 사랑으로 얼싸안으셨다."라고 말했다.[1] 이것은 "절대적이고, 배타적이고, 영원하고, 순수하고, 불변하고, 온전하게 표현된 헌신"에서 비롯한 행복이었다.[2]

하나님의 세상 창조(특히 그분의 형상을 지닌 인간의 창조)는 그분의 행복한 사랑이 넘쳐 흐른 결과였다. 인간은 창조주와 부자지간의 교제를 나누며 살 수 있게끔 독특하게 창조되었다. 더욱이, 하나님은 인간을 자신의 깊은 사랑 안에 영원히 머물게 하려는 의도로 그와 언약을 맺으셨다. 행위 언약의 목적은 하나님 앞에서 영원히 "더할 나위 없이 행복한 상태"로 살아가게 하기 위한 것이었다. 그러나 아담은 교만하게도 언약을 파기했다. 그는 피조물을 창조주보다 더 높였고, 그로써 그와 그의 후손이 하나님과 맺은 부자지간의 관계에서 끊어지는 결과가 초래되었다.

인간은 에덴동산에서 일어난 사건으로 인해 존재의 근간이 흔들리

---

1) John Flavel, *The Fountain of Life Opened Up, in The Works of John Flavel* (Edinburgh: Banner of Truth, 1968), 1:46-47.

2) Ferguson, *Devoted to God*, 2.

는 충격을 받았지만, 하나님은 그렇지 않으셨다. 그분은 인간의 교만에 조금도 놀라지 않으셨다. 역사의 주인인 창조주께서는 모든 것을 처음부터 끝까지 다 알고 계신다(사 46:9, 10). 그 무엇도, 심지어는 인간의 타락도 하나님이 미리 정하신 목적과 상관없이 일어날 수 없다.[3] 하나님은 '모든 일을 자기 뜻의 결정대로 일하시는' 분이시다(엡 1:11).

하나님은 흙으로 자신의 형상을 빚기 전에 이미 그가 타락할 것을 알고, 그를 다시 자신의 자애로운 품속으로 끌어들일 방법을 계획하셨다. 성자께서 이루신 구원은 창세 전에 성삼위 하나님 사이에서 이루어진 사랑의 협약에 근거한 것이다. 따라서 하나님을 지향하는 자기 인식에서 비롯한 낮아지려는 성향을 다루는 가운데 우리가 반드시 짚고 넘어가야 할 한 가지 주제가 있다면, 바로 하나님의 은혜로운 작정이다.

하나님의 사랑의 협약

성육신을 통한 성자의 자기 낮추심과 겸손한 복종은 부차적인 계획이 아니었다. 이 구원의 행위들은 변하지 않는 하나님의 계획에 따라 이루어졌다. 때가 차매 나타난 복음의 사랑은 시간을 초월한 사랑이었다. 성부와 성자와 성령께서 타락한 인간을 구원하기 위해 영원한 협약을 맺으셨다. 신학적으로 '구원 언약'으로 불리는 이것은 성부

---

3) 〈웨스트민스터 신앙고백〉 3장 1항은 이런 성경의 가르침을 간단명료하게 요약했다. "하나님은 자기의 가장 지혜롭고 거룩한 뜻에 따라 앞으로 일어날 모든 일을 영원 전에 자유롭고, 확고하게 작정하셨다. 그러나 그로 인해 하나님이 죄의 원인자가 되는 것도 아니고, 피조물의 의지가 강압적으로 침해되는 것도 아니다. 아울러, 이차적인 원인의 우연성이나 자유도 제거되는 것이 아니라 오히려 굳게 확립된다."

께서 성자를 중보자로 내주시고, 성자께서 중보자에게 요구되는 모든 일을 이루시고, 성령께서 성자의 중보 사역을 아담의 타락한 후손들에게 적용하겠다고 동의하신 영원한 협약에 근거한다.

하나님의 영원한 뜻을 사변적으로 파고들려는 행위는 위험하지만, 그것을 무관심하게 무시하는 것도 위험하기는 마찬가지다. 하나님의 영원한 계획은 신비 속에 가려 있지만. 그분은 어렴풋하게나마 이 사랑의 협약을 성경을 통해 계시하셨다(시 2:7, 110편, 슥 6:13 참조).[4] 하나님이 계시하신 것을 알지 못하면 우리에게 해가 될 수 있다.

요한복음 17장은 창세 전에 있었던 일을 엿볼 수 있는 본문 가운데 하나다. 성자께서는 십자가의 죽음을 앞두고 크게 고뇌하며 간절한 기도를 드렸다. 우리는 그분의 기도를 통해 영원하신 하나님의 생각 속에 있던 계획을 엿볼 수 있다. 예수님은 이 거룩한 기도를 통해 여러 가지 놀라운 진리를 계시하셨다.

- 성자께서는 창세 전에 성부와 상호 내재적 영광과 사랑의 연합을 누리셨다(5, 21-24, 26절).
- 성부께서는 창세 전에 성자에게 타락한 인간들 가운데 일부를 구원하는 임무를 맡기셨다(4, 6절).
- 때가 이르자 성부께서는 성자를 세상에 보내 구원 사역을 이루게 하셨다(8, 25절).

---

4) 이 교리를 간결하면서도 철저하게 다룬 내용을 살펴보고 싶으면 다음의 자료를 참조하라. Guy M. Richard, "The Covenant of Redemption," in *Covenant Theology: Biblical, Theological, and Historical Perspectives*, ed. Guy Prentiss Waters, J. Nicholas Reid, and John R. Muether (Wheaton, Ill.: Crossway, 2020), 43-62.

• 성자께서는 세상에 와서 완전한 순종을 통해 자기 백성의 구원을 이루셨고, 그들이 삼위일체적 사랑 안에 영원히 거할 수 있게 하셨다(3, 20-24, 26절).

그리스도의 사역은 우연이 아니었다. 그것은 예견하지 못했던 인간의 교만한 타락을 해결하기 위한 즉흥적인 대처법이 아니었다. 성부께서는 영원 전에 성자에게 구원할 백성을 선물로 주셨고, 그분을 그들의 중보자로 세우셨다. 성자께서는 정해진 때에 세상에 와서 시편 저자의 말을 빌려 "보시옵소서…하나님의 뜻을 행하러 왔나이다"(히 10:7)라고 선언하고, 영원히 자신의 소유가 될 사람들을 위해 살다가 죽으셨다. 그렇다면 그 목적은 무엇이었을까? 그리스도께서는 기도의 마지막 말로 이 언약적 협약의 목적을 간단하게 요약하셨다. 즉 그분은 "이는 나를 사랑하신 사랑이 그들 안에 있고 나도 그들 안에 있게 하려 함이니이다"(요 17:26)라고 말씀하셨다.

참으로 놀랍기 그지없다. 성삼위 하나님의 협약은 냉랭한 결정론적인 주권적 행위가 아니었다. 그것은 우리와 같은 반항적인 피조물과 친밀한 관계를 회복하려는 자애로운 주권적 행위의 발로였다.[5] 플라벨은 성부와 성자가 사랑으로 협약을 맺으신 것을 다음과 같이 감동

---

5) 조엘 비키는 "그리스도 예수 안에 나타나신 자애롭고, 주권적인 하나님"이 곧 개혁주의 신학(성경의 가르침과 일치하는 신학)의 핵심이라고 말했다. *Living for God's Glory: An Introduction to Calvinism* (Sanford, Fla.: Reformation Trust, 2008), 41. J.V. 페스코는 구원 언약에 관해 "그것은 냉랭한 거래가 아니었다…성부께서는 사랑으로 성자를 보내셨고, 성자께서는 사랑으로 성부께 복종하셨으며, 성령께서는 사랑으로 성자의 사역을 적용하셨다."라고 말했다. *The Trinity and the Covenant of Redemption* (Fearn, Ross-shire, Scotland: Christian Focus, 2016), 193.

적으로 묘사했다.

성부 : 성자여, 여기 스스로를 완전히 망쳐 나의 정의로운 심판을 받아
야 할 비참한 영혼들이 있소. 그들을 살리려면 정의가 만족되어야 하
오. 그렇지 않으면 그들은 영원히 파멸하고 말 것이요. 이 영혼들을 위
해 어떻게 하면 좋겠소?

성자 : 오, 성부여. 그들이 영원히 멸망하기보다 차라리 제가 그들의
보증인이 되어 책임을 지겠습니다. 저는 그만큼 그들을 사랑하고, 불
쌍히 여깁니다. 그들이 성부께 어떤 빚을 졌는지 채무 증서를 제게 모
두 보여주소서. 그것을 모두 가져와 제게 요구하고, 그들과는 아무런
셈도 하지 마옵소서. 그들이 성부의 진노를 받느니 차라리 제가 받겠
나이다. 아버지여, 그들의 빚을 모두 제게 돌리소서.

성부 : 그러나 성자여, 성자가 그들의 빚을 짊어진다면 조금의 탕감도
없이 마지막 한 푼까지 갚아야 하오. 내가 그들을 용서하려면 성자를
처벌해야 하오.

성자 : 아버지여, 좋습니다. 그렇게 하소서. 모든 빚을 제게 돌리소서.
제가 갚을 수 있나이다. 그것이 저를 파멸시키고, 제 부를 없애 가난하
게 만들고, 제 보화를 동나게 하더라도…저는 기꺼이 그 일을 감당하
겠나이다.[6]

이런 사실을 알고서도 자애로우신 창조주를 찬양하고, 경배하며,
그분께 즐거이 복종하지 않는다면 그 무엇으로도 그렇게 할 수 없을

---

6) Flavel, *Fountain of Life*, 1:61.

것이다.

이 영원한 하나님의 사랑을 알면 겸손해지지 않을 수 없다. 그것을 알면, 우리의 마음속에서 겸손히 하나님을 경외하는 사랑이 생겨날 수밖에 없다.[7] 성부께서는 무한히 보배로운 성자를 우리를 위해 기꺼이 내주셨고, 성자께서는 하늘의 영광과 무한한 부를 포기하셨다. 자신의 피조성과 부패성을 의식하는 사람은 이 사실을 생각하면 감격에 겨워 몸을 주체하지 못할 것이다.

이 놀라운 협약은 우리의 자구적인 노력이 모두 헛될 뿐이라는 사실을 일깨운다. 하나님의 사랑에 근거한 방법 외에는 그 어떤 방법도 우리를 구원할 수 없다. 심령이 겸손한 사람은 "하나님의 영원한 구원 계획에 드러난 사랑은 참으로 놀랍기 그지없구나. 자애로우신 창조주 외에는 그 누구도 나의 교만한 영혼을 구원할 방책을 강구할 수 없다."라고 외칠 것이 틀림없다.

하나님이 사랑하는 이유는 그분이 사랑하기를 원하시기 때문이다

성경은 하나님이 사랑으로 창세 전에 자기 백성을 구원할 계획을 세우셨다고 가르친다. 그렇다면 이 신적 사랑은 무엇 때문에 발생하는 것일까? 우리 안에 있는 것들 때문은 절대 아니다. 하나님은 구약 시대에 자기가 선택한 이스라엘 백성을 사랑하셨다. 그분은 왜 그들을 사랑하셨을까? 하나님은 그들에게 "여호와께서 너희를 기뻐하시

---

[7] 존 오웬은 "성부께서는 영원 전부터 우리의 행복을 위한 계획을 마음속에 품고 계셨다. 이것을 생각하면 우리 안에 있는 모든 것이 엘리사벳의 태 속에 있는 아이처럼 기뻐 뛸 수밖에 없다. 이 사실을 알면, 겸손하고, 거룩한 숭앙심으로 가장 낮게 엎드려 하나님 앞에서 감격에 겨워 크게 기뻐하지 않을 수 없다."라고 말했다. *Communion with God*, 2:33.

고 너희를 택하심은 너희가 다른 민족보다 수효가 많기 때문이 아니니라 너희는 오히려 모든 민족 중에 가장 적으니라 여호와께서 다만 너희를 사랑하심으로 말미암아"(신 7:7, 8)라고 말씀하셨다. 하나님의 말씀이 무슨 뜻인지 알겠는가? 그분의 말씀은 "이스라엘아, 내가 너희를 사랑하는 이유는 너희를 사랑하기 때문이다."라는 뜻이다. 신적 사랑은 신적 사랑 자체에 근거한다. 자기 백성을 향한 하나님의 사랑을 설명하거나 가능하게 하는 궁극적인 근거는 하나님의 주권적인 뜻 외에는 아무것도 없다.

하나님이 자신의 형상을 지닌 피조물들에게 사랑을 베푸셨던 이유는 그들의 업적이나 아름다움이나 도덕적인 의로움에 감명을 받으셨기 때문이 아니다. 이 영원한 협약은 "사랑의 대상이 지닌 사랑스러움과는 아무런 상관없이 내면에서 저절로 사랑이 뿜어져 나오는 분들 사이에서" 이루어졌다.[8] 하나님은 그들을 자유롭게 사랑했고(롬 9:13), 영원히 사랑하셨다(렘 31:3). 그분이 그들을 사랑하신 이유는 그들을 사랑하셨기 때문이다.

바울 사도는 "하나님이 미리 아신 자들을 또한 그 아들의 형상을 본받게 하기 위하여 미리 정하셨으니 이는 그로 많은 형제 중에서 맏아들이 되게 하려 하심이니라"(롬 8:29)라고 말했다. 하나님의 예지(미리 아심)는 가장 친밀한 형태의 지식을 가리킨다. 이 용어는 '미리 사랑하신'으로 번역할 수도 있다.[9] 하나님의 영원한 사랑이 구원의 황금

---

8) Wilhelmus á Brakel, *The Christian's Reasonable Service*, trans. Bartel Elshout, ed. Joel R. Beeke (Grand Rapids: Reformation Heritage Books, 1993), 1:263.

9) John Murray, *Epistle to the Romans*, 1:317을 보라. 머레이는 미리 아신 자들이 '하나님이 관심을 기울이신 자들'이나 '영원 전부터 알아 특별한 애정과 기쁨을 기울이신 자들'을 의미

사슬로 불리는 모든 축복의 근거다. 미리 사랑하신 것이 논리적으로 미리 아신 것보다 앞선다. 하나님은 자기가 미리 사랑하신 자들을 선택하셨다. 이는 "하나님은 사랑으로 우리를 예정하셨다"라는 말로도 표현할 수 있다(엡 1:4, 5 참조). 하나님의 주권적인 선택의 배후에는 주권적인 사랑이 있다. 이 사랑은 대상에게 매료되거나 강요되어 나타나는 사랑이 아니다. 성부께서 영원 전에 성자에게 택하신 사람들을 주신 이유는 사랑으로 인한 것이었다. 구원받는다는 것은 창세 전에 선택되었다는 뜻이고, 선택되었다는 것은 창세 전에 영원히 사랑받았다는 뜻이다. 그리스도인들은 미리 사랑받은 신자들이다.

하나님이 우리를 미리 사랑하셨다는 사실보다 하나님을 향하는 자아 인식에서 비롯하는 낮아지려는 성향을 더 크게 자극하는 요인은 찾아보기 어렵다. 창조주께서는 피조물에게 억지로 강요당해 사랑하지 않으신다. 피조물은 전적으로 수동적일 뿐이다. 우리가 심지어 존재하지도 않았을 때의 일인데 어떻게 능동적일 수 있겠는가? 하나님이 사랑하시는 이유는 충실한 교회 출석이나 좋은 품행이나 뛰어난 지성이나 잘생긴 외모에 이끌려서가 아니다. 하나님은 그런 것들이 있기 전에 사랑하셨다(롬 9:10-21). 겸손한 사람들은 하나님의 마음을 얻기 위해 아무것도 할 수 없다는 것을 알고 있다. 마음이 겸손한 자들은 하나님의 사랑의 선택이 자신이나 자신의 행위에 의존한다면 결코 그분의 마음을 얻을 수 없을 것이라고 기꺼이 인정한다. 찰스 스펄전은 "내가 선택의 교리를 믿는 이유는 하나님이 나를 선택하지 않으

한다고 설득력 있게 설명했다. 그는 이 표현이 '미리 사랑하신 자들'과 거의 동일한 의미를 지닌다고 결론지었다.

셨다면 내가 그분을 결코 선택하지 못했을 것이라고 확신하기 때문이다. 나는 그분이 내가 태어나기 전에 나를 선택하셨다고 믿는다. 만일 그렇지 않았다면 그분은 그 후에 나를 결코 선택하지 않으셨을 것이다."라고 말했다.[10] 오직 겸손한 사람만이 그렇게 말할 수 있다.

사랑하시는 아들 안에서 사랑받는 신자

지금까지 살펴본 대로, 타락 이후의 겸손, 곧 하나님을 지향하는 자기 인식은 항상 그리스도를 지향하는 자기 인식이다. 따라서 하나님의 미리 사랑하심이 그리스도 안에서 이루어졌다는 사실은 조금도 놀랍지 않다. 바울은 에베소서의 서두를 여는 영광송에서 이 점을 다음과 같이 강조했다.

- 하나님은 '창세 전에 그리스도 안에서 우리를 택하셨다'(엡 1:4).
- 하나님은 '우리를 예정하사 예수 그리스도로 말미암아 자기의 아들들이 되게 하셨다'(5절).
- 하나님은 '사랑하시는 자 안에서 우리에게 은혜를 베푸셨다'(6절).

하나님이 선택하신 자들은 사랑하시는 아들 안에서 영원히 사랑받는다. 성부께서는 자신의 독생자에 대한 사랑으로 신자들을 사랑하신다.

겸손한 자들은 하나님의 영원한 뜻을 헤아리려고 할 때면 항상 그

---

10) Charles H. Spurgeon, *C. H. Spurgeon Autobiography, vol. 1, The Early Years*, 1834-1859 (Edinburgh: Banner of Truth, 1962), 166.

리스도를 염두에 둔다. 독생자를 향한 성부의 헤아리기 어려운 강렬한 사랑이 피조물들에게 주어지는 이유는 그들이 영원 전에 '그리스도 안에서' 선택되었기 때문이다(엡 1:4). 그리스도의 표현을 빌리면, 그들은 그분께 영원히 주어졌다(요 10:29). 칼빈은 "우리 자신 안에서는 우리의 선택에 대한 확신을 찾을 수 없다. 심지어는 성부 하나님을 성자와 분리해서 생각하면 그분도 찾을 수 없을 것이다. 따라서 그리스도를 거울로 삼아야만 스스로 속지 않고 우리의 선택에 관해 생각할 수 있다."라고 권고했다.[11] 중보자이신 예수 그리스도를 믿는 겸손한 믿음을 통해서만 우리 자신이 영원히 사랑받는 존재라는 것을 알 수 있다.

그리스도를 바라보는가? 우리가 타락한 피조물, 망상에 빠진 피조물, 절망적인 피조물, 곧 인간의 육신을 입고 십자가에 못 박혀 죽었다가 다시 살아나신 하나님의 아들이 없으면 멸망할 수밖에 없는 피조물이라는 사실을 깨달았는가? 만일 그랬다면, 우리는 미리 사랑받은 신자들이다. 우리의 자애로운 창조주요 구원자인 하나님은 우리를 향한 자신의 주권적인 사랑을 마음껏 누리기를 바라신다. 게할더스 보스는 "(우리를 향한 하나님의 사랑은) 하나님이 자기와 한마음이 되어 연합한 경건한 신자들에게 무한한 기쁨의 능력과 결코 다하지 않는 풍성한 사랑의 빛과 열기를 아낌없이 쏟아부으신다는 것을 의미한다. 하나님은 이 연합을 위해 관대함과 숭고한 희생과 완전무결한 헌신, 곧 인간의 비유로 표현한다면 가장 순수하고, 지고한 헌신이라고밖에 달리 표현할 수 없는 헌신을 감당하신다."라고 말했다.[12]

---

11) Calvin, *Institutes*, 3.24.5.

바울 사도가 하나님의 복음적 사랑을 '지식에 넘치는 사랑'(엡 3:18)으로 일컬은 것은 조금도 놀랍지 않다. 오, 우리의 영혼이 더 큰 힘을 발휘해 이 사랑을 더욱 깊이 이해할 수 있기를 바라는 마음 간절하다.

나는 영원히 사랑받는다

우리는 서로 식탁을 마주하고 앉았다. 식탁 위에는 달걀과 베이컨이 담긴 접시들이 놓여 있지만 거의 손을 대지 않은 상태였다. 내가 나를 매일 괴롭히는 불안감을 토로할 때 나의 신학교 교수는 나의 말을 인내심 있게 경청했다. 그는 한참 동안 내 말을 듣고 나서 마침내 "닉, 자네는 아버지로 인한 상처가 있는 것 같네."라고 말했다.

그의 말은 나를 깜짝 놀라게 했다. 그것은 사실이었다. 내가 겨우 걸음마를 배울 즈음에 나의 부모는 이혼했다. 그때 이후로 나의 생물학적인 아버지는 나의 삶에서 능동적인 역할을 하지 못했다. 나는 아버지를 본 적도, 대화를 나눈 적도 없었다. 나는 그를 알지 못했고, 그도 나를 알지 못했다. 그러나 나는 이 상실된 관계가 내게 아무런 영향을 미치지 못했다고 생각했다. 나의 어머니는 내가 초등학교에 다닐 때 재혼했다. 그녀가 재혼한 남자는 나를 법적으로 입양했고, 사랑해 주었다. 내가 고작 한 살이었던 이후로 한 번도 관계를 맺어본 적이 없는 누군가가 어떻게 내게 중요한 영향을 미칠 수 있겠는가? 나는 전혀 그럴 리가 없을 것이라고 생각했다. 그러나 몇 주가 지나면서

---

12) Geerhardus Vos, "Jeremiah's Plaint and Its Answer," in *Redemptive History and Biblical Interpretation: The Shorter Writings of Geerhardus Vos*, ed. Richard B. Gaffin Jr. (Phillipsburg, N.J.: P&R, 1980), 296.

아버지로 인한 상처가 깊이 곪아가고 있다는 사실이 분명하게 느껴지기 시작했다. 생물학적인 아버지의 부재로 인해 나의 영혼 안에는 "왜 그는 나를 사랑하지 않는 것일까?"라는 막연한 의구심이 메아리쳤다.[13]

나는 상처를 입었다. 나는 아버지의 사랑에 굶주렸고, 그것이 없어서 불안감을 느꼈다. 나는 확인받고 싶고, 인정받고 싶고, 사랑받고 싶은 마음에 늘 시달렸다. 나는 행동을 잘해서 그런 것들을 얻으려고 노력했다. 나는 사람들을 즐겁게 하려고 노력했고, 다른 사람들의 칭찬을 받으려고 애썼다. 그것은 피조물을 높이는 교만으로 상처받은 마음을 치유하려는 시도였다. 그러나 모두 헛수고에 지나지 않았다. 창조된 질서 안에 있는 것으로는 내 영혼에 가해진 상처를 치유할 수 없었다.

그러나 그 날 아침 식사 시간에 대화를 나눈 이후로 나는 한 가지 초월적인 진리를 통해 자유를 얻었다. 그것은 바로 하나님의 영원한 사랑이었다. 자애로운 성부께서는 복음을 통해 "네가 존재하기 전에 나는 너를 사랑했다. 내가 선한 행위를 하기 전에 나는 너를 사랑했다. 네가 훌륭한 업적을 이루기 전에 나는 너를 사랑했다."라고 말씀하셨다.

하나님의 영원한 뜻은 불명료한 비밀이 아니다. 그것은 박사 학위를 취득한 신학자들만을 위한 진리가 아니다. "내가 영원한 사랑으로

---

13) 존 소워스는 "아버지가 없다는 것은 마치 그로부터 '너는 나와 함께 있을 만한 가치가 없어.'라는 크고, 분명한 소리를 듣는 것과 같다."라고 설명했다. John Finch with Blake Atwood, *The Father Effect: Hope and Healing from a Dad's Absence* (New York: Hachette, 2017), 44에 인용되어 있음.

너를 사랑하기에"(렘 31:3)라는 하나님의 말씀은 기독교의 기본 진리다. 게할더스 보스는 "아무런 제한 없이 영원히 존재하시는 하나님은 우리를 잊거나 돌보지 않으시는 때가 단 한 순간도 없으시다."라고 말했다.[14] 우리가 신자라면 하나님에게 영원히 사랑받는다.

처음에는 이런 사실이 과연 내게 적용될 수 있을지 의심스러웠다. 그러나 성령의 은혜로운 사역과 말씀 덕분에 내 입에서 "하나님은 시작도 없고, 끝도 없는 사랑으로 나를 사랑하신다."라는 놀라운 고백이 터져 나왔다. '나'라는 인칭 대명사가 중요하다. 그분은 나를 사랑하신다. 이것이 바로 그리스도를 지향하는 자기 인식이다. 겸손한 사람들은 하나님이 죄인들을 사랑하신다는 것을 알고 있을 뿐 아니라 자신이 그분의 영원한 계획 속에 포함되어 있다고 믿는다. 그들은 하나님의 아들을 믿는 믿음으로 구원을 받고 난 후에는 그런 믿음과 구원이 하나님이 영원 전에 자기를 미리 사랑하신 결과였다는 것을 깨닫는다.

안타깝게도 그런 자아 인식을 자기에게 적용해도 될지를 의문시하는 그리스도인들이 적지 않다. 그들은 "하나님이 나를 사랑하신다고 주장하는 것은 주제넘는 일이 아닐까?"라고 되묻는다. 그런 질문은 겉으로는 겸손한 것처럼 들리지만, 사실은 경건을 가장한 교만일 수 있다. 바울 사도는 '나, 나를, 나의'와 같은 인칭 대명사를 사용하는 것을 조금도 꺼리지 않고, "나를 사랑하사 나를 위하여 자기 자신을 버리신 하나님의 아들을 믿는 믿음 안에서 사는 것이라"(갈 2:20)라고 말했다. 나의 아들이 "아빠는 나를 사랑해."라고 말하는 것이 주제넘는

---

14) Vos, "Jeremiah's Plaint and Its Answer," 298.

일일까? 전혀 그렇지 않다. 녀석은 내 아들이다. 내가 녀석에게 매일 사랑을 표현하는 이유는 내가 녀석을 사랑한다는 것을 알기를 원하기 때문이다. 만일 내 아들이 내 사랑을 의심하며 다른 사람들에게 "아빠가 사랑하는 줄은 알지만, 정말로 나를 사랑하는지는 확신할 수 없어요."라고 말한다면, 나는 마음이 몹시 아프고, 씁쓸할 것이다.

무작정 "하나님은 나를 사랑하신다"라고 말한다면 외람된 일일 수 있지만, 만일 그리스도를 영접해 구원을 받고, 그분만을 의지하며 산다면 절대 그렇지 않다. 하나님은 자기 자녀들이 자신의 사랑을 알기를 원하신다. 만일 믿는 자들이 겸손을 내세워 그분의 사랑을 의심한다면, 그것은 곧 그분을 욕되게 하는 것이다. 하나님은 타락한 죄인들이 "이는 내게 향하신 주의 인자하심이 크사 내 영혼을 깊은 스올에서 건지셨음이니이다"(시 86:13)라고 찬양하는 소리를 듣고 싶어 하신다.

교만은 자애로우신 하나님의 모습을 일그러뜨린다

하나님의 사랑을 그토록 자주 의심하는 이유는 무엇일까? 모든 의심의 뿌리는 교만이다. 뱀이 에덴동산에서 사용한 전술을 잠시 생각해 보자. 그는 인류의 첫 조상을 속여 자애로우신 창조주를 인색하고, 무정하고, 냉정하고, 엄한 분으로 그릇 생각하게 유도했다. 그의 거짓말을 한마디로 요약하면 "하나님은 너희를 사랑하지 않으신다."이다. 아담과 하와는 하나님을 사랑이 없는 분으로 잘못 인식했고, 자신들도 사랑받지 못하는 존재로 잘못 인식했다. 교만은 하나님을 학대를 일삼는 인색한 아버지로 왜곡시킨다.

하나님의 사랑이 의심스럽거든 이번 장과 앞 장에서 다룬 진리들을 곰곰이 생각해 보라. 하나님은 복음을 통해 자애로운 창조주의 참모습을 드러내셨다. 그분은 죄를 지은 인간을 다시 자신의 품으로 불러들이기 위해 사랑하는 독생자를 세상에 보내 유한한 피조물처럼 살게 했을 뿐 아니라 마치 타락한 죄인처럼 십자가에서 죽게 하셨다. 우리가 어떤 사람이든, 또 무슨 일을 했든 하나님은 복음을 통해 사랑을 베푸신다. 그 사랑을 받지 못하게 방해하는 것은 오직 하나, 곧 교만뿐이다.

우리가 하나님의 깊은 사랑을 거부하는 이유는 교만 때문이다. 우리는 다음과 같이 말한다.

- "하나님은 나 같은 사람은 절대 사랑하실 수 없어."
- "하나님은 나 같은 과거를 가진 사람은 절대 사랑하실 수 없어."
- "내가 겪는 감당할 수 없는 트라우마를 생각하면, 하나님은 결코 자애로운 분이 아니야."
- "세상에 큰 악이 횡행하는 것을 생각하면, 하나님은 절대 사랑이실 리 없어."

세상이나 인간의 마음속에 큰 악이 도사리고 있는 현실을 경시할 생각은 조금도 없다. 성경은 그런 현실을 미화하지 않는다. 그러나 성경은 그런 현실을 하나님의 자애로운 사랑과 모순되는 것으로 여기지 않는다. 하나님은 복음을 통해 우리에게 찾아와서 사랑으로 자기를 내주신다. 우리가 갖가지 이유를 내세워 하나님을 받아들이지 않으려고 하는 이유는 교만하기 때문이다. 우리는 뱀의 말에 귀를 기울이고, 창조주보다 우리 자신을 더 높인다. 우리는 하나님이 누구를, 어떻게 사랑하실 수 있겠느냐고 말하며, 우리의 과거나 현재의 상황을 고려하면 절대로 우리를 사랑하실 수 없을 것이라고 단정한다. 측량할 수 없이 깊은 하나님의 마음을 알려면 그리스도를 지향하는 자기 인식에서 비롯하는 낮아지려는 성향이 필요하다.

사랑은 근거이자 목적이다

하나님은 우리가 교만으로 인해 삼위일체적인 사랑의 영역에서 쫓겨나게 될 것을 이미 알고 계셨다. 그러나 성부께서는 세상 창조와 인간의 타락 이전에 선택한 백성을 성자에게 주셨고, 성자께서는 그들을 자기의 것으로 받아들이셨다. 창조주께서는 머지않아 타락할 인간을 다시 회복시켜 삼위일체적인 기쁨에 참여하게 하는 데 필요한 모든 것을 이룰 계획을 세우셨다. 사랑은 그 모든 것의 근거이자 목적이었다. 사랑은 대상이 그것을 받아들여 누릴 때까지 결코 만족하지 않는다.

겸손한 자들은 자신이 그리스도 안에서 영원히 사랑받는다는 사실을 알고 있다. 그들은 자신의 피조성을 분명하게 의식하고, 하나님의 주권적인 뜻 앞에서 겸손히 엎드려 경배한다. 그들은 역사의 섭리자인 하나님이 우리와 같이 흙으로 빚은 피조물들과 영원한 교제를 나누며 살 계획을 세우셨다는 것을 알고는 깜짝 놀란다. 그들은 자신의 부패성을 깊이 의식하고, 자기들처럼 교만한 죄인을 하나님이 기뻐하실 것에 감격스러워한다. 그들은 자기 안에 하나님의 사랑을 이끌어 낼 만한 것이 아무것도 없다는 것을 안다.

사랑받는 분 안에서 사랑받는 것, 겸손이 자랑하는 바는 여기에 있다.

자녀로 입양된 신자들

나는 복음 사역을 시작하기 전에 입양 알선기관에서 일했다. 앞장에서 말한 대로, 나의 양부가 나를 입양했기 때문에 항상 입양에 대해 관심이 많았지만, 입양이 그토록 많은 시간과 감정과 재정이 소비되는 과정일 줄은 꿈에도 생각하지 못했다.

입양 과정은 알선기관의 도움으로 부부가 입양 계획을 세우는 것에서부터 시작한다. 다시 말해, 누구를, 언제, 어디에서, 어떻게 입양할 것인지를 문서에 상세하게 적어야 한다. 상세한 계획이 수립된 후에는 인터뷰와 문서작성과 교육 과정이 끝없이 이어진다. 그런 모든 노력 외에도 부부는 발생한 비용을 충당하기 위해 많은 돈을 지불해야 한다. 무엇 때문에 그렇게 큰 노력과 비용이 드는 일을 기꺼이 감수하는 것일까? 그 대답은 대개 매우 간단하다. 즉 그 이유는 부부의 마음이 어린아이에게 향하고 있기 때문이다. 그들은 그 어린 소녀를 사랑하기 때문에 그녀를 집으로 데려오는 데 필요한 모든 일을 기꺼이 감수한다. 그들은 계획 수립과 비용 지출을 입양 실현을 위한 필수 요건으로 간주한다.

앞장에서 말한 대로, 자애로운 창조주께서는 타락한 피조물을 구원하기 위해 영원 전에 계획을 세우셨다. 그분의 구원의 목표는 입양이었다. "우리를 예정하사 예수 그리스도로 말미암아 자기의 아들들이 되게 하셨으니"(엡 1:5). 하나님은 사랑으로 창세 전에 누구를, 언제, 어디에서 어떻게 입양할 것인지를 결정하셨다. 그러나 부부의 입양 계획이 입양을 현실화하는 데 필요한 전부가 아닌 것처럼, 이 영원한 계획도 그 자체만으로는 충분하지 않았다. 일단 계획을 세운 뒤에는 그것을 실행하는 것이 필요했다. "때가 차매 하나님이 그 아들을 보내사 여자에게서 나게 하시고 율법 아래에 나게 하신 것은 율법 아래에 있는 자들을 속량하시고 우리로 아들의 명분을 얻게 하려 하심이라"(갈 4:4, 5). 하나님의 아들께서 자기를 낮춰 겸손한 복종으로 뱀의 머리를 으깰 여인의 후손으로 태어나셨다. 이것은 우리의 상상을 초월하는 희생이 아닐 수 없었다. 무한한 가치를 지닌 성자께서 계획에 따라 우리를 사탄의 집에서 하나님의 집으로 옮기는 데 필요한 모든 대가를 지불하셨다.

그러나 그리스도의 성육신과 죽음과 부활만으로 입양 과정이 끝나는 것은 아니었다. 구원의 계획이 그리스도 안에서 세워져 그분을 통해 이루어졌지만, 그 목적이 달성되려면 적용이 필요하다. 모든 서류가 서명되고, 공증되었으며, 비용이 모두 지불되고, 집에 가구들이 비치되는 등, 모든 준비가 끝났다. 그러나 아직 어린아이를 새 가정에 데려오는 일이 남았다. 바로 이것이 하나님이 복음을 통해 우리를 구원할 때 하시는 일이다. 하나님은 영원한 계획과 그리스도께서 이루신 구원의 공로를 근거로 우리를 자기 집에 데려와서 자애로운 품에 안아주신다. 우리 같은 타락한 죄인들의 입장에서는 이것이 겸손의 시작이다. 성령께서 구원을 적용하시기 전만 해도 우리는 뱀 같은 교만에 속박된 상태였다. 그러나 우리는 하나님의 사랑으로 사탄의 감옥에서 하나님의 궁궐로 옮겨졌고, 그때부터 하나님을 지향하는 자기 인식에서 비롯하는 낮아지려는 성향이 생겨나기 시작했다.

크게 외쳐야 할 진리

나의 큰아들이 갓난아이였을 때의 일이다, 녀석이 윗방에서 잠을 자고 있던 어느 평화로운 여름날, 나는 존 머레이의 고전《성취되고, 적용된 구원》을 읽으면서 시간을 보냈다. 그렇게 흥미로운 책을 읽어보기는 처음이었다. 그 날 오후, 나는 "그리스도와의 연합"이라는 제목의 장을 천천히 숙독했다.[1] 머레이는 그곳에서 중생, 칭의, 양자, 성화, 견인의 교리를 다루었다. 그는 그 모든 구원의 축복이 하나의 근원(성령의 역사로 이루어진 그리스도와의 연합)에서 비롯한다고 설명했다. 그 시간에 그의 책을 읽는 것은 마치 예배를 드리는 것 같았다. 나는 주님을 보고, 느끼며, 그분의 모든 축복을 만끽했다. 어떤 순간에는 주님을 사랑하는 마음이 너무나도 강렬하게 일어나 벌떡 일어서서 온 힘을 다해 기쁨의 소리를 외쳤다. 그것은 조심스레 표현한 찬양의 소리가 아니라 가슴이 벅차 저절로 튀어나오는 행복한 외침이었다. 그런데 안타깝게도 그 외침 때문에 잠을 자고 있던 아들 녀석이 깨어나 자기는 행복하지 않다는 듯 울음을 터뜨리는 바람에 그 거룩한 순간이 금세 지나가고 말았다.

신자들에 관한 가장 근본적인 진리는 '그리스도 안에서'라는 두 단

---

1) John Murray, *Redemption Accomplished and Applied* (Grand Rapids: Eerdmans, 1955), 161-73.

어로 간단히 요약될 수 있다. 이 말이 믿기지 않는다면, 바울의 서신서를 읽으면서 이 표현이 사용된 구절들을 일일이 적어보기 바란다. 어디서나 쉽게 발견할 수 있을 것이다. 신자들을 위한 모든 영적 축복이 높임 받으신 그리스도와의 연합을 통해 주어진다(엡 1:3).

- 우리는 그리스도 안에서 거듭났다(엡 2:5).
- 우리는 그리스도 안에서 의롭다 하심을 받았다(롬 8:1, 빌 3:9).
- 우리는 그리스도 안에서 양자가 되었다(롬 8:15, 갈 4:6).
- 우리는 그리스도 안에서 거룩하게 된다(고전 1:2, 골 3:1-3).
- 우리는 그리스도 안에서 보존된다(롬 8:37-39).

성령의 사역을 통해 그리스도와 하나로 연합하지 않으면 구원받을 수 없다. 이것이 칼빈이 "첫째, 그리스도께서 우리 밖에 계시고, 우리가 그분과 분리되어 있는 한, 그분이 인류의 구원을 위해 고난을 감수하며 이루신 모든 것이 우리에게 아무런 유익이나 가치를 지니지 못한다는 것을 이해해야 한다."라는 말로 구원의 적용을 설명하기 시작한 이유였다.[2] 그러나 그리스도께서 우리 안에 거하시고, 우리가 그분 안에 거하면 우리는 그분이 획득하신 모든 축복을 누릴 수 있다. 그 이유는 그리스도께서 '하나님으로부터 나와서 우리에게 지혜와 의로움과 거룩함과 구원함이 되시기' 때문이다(고전 1:30). 이것은 크게 외쳐야 할 진리요 마음을 겸손하게 만드는 진리가 아닐 수 없다. 바울은 우리의 구원이 모두 그리스도를 통해 이루어졌기 때문에 "자랑하는

---

2) Calvin, *Institutes*, 3.1.1.

자는 주 안에서 자랑하라"(고전 1:31)라고 말했다. 그리스도를 지향하는 자기 인식을 소유한 사람들은 헛된 자랑을 일삼지 않는다. 겸손한 자는 오직 그리스도 안에서 자랑한다.

유명한 이탈리아 지휘자 아르투로 토스카니니는 한때 자신의 교향악단과 함께 베토벤의 9번 교향곡을 완벽하게 연주했다. 참으로 놀라운 연주였다. 청중은 연주가 끝나자 아낌없는 박수갈채를 보냈다. 박수는 오랫동안 그칠 줄 몰랐고, 지휘자는 여러 번 고개를 숙여 인사했다. 그러고 나서 지휘자는 자신의 교향악단에게 "여러분! 여러분! 여러분!"이라고 주의를 환기한 뒤에 "여러분, 저도 아무것도 아니고, 여러분도 아무것도 아닙니다. 베토벤이 모든 것입니다. 그가 모든 것입니다."라고 말했다.[3]

이것이 겸손이다. 복음적 겸손은 벅찬 가슴으로 "여러분, 저도 아무것도 아니고, 여러분도 아무것도 아닙니다. 예수님이 모든 것이십니다. 그분이 모든 것이십니다."라고 찬양한다.

그리스도께서는 구원의 계획이나 성취나 적용과 관련해 모든 것이 되신다. 오직 그분만이 모든 것이시다.

어떤 사랑으로 사랑하셨는지 보라

때로 그리스도와의 연합을 비인격적인 결합이나 냉랭한 법적 관계로 생각하기 쉽다. 그러나 그것은 전혀 사실이 아니다. 우리의 인격이 성령의 인격을 통해 그리스도의 인격과 하나로 연합한다. 이 연합은

---

3) 켄트 휴스도 자신의 책에서 이 이야기를 이와 비슷한 의미로 적용했다. *Genesis: Beginning and Blessing*, Preaching the Word Commentary (Wheaton, Ill.: Crossway, 2004), 607.

인격적일 뿐 아니라 이 세상이 제공할 수 있는 그 어떤 관계보다 더 깊은 교제를 가능하게 한다. 머레이는 "사람들 사이에서 이루어지는 교제는 그 어떤 것도 그리스도와의 교제에 필적할 수 없다. 그리스도와 그분의 백성은 상호 간의 의식적인 사랑을 통해 서로 교통한다."라고 말했다.[4]

그리스도께서는 하나님과 타락한 죄인들의 사랑스러운 교제를 회복하기 위해 세상에 오셨다. 이 교제가 그리스도와의 구원적 연합을 통해 실현된다. 토머스 보스턴은 "회심의 은혜가 임하는 날, 곧 그리스도의 결혼식 날에 그리스도와 신자들 사이에서 영광스러운 영혼의 교류가 일어난다."라고 말했다.[5] '상호 간의 의식적인 사랑'의 결합을 통해 그리스도의 것이 모두 우리의 것이 되고, 우리의 것이 모두 그리스도의 것이 된다. 신자들은 중보자를 통해 하나님의 변치 않는 사랑을 받아 누리고, 다시 사랑으로 보답한다. 지금까지 벅찬 가슴을 억누른 채 기다려왔다면, 바로 지금이 일어나서 크게 외치기에 적합한 때일 것이다.

이 회복된 교제는 가족 간의 교제다. 하나님은 그리스도와 우리의 연합을 통해 우리를 정식으로 입양하셨다. 우리를 그리스도와 연합시킨 성령께서는 '양자의 영'이시다(롬 8:15, 갈 4:6 참조). 우리는 성령의 내주하심을 통해 하나님의 자녀가 된다. 우리는 믿음을 통해 하나님의 집에 들어가서 그분의 사랑을 마음껏 누린다. "보라 아버지께서 어떠

---

4) John Murray, *Redemption Accomplished and Applied*, 169.

5) Thomas Boston, "Christ the Life of the Believer," in *The Complete Works of Thomas Boston* (Stoke-on-Trent, UK: Tentmaker Publications, 2002), 4:239.

한 사랑을 우리에게 베푸사 하나님의 자녀라 일컬음을 받게 하셨는가"(요일 3:1).

하나님은 우리를 입양해 자기 집으로 데려가서 "너도 잘 알다시피, 나는 온 우주를 관리하느라 매우 바쁘다. 네 방에서 조용히 네 할일을 하고, 급한 일이 아니거든 나를 귀찮게 하지 말아라."라고 말씀하지 않으신다. 우리는 하나님을 그런 식으로, 곧 냉담하고, 무관심한 분으로 생각하는 경향이 있다. 그러나 그것은 잘못된 생각이다. 그분은 사랑이 풍성한 창조주요 구원자이시다. 그분은 자애로운 하늘의 아버지이시다. 그분은 우리를 다정하게 대하며, 우리와 친밀한 교제를 나누기를 원하신다. 이것이 그분이 우리를 자기의 형상으로 창조하신 이유요, 자기 아들을 통해 우리를 구원하신 이유다.

우리는 양자를 칭의와 중생과 성화의 축복에 부차적으로 뒤따르는 것으로 생각할 때가 많다. 그러나 우리가 그리스도 안에서 누리는 모든 축복 가운데 양자됨의 축복만큼 우리의 관심을 더 많이 사로잡을 만한 것은 없다. J.I. 패커는 양자를 "복음이 제공하는 가장 큰 특권, 곧 칭의보다 더 큰 특권"으로 이해했다.[6] 칭의는 의로운 재판관이신 하나님과 우리를 화해시키지만, 양자는 관대한 아버지이신 하나님과 우리를 재결합시킨다.

우리는 본질상 탕자였다. 우리는 창조주인 성부 하나님의 집과 그분의 축복을 버리고 떠났다. 우리는 교만하게도 아담 안에서 어리석은 짓을 저질렀다. 그러나 우리는 마침내 제정신을 차리고, 창조주께서 우리를 껴안고, 입 맞추고, 축복할 준비가 되어 있으시다는 것을

---

6) Packer, *Knowing God*, 206.

깨달았다(눅 15:11-32 참조). 그런 일은 어떻게 일어날 수 있을까? 그것은 오직 우리의 맏형이신 예수 그리스도를 통해서만 일어날 수 있다. 우리는 하나님의 영원하신 아들을 통해 입양된 자녀가 되었다. 성부께서는 성자를 사랑하신 그 사랑을 믿음으로 그리스도를 받아들인 자들에게 쏟아부으신다. 겸손한 자들은 그 사랑을 마음껏 누린다. 하나님의 사랑은 그들의 기쁨이자 면류관이다. 그것은 그들의 생명이고 힘이다.

그리스도를 지향하는 자기 인식을 소유한 사람은 자신이 그리스도 안에서 영원히 사랑받는 하나님의 자녀가 되었다는 것을 알 수 있다. 이것이 믿음으로 하나님이요 사람이신 그리스도를 바라보는 모든 사람의 참된 정체성이다. 그런 자아 인식을 소유하면 겸손해지지 않을 수 없다. 과분한 사랑과 말로 다 형용할 수 없는 은혜를 입었으니 그렇게 될 수밖에 없다. 하나님이 베푸시는 양자의 은혜를 이해하는 사람은 "하나님이 나를 이렇게 사랑하시는 것으로 보아 내가 그분께 꽤 큰 가치를 지닌 존재인 것이 틀림없어."라고 말하지 않는다. 하나님의 측량할 수 없는 사랑의 마음을 알게 된 사람은 "성부께서 내게 어떤 사랑을 베푸셨는지 보라. 지옥에 가야 할 마귀의 자식인 내가 천국에 가는 하나님의 자녀가 되었다."라고 외치지 않을 수 없다.

하나님과 올바른 관계를 맺은 자녀들

여기에서 "도대체 하나님은 어떻게 지옥에 가야 할 절망적인 죄인들을 자신의 거룩한 가족으로 받아들일 수 있으신 것일까? 그것은 그분의 도덕적 순수성을 훼손하는 것이 아닐까?"라는 중요한 질문이 하나 제기된다. 물론, 우리의 죄책을 정당하게 제거해 지옥행을 면하게 해줄 방법이 없다면, 그렇게 될 수밖에 없다. 지금까지 논의한 대로, 하나님의 의로운 아들께서 그 방법을 마련하기 위해 자기를 낮추셨다. 그리스도께서는 성부께서 자기에게 주신 자들을 대표해 그들의 죄책과 지옥의 형벌을 십자가 위에서 대신 감당하셨다. 그분은 무한한 가치를 지닌 희생을 통해 그들을 대신해 진노의 잔을 남김없이 들이키셨다.

양자의 영이 우리를 성자와 연합시킨 덕분에 우리는 그리스도의 삶과 죽음을 통해 확보된 모든 것에 참여할 수 있게 된다. 입양의 순간이 곧 칭의의 순간이다. 자애로운 구원자께서 우리를 자기 집으로 데려와서 모든 죄를 탕감해 주신다(롬 8:1).

그리스도와 그분이 이루신 구원 사역을 받아들여 의지하면, 하나님은 더 이상 우리의 죄를 기억하지 않으신다. 그분은 우리의 죄가 용서받았다고 선언하신다. 그리스도께서 모든 빚을 갚으셨기 때문에 우리의 도덕적 채무 장부에는 아무런 빚도 남아 있지 않다.

> "허물의 사함을 받고 자신의 죄가 가려진 자는 복이 있도다 마음에 간사함이 없고 여호와께 정죄를 당하지 않는 자는 복이 있도다"(시 32:1, 2).

그러나 하나님의 자녀들은 그리스도 안에서 깨끗하게 지워진 채무 장부를 소유하는 것만으로 끝나지 않는다. 하나님은 단지 그들에게 '무죄'를 선고하는 데 그치지 않고, 의롭다고 선언하신다. 신자들은 그리스도 안에서 "율법에서 난 것이 아니요 오직 그리스도를 믿음으로 말미암은" 의를 소유한다(빌 3:9). 믿음을 통해 죄는 우리에게서 사라지고, 그리스도의 의가 우리에게 전가된다. 데오도레 베자는 성령의 역사로 인해 생겨난 믿음으로 그리스도를 영접하면, "그분과 하나로 연합되어 그분이 지니신 선에 동참할 수 있게 된다. 그리스도의 의가 우리에게 주어지고 전가되기 때문에 우리는 하나님 앞에서 완전하게 되고, 의롭다고 인정받는다."라고 말했다.[7]

칭의의 의는 우리 외부에 있다. 그것은 그리스도의 의다. 그리스도께서 자기를 십자가에 못 박은 죄를 짓지 않으셨던 것처럼, 우리는 우리를 의롭게 하는 의를 행할 수 없다. 하나님은 법적으로 그리스도의 의를 우리에게 전가하신다(바울은 로마서 3장 21절-5장 21절에서 이 주제를 상세하게 다루었다). 그분이 죄인들에게 무죄를 선고하시는 이유는 그들이 그리스도 안에 있기 때문이다. "하나님이 죄를 알지도 못하신 이를 우리를 대신하여 죄로 삼으신 것은 우리로 하여금 그 안에서 하나님의 의가 되게 하려 하심이라"(고후 5:21).

칭의가 겸손을 고무하는 이유는 우리가 이루지 않은 것을 근거로 의롭다 함을 받기 때문이다. 우리는 율법의 형벌로부터 우리 자신을 구원할 능력도 없고, 율법의 명령에 온전히 복종할 능력도 없다. 우리가 의롭다고 인정되어 하나님의 가족으로 살게 된 것은 우리의 사람됨이나 행위의 결과가 아니다. 그리스도께서 우리의 의가 되신다. 따라서 그분께 모든 영광을 돌려야 한다.

사랑으로 주어지는 의의 선물을 받으면 그리스도를 사랑하는 마

---

7) See James T. Dennison Jr., *Reformed Confessions of the 16th and 17th Centuries in English Translation*, vol. 2, 1552 – 1566 (Grand Rapids: Reformation Heritage Books, 2010), 254.

음이 생겨나기 마련이다. 자신의 부패성을 의식하는 자들은 의로우신 성자를 보배롭게 여긴다. 죄인인 여인이 주님이 죽으시기 전에 기름을 부어 드린 이야기를 기억하는가? 그녀는 자신의 부패성을 절감했을 뿐 아니라 그리스도에게서 곤경에 처한 자신을 구원해줄 의로운 긍휼을 발견했다. 그녀는 향유가 담긴 귀한 옥합을 가지고 예수님께 다가와서 "그 발 곁에 서서 울며 눈물로 그 발을 적시고 자기 머리털로 닦고 그 발에 입 맞추고 향유를 부었다"(눅 7:38). 그리스도를 높이는, 참으로 놀랍도록 아름다운 겸손이 아닐 수 없었다. 그녀가 예수님을 많이 사랑했던 이유는 예수님이 그녀의 죄를 많이 용서해주셨기 때문이다(47절). 그녀는 자신의 죄와 하나님의 은혜를 의식하자 그리스도께 겸손히 헌신할 수밖에 없었다. 한때 교만한 바리새인이었던 바울 사도도 그런 사실을 잘 이해했다. 그는 그리스도의 의를 알고 나서 "모든 것을 해로 여김은 내 주 그리스도 예수를 아는 지식이 가장 고상하기 때문이라"(빌 3:8)라고 고백했다.

하나님의 자녀들은 자신의 종교적인 공로를 자랑하지 않는다. 그들은 인간의 공로와 인간 중심적인 희망을 의지하지 않는다. 그들은 오직 맏형이신 주님의 의를 통해서만 하나님의 자녀에게 주어지는 모든 특권을 누릴 수 있다고 믿는다. 그들은 그리스도 안에서 자랑한다.

하나님을 올바로 나타내는 자녀들

위탁 가정의 어린아이를 입양하기를 원하는 부부는 대부분 어려운 과정을 거친다. 위탁 가정의 어린아이는 이곳저곳으로 이동하는 경우가 많기 때문에 헌신적인 부모로부터 안정적인 보살핌을 받는다는 것이 무엇인지 알지 못한다. 그런 상태에서 이제 영구적인 가정에 입양되어 한 가족으로 사랑을 받게 되었다. 새 부모가 아이를 받아들여 사랑하는 이유는 아이가 행동을 잘해서가 아니다. 그들이 아이를 사랑하는 이유는 단지 아이를 사랑하기 때문이다. 그런 무조건적인 사랑을 생각하면, 입양이 완료된 이후부터는 행복한 생활이 계속될 것처럼 보인다. 그러나 사실은 그렇지 않다. 아이는 이전의 삶에서 겪은 경험을 그대로 지니고 있다. 아이가 새 부모를 신뢰하는 법을 배우고, 자기의 생각과 행동을 변화시키기까지는 상당한 시간이 걸리기 마련이다. 아이는 여러 번 집을 뛰쳐나갈 수도 있고, 거친 말과 행동으로 부모를 슬프게 할 수도 있다. 서류에 서명하는 순간, 아이는 가족의 일원이 되지만, 진정한 동화가 이루어지기까지는 오랜 시간이 필요하다. 새 부모와 사랑으로 연합해 살면서 어느 정도 세월이 흐르면 아이는 서서히 그들을 닮기 시작해 그들처럼 생각하고, 말하고, 행동하기 시작한다.

하나님은 그리스도와 연합한 우리를 새 가정으로 불러들여 새로운 삶을 허락함과 동시에 자기를 나타내는 삶을 살도록 우리를 변화시키신다. 그것이 인간이 하나님의 형상으로 창조된 목적이고, 하나님이 구원을 통해 우리 안에서 그 형상을 새롭게 회복하신 이유다(엡 4:24, 골 3:10). 성경은 이를 '성화(세상과 구별되어 하나님께 온전히 헌신하며 살도록 이끄는 성령의 사역)'로 일컫는다. 이 변화도 일반적인 입양과 비슷하게 첫 시작과 계속되는 과정으로 이루어진다. 우리가 하나님의 자녀로서 이루어야 할 성화는 '결정적이면서도 지속적인' 성격을 띤다.[8]

---

8) "결정적인 성화"라는 용어는 John Murray, "Definitive Sanctification," in *Collected Writings of John Murray* (Edinburgh: Banner of Truth, 1977), 2:277-84에서 가져온 것이다.

세상과의 분리는 우리가 그리스도와 연합하는 순간에 결정적으로, 단번에 이루어진다. 성경이 그리스도인들을 '성도,' 즉 '그리스도 안에서 거룩하여진 자'로 일컫는 이유가 바로 이것이다(고전 1:2. '성도'는 '거룩한 자,' 또는 '구별된 자'라는 뜻이다). 우리는 그리스도와의 연합을 통해 죄의 속박으로부터 구원받았다. "우리의 옛 사람이 예수와 함께 십자가에 못 박힌 것은 죄의 몸이 죽어 다시는 우리가 죄에게 종노릇하지 아니하려 함이니"(롬 6:6). 교만에 단단히 사로잡힌 탓에 하나님께 복종할 수 없었던 우리가 이제는 자유롭게 되어 자애로우신 창조주 앞에 겸손히 엎드리게 되었다. 우리는 속된 세상에서 벗어나 하나님의 가족이 되었다. 우리의 마음에는 하나님의 가족에게 적용되는 규칙이 새겨졌다(렘 31:33). 이 모든 것이 다 은혜로 이루어졌다. 입양된 아이가 스스로 위탁 가정을 벗어날 수 없는 것처럼, 우리도 죄의 권세로부터 우리 자신을 구원할 수 없다. 하나님은 우리를 그리스도 안에서 따로 구별하셨고, 우리의 마음에 자신의 율법을 새기셨다. 그분은 그리스도 안에서 죄에 대해 죽게 하셨다. 이런 결정적인 변화의 사역은 모두 그리스도 안에서 하나님의 은혜로 이루어진 것이기 때문에 그분이 모든 영광을 받으셔야 한다.

신자들은 단번에 죄에 대해 죽었지만(롬 6:11), '죄가 너희 죽을 몸을 지배하지 못하게 하여 몸의 사욕에 순종하지 말아야' 할 필요가 있다(12절). 성화는 일평생 계속된다. 우리는 더 이상 죄의 종이 아니지만, 우리 안에는 여전히 죄가 남아 있다. 교만했던 이전의 삶이 우리의 새로운 삶에 영향을 미친다. 우리는 종종 우리를 입양한 아버지를 신뢰할 수 있을지 의심할 뿐 아니라 때로는 새 가정을 떠나 아담 안에 있던 이전의 가정으로 되돌아갈 생각을 하기도 한다. 그러나 우리는 사랑으로 맺어진 하나님과의 영적 연합을 통해 서서히 변화된다. 우리는 가족의 규칙에 순응하기 시작하고, 우리의 아버지이신 성부와 만형이신 성자 안에서 즐거워한다. 하나님이 우리를 미리 사랑하신 목적을 이루기 위해 우리 안에서 역사하신다. "하나님이 미리 아신 자들을 또한 그 아들의 형상을 본받게 하기 위하여 미리 정하셨으니 이는 그로 많은 형제 중에서 맏아들이 되게 하려 하심이니라"(롬 8:29). 우리는 계획된 대로 하나님의 겸손한 자녀가 되기 위해 아래로 성장해 나간다.

겸손하신 그리스도께서는 우리의 변화를 위한 원동력이실 뿐 아니라 본보기가 되신다. 존 콜크혼은 이 점을 "그리스도께서는 우리가 살아가는 삶의 원칙이요, 따라야 할 삶의 본보기이며, 지향해야 할 삶의 목적이다."라고 아름답게 묘사했다.[9] 성부께서는 사랑의 보살핌과 가르침과 훈련을 통해 하나님을 부인했던 교만을 버리고 자기에게 온전히 헌신하도록 이끄신다(살전 5:23, 24). 하나님의 자녀가 된 신자들 안에서 그분의 형상이 점진적으로 회복된다. 하나님의 가족이 된다는 것은 곧 교만의 속박에서 벗어나 그리스도 안에서 거룩하게 되어 우리의 맏형이신 예수 그리스도의 겸손을 더욱더 닮아가는 것을 의미한다.

그리스도를 지향하는 자기 인식의 핵심

겸손, 즉 낮아지려는 성향이 가장 큰 덕목이자 하나님을 지향하는 자기 인식을 통해 생겨나는 것이고, 또 타락 이후에는 하나님을 지향

---

9) John Colquhoun, *A Treatise on the Law and the Gospel* (Grand Rapids: Reformation Heritage Books, 2009), 233.

하는 자기 인식이 그리스도를 지향하는 자기 인식일 수밖에 없다면, 우리가 생각해봐야 할 가장 중요한 물음 가운데 하나는 "그리스도를 지향하는 자기 인식의 본질이 무엇인가?"가 될 것이고, 그 대답은 이 책에서 지금까지 논의해 온 대로, "나는 성부의 영광을 높이 찬양하기 위해 그리스도 예수 안에서 의롭다 하심을 받고 거룩하게 된, 영원히 사랑받는 하나님의 자녀다."가 될 것이다.

나는 꽤 오랫동안 아침에 눈을 뜰 때마다 다른 여러 말과 함께 이 말을 되뇌곤 했다. 또한, 하루 동안 이런저런 일을 하다가도 나의 정체성을 재확인해야 할 필요가 있을 때면 이 말을 다시 떠올렸다. 이 말을 나의 영혼을 향해 아무리 자주 말해도 지나치지 않을 것이다.

우리가 주 예수님을 믿는 신자라면, 우리 자신을 '성부의 영광을 높이 찬양하기 위해 그리스도 예수 안에서 의롭다 하심을 받고 거룩하게 된, 영원히 사랑받는 하나님의 자녀'로 인식해야 한다.

이 말을 침실 거울에 적어 놓고, 자동차 대시보드에 붙여놓고, 매일 자신을 향해 말하라. 이 현실이 영혼 속에서 선명하게 떠오르게 하라. 이 한마디 말이 성령의 사역을 통해 우리의 마음에 갈수록 더욱 분명하게 각인된다면, 그 어떤 것보다 낮아지려는 겸손한 성향을 더욱 강하게 만드는 효력을 발휘할 것이다. 십자가에 못 박혔다가 다시 살아나신 하나님의 아들 안에서 우리의 것이 된 수많은 축복을 통해 드러난 하나님의 지극하신 사랑을 의식하면, 겸손하고, 공경한 태도로 그분을 사랑하지 않을 수 없다. 네덜란드 신학자 헤르만 비치우스는 "영혼의 구원을 위해 자기를 내주신 하나님의 엄청난 사랑을 믿음으로 옳게 이해하고, 그 참된 빛이 신자에게 그대로 드러난다면 상호적 사랑의 놀라운 불길이 활활 타오를 것이다."라고 말했다.

겸손이란 자애로운 창조주와의 사랑의 관계를 완전하게 회복하는 것을 의미한다. 그것은 오직 그리스도를 지향하는 자기 인식을 통해서만 이루어질 수 있다. '영원히 사랑받는 하나님의 자녀'는 낮아지려는 성향을 지닌다. 하나님의 다하지 않는 사랑이 우리를 낮아지게 하면, 우리의 영혼은 성부와 성자와 성령 안에서 사랑의 기쁨을 마음껏 누린다.

4부

교회적 겸손

우리는 헌신되고, 불완전하고, 선교적인 멤버들이다.

헌신된 멤버들

개인주의적인 문화가 우리에게 미치는 영향은 우리가 생각하는 것보다 훨씬 더 크다. 현대 문화는 공동체에 속하지 말고, 그것을 피함으로써 자기 자신을 찾으라고 부추긴다. 이것은 인류의 역사상 전례가 없는 상황이다. 팀 켈러는 "(우리 시대는) 가정이나 종교적 공동체를 비롯해 다른 모든 요구를 등지고 내면을 바라봐야만 우리 자신의 선택에 이를 수 있고, 우리의 참된 정체성을 결정할 수 있다고 주장한다." 라고 말했다.[1] 이것보다 인류를 더 크게 위협하는 것은 찾아보기 어렵다. 그러나 우리는 하나님이나 다른 사람들과 결별한 채로 자아실현을 추구해야 한다는 이런 급진 사상이 대중적인 기독교 사상에 깊숙이 침투한 상태라고 인정하지 않을 수 없다.

영화배우 크리스 프랫은 성적 성향과 성에 관한 성경적 견해를 옹호하는 교회에 다닌다는 이유로 빈축을 사자 "나의 신앙은 내게 중요하다. 그러나 어떤 교회도 나나 나의 삶을 규정할 수 없다. 나는 어떤

---

1) Timothy Keller, *Making Sense of God: Finding God in the Modern World* (New York: Penguin, 2018), 119.

교회나 어떤 집단의 대변자가 아니다. 나의 가치가 나의 정체성을 규정한다."라고 대답했다.[2] 프랫의 말을 신중하게 생각하지 않고 듣는 그리스도인들이 얼마나 많을지 궁금하다. 우리의 잠재의식 속에는 공동체를 통해 삶이 규정되는 것은 일종의 속박이나 다름없다는 생각이 깃들어 있다. 우리는 우리 외에는 아무도 대변하지 않고, 우리 외에는 그 누구도 우리를 대변할 수 없다는 생각, 곧 우리가 하나의 독립적인 개인이라는 생각에 쉽게 속아 넘어가는 경향이 있다.

겸손을 생각할 때도 그런 개인주의적인 사고 경향에 휩쓸릴 가능성이 있다. 비록 하나님을 대놓고 거부하는 문화에 굴복하지는 않더라도 그분을 지향하는 자기 인식을 '나와 하나님만의 종교'라는 식으로 생각하기 쉽다. 그러나 성경적 겸손은 그런 종교와는 전혀 무관하다. 하나님과의 관계를 통해 우리 자신을 안다는 것은 곧 다른 사람들과의 관계를 통해 우리 자신을 안다는 뜻이다. 아담 안에서 행위 언약 아래 있든, 그리스도 안에서 은혜 언약 아래 있든 홀로 단독으로 존재하는 사람은 아무도 없다. 하나님이 영원한 사랑으로 그리스도 안에서 우리를 자녀로 입양하셨다는 것은 곧 우리를 가족으로 불러들이셨다는 것을 의미한다. 우리는 "하나님의 권속"(엡 2:19)이다. 하나님의 가족이 우리를 규정하고, 우리는 하나님의 가족을 대변한다. 그리스도를 지향하는 자기 인식에서 비롯하는 낮아지려는 성향은 이런 사실을 결코 도외시하지 않는다.

---

2) Mohler, *Gathering Storm*, 26에 인용되어 있음.

헌신된 신자들

예수님은 승천하시면서 약 120명의 제자를 남겨두셨다(행 1:15). 그러나 그들은 주님이 떠나셨는데도 예상을 뒤엎고 뿔뿔이 헤어지지 않았다. 그들은 공통된 비전과 목적을 가지고 단단히 결속해 하나의 공동체를 이루었다. 오순절에 성령의 강력한 역사를 통해 수천 명이 믿음을 받아들였다. 그렇게 새로 신자가 된 사람들도 세례를 받고 나서 다른 곳으로 떠나지 않았다. 그들은 교회에 '더해졌다'(행 2:41). 교회에 더해졌다는 누가의 말은 '주께 더하여졌다'라는 말과 똑같은 의미였다(행 5:14, 11:24). 신약성경을 통해 알 수 있는 대로, 그리스도와 연합한 사람 가운데 그분의 몸과 연합하지 않은 사람은 단 한 사람도 없었다. 하나님의 자녀로 입양되었는데 그분의 집에 거하면서 다른 하나님의 자녀들과 어깨를 부딪치며 살지 않는다는 것은 더없이 큰 모순이 아닐 수 없다. 그리스도를 믿는 겸손한 신앙은 그리스도의 교회와 사랑으로 연합해 사는 열매를 맺는다.

그런 일이 오순절에 예루살렘에서 일어났다. 그리스도께서는 '구원 받는 사람을 날마다 더하게 하셨다'(행 2:47). 새 신자들은 단지 교회의 등록 명부에 더해진 것이 아니라 교회에 능동적으로 참여하는 멤버들이 되었다. "그들이 사도의 가르침을 받아 서로 교제하고 떡을 떼며 오로지 기도하기를 힘쓰니라"(42절). 하나님은 복음을 통해 그들을 겸손하게 하셨고, 그러자 그들은 그분의 집의 헌신된 신자들로 거듭났다.

'헌신된'이라는 용어는 매우 흥미롭다. 이 용어는 '어떤 일을 큰 노력을 기울여 계속해 나간다'라는 뜻이다.[3] 미리 사랑받아 대변자를 통해 자녀로 입양된 신자들은 교회에 온전히 헌신되었다. 그리스도를 믿는 그들의 믿음은 '나와 하나님만의 종교'로 귀결되지 않았다. 그들의 믿음은 '우리와 하나님의 종교'로 나아갔다.

겸손한 제물

우리가 성경을 읽는 방식을 살펴보면, 개인주의 문화가 우리의 인격 형성에 얼마만큼 큰 영향을 미쳤는지를 어느 정도 짐작할 수 있다. 예를 들어, 서구의 그리스도인들은 대부분 로마서 12장 1절("그러므로 형제들아 내가 하나님의 모든 자비하심으로 너희를 권하노니 너희 몸을 하나님이 기뻐하시는 거룩한 산 제물로 드리라 이는 너희가 드릴 영적 예배니라")를 개인의 인격적인 성화를 가리키는 의미로(즉 한 사람의 신자로서 나 자신을 하나님께 거룩하게 봉헌하라는 의미로) 읽는다. 물론, 그런 의미도 없지는 않다. 집단의 차원에서 이루어지는 기독교적 삶으로 인해 개인의 독특성과 책임이 파묻혀서는 안 된다. 그러나 바울은 로마서를 개인이 아닌 로마의 교회에 써 보냈다(롬 1:7). 그는 또한 하나의 '제물'을 일컬으면서 "형제들아"와 "너희 몸(들)"이라는 복수형을 사용했다. 그의 권고는 나의 개인적인 영성을 우선시하지 않는다. 그의 권고는 우리의 집단적인 영성과 더 근본적으로 관련된다. 교회는 사랑과 경외심으로 자애로운 창조주께 헌신하는 독특한 개인들로 구성된 몸이다.

로마서 12장 1절의 "그러므로"는 매우 중요하다. 바울 사도는 로마서의 열한 장에 걸쳐 이 책의 앞에서 논의한 진리들을 상세히 제시했다. 그는 피조물의 교만한 반역 행위와 하나님의 진노 아래 있는 절망적인 상태를 사실대로 포괄적으로 묘사했다(1:18-3:20). 그리고 나서

---

3) Louw and Nida, *Greek-English Lexicon of the New Testament*, 68.68.

그는 대표자인 예수 그리스도를 통해 이루어진 신자들의 칭의, 양자, 성화, 영화를 다루었고, 그 모든 것이 하나님의 영원한 사랑에 근거한다고 설명했다(3:21-8:39). 그는 계속해서 하나님의 지혜로운 계획을 통해 그분의 구원이 땅끝까지 이를 것이라고 강조했다(9:1-11:32). 그 모든 것을 언급하고 나자, 그는 하나님을 경외하는 마음이 솟구쳐 "깊도다 하나님의 지혜와 지식의 풍성함이여"(11:33)라고 찬양하지 않을 수 없었다. 그는 그리스도 안에 나타난 하나님의 영광을 생각하며 "사랑하는 교회여, 너희는 전에 교만에 단단히 사로잡혀 영원한 멸망으로 향하는 넓은 길을 내달렸다. 그러나 하나님이 예수 그리스도 안에서 너희를 구원해 자신의 가족으로 삼으셨다. 이것은 우연이 아니라 하나님의 영광을 찬미하게 하기 위해 그분의 영원한 계획에 따라 이루어진 일이었다. 그러므로, 너희 자신을 아낌없이 그분께 바쳐라."라고 권고했다.

그리스도를 지향하는 자기 인식에서 비롯하는 낮아지려는 성향은 하나님을 향한 전폭적인 헌신을 요구한다. 우리의 피조성과 부패성과 구원을 생각하면 제단 앞에 나가지 않을 수 없다. 교만은 자아의 제단 위에 하나님을 제물로 올려놓지만, 겸손은 하나님의 제단 위에 자아를 제물로 올려놓는다.

자기희생은 새 언약 아래에서의 근본적인 예배 행위에 해당한다. 〈새 킹 제임스 성경〉은 '영적 예배'를 '합당한 예배'로 번역했다(롬 12:1). 옛 언약 아래에 있던 예배자들은 희생 제물을 죽여 바치지 않으면 감히 하나님 앞에 나아갈 수 없었다. 우리의 경우는 하나님께 온전히 헌신하지 않으면 말과 기도와 찬양과 성례만으로는 하나님께 나아갈 수 없다. 우리의 삶을 겸손히 하나님께 바치지 않으면 성령과 진리로 그분을 예배할 수 없다.

당신은 하나님께 온전히 헌신한다고 말할 수 있겠는가? 하나님께 온전히 바치기 싫은 삶의 영역이 있는가? 하나님께 전부를 바치는 것이 주저되는 이유는 그분을 왜곡되게 바라보게 만드는 교만 때문이다.

겸손한 교회는 '자기들을 대신하여 죽었다가 다시 살아나신 이를 위하여 사는' 믿는 죄인들로 구성된 몸이다(고후 5:15). 이것이 그들의 삶을 떠받치는 토대요, 그들이 하는 모든 것의 토대다. 이것이 없으면, 모든 것이 헛될 뿐이다. 교회 안에서 겉으로는 활동이 분주하게 이루어져도 하나님을 지향하는 헌신이 없으면 그분의 축복을 경험할 수 없다. 하나님은 자신이 자기의 것이 아니라고 생각하고 살아가는 겸손한 사람들을 기뻐하고, 귀하게 여기신다(고전 6:19, 20). 하나님이 기뻐하시는 교회는 "주님, 주님의 값없는 은혜를 받은 저희가 여기 있나이다. 저희의 생각도, 마음도, 입술도, 손과 발도 모두 주님의 것입니다. 저희를 사용하시고, 저희 안에서, 또 저희를 통해 영광을 받으소서."라고 한목소리로 외치는 사람들로 이루어져 있다.

하나님 앞에서의 겸손은 그분에 대한 사랑과 경외심과 밀접하게 연관되어 있다. 그런 겸손을 지닌 사람들은 하나님께 온전히 헌신하기 마련이다.

겸손한 변화

하나님을 향한 헌신에는 그분의 말씀을 존중하는 태도가 포함된다. "하나님의 절대적인 주권에 복종한다는 것은 그분의 거룩한 말씀의 충족성과 권위를 존중하는 것을 의미한다."[4] 이것이 초대 교회가 사도들의 가르침에 전념했던 이유였다(행 2:42). 사도들은 성령의 영감을 받아 그리스도의 계시를 전하는 사람들이었기 때문에 그들의 말은 곧 하나님이요 사람이신 주님의 말씀이었다. 겸손한 교회는 그리스도의 영원한 말씀에 복종함으로써 그분의 통치에 복종한다.

우리 시대는 절대적인 진리를 알고 있다고 주장하는 사람의 이마에 '교만하다'라는 낙인을 찍는다. 그러나 "하나님의 말씀대로 그분을 믿는 것이야말로 그리스도인들이 할 수 있는 가장 겸손한 일이다."[5] 그리스도의 말씀을 부인하거나 그것을 상대화시키는 것은 가장 큰 교만이 아닐 수 없다. 교만은 "하나님이 참으로 그렇게 말씀하시더냐?"라고 묻기를 좋아한다. 그러나 그리스도 안에서 겸손한 자들은 조금도 주저하지 않고 성경에 기꺼이 복종한다.

교회는 말씀(특히 설교를 통해 전해지는 말씀)을 통해 형성되어 계속 변화되어 나간다(벧전 1:22-2:3).[6] 바울 사도는 "(너희의) 마음을 새롭게 함으로 변화를 받으라"고 당부했다(롬 12:2). 여기에서도 "변화를 받으라"라는 명령과 "너희의"라는 용어가 복수형으로 쓰였다. 이것은 개인을 향해 집에서 홀로 마음을 새롭게 변화시키려고 노력하라는 의미의 명령이 아니다. 이것은 교회를 향한 명령이다. 흥미롭게도, 이 명령은 수동적인 형태를 띠고 있다. 다시 말해, 우리에게 우리 자신이 하

---

4) Ian Hamilton, *What Is Experiential Calvinism?* (Grand Rapids: Refor-mation Heritage Books, 2015), 29.

5) Hutchinson, *Rediscovering Humility*, 49.

6) 설교를 통해 전해지는 말씀과 함께 모인 하나님의 백성 사이의 관계에 관해 좀 더 자세히 알고 싶으면 다음의 자료를 참조하라. Christopher Ash, *The Priority of Preaching* (Fearn, Ross-shire, Scotland: Christian Focus, 2009), 75 – 106.

지도 못하고, 할 수도 없는 일을 하라는 명령이 주어진 셈이다.

　이것은 선한 의도에서 이루어지는 흔한 관행을 통해 구체적으로 설명할 수 있다. 우리는 누군가가 병원에 입원했다는 말을 들으면 대개 '곧 회복하시오(Get Well Soon)'라는 문구가 적힌 카드를 보낸다. 한번 생각해 보자. 병원에 몸져누워 있는 사람에게 마치 스스로의 의지로 질병을 치유할 능력이 있기라도 한 것처럼 '곧 회복하시오'라고 말한다면, 그것이 얼마나 큰 위로가 되고, 도움이 되겠는가? 설혹 카드에 적힌 문구에 우리의 진심이 담겨 있다고 하더라도 결국은 하나의 명령일 뿐이다. 그것은 환자에게 스스로 할 수 없는 일을 하라고 명령하는 것과 같다. 만일 환자가 그렇게 할 수 있다면, 병원에 있지 않을 것이다. 이 이상한 관행이 어떻게 시작되었는지는 확실히 알 수 없지만, 나는 거기에 그 말을 수동적인 의미로 이해하기를 바라는 의도가 담겨 있다고 생각한다. 우리가 누군가에게 건강하라고 말하는 것은 의지력을 발휘해 스스로를 건강하게 만들라고 명령하는 의미가 아닐 것이 분명하다. 오히려 우리가 의도한 의미는 "당신은 지금 아픕니다. 걱정스럽습니다. 곧 건강해지기를 바랍니다. 병을 이겨내는 데 도움이 되는 일을 하시기 바랍니다. 채소를 먹고, 충분한 수면을 취하세요. 비타민도 챙겨 먹고요. 건강하세요."일 것이다.

　바울은 변화를 받으라고 명령하면서 우리에게 우리 자신을 변화시킬 능력이 없다는 것을 익히 알고 있었다. 오직 그리스도의 영만이 우리를 그리스도를 닮게 하실 수 있다. 그러나 교회는 '곧 회복하시오'라는 카드를 받은 환자처럼, 성령께서 변화의 수단으로 사용하시는 것(곧 마음을 새롭게 하는 말씀)에 순응해야 한다. 겸손한 목회자는 자신이 아무도 변화시킬 수 없다는 것을 잘 알고 있다. "심는 이나 물 주는 이는 아무것도 아니지만," 그는 결코 말씀의 씨앗을 뿌리고, 물을 주는 일을 게을리하지 않는다. 그 이유는 하나님이 그것을 통해 '자라게 하신다'는 것을 알기 때문이다(고전 3:7). 겸손한 교인은 말씀이 절실히 필요하다는 것을 기꺼이 인정하고, 읽거나 전하는 성경 말씀에 '적극적인 주의'를 기울인다.[7] 교회가 겸손히 선지자와 사도들의 말씀에 귀를 기울이면, 성령의 능력을 통해 점진적으로 변화가 이루어져 더 깊은 단계의 겸손으로 나아간다.

교회가 마음을 새롭게 하는 하나님의 말씀에 귀를 기울이는지 아닌지를 보여주는 가장 분명한 증거가 공적 예배를 통해 드러난다. 겸손한 교회의 주일 예배에 참석해 보면, 경박한 농담이나 흥미로운 영상과 같은 것은 전혀 없고, 오직 심령을 찌르는 순수한 그리스도의 말씀만을 발견할 수 있을 것이다. 그런 교회는 예배의 모든 요소가 복음을 지향하고, 복음으로 충만하다. 성경을 인용한 도덕 강연과 같은 설교가 아닌, 구체적인 성경 본문에 대한 강해와 설명과 예화를 통해 사람들의 심령에 하나님의 말씀을 적용하는 설교를 들을 수 있을 테고, 세례와 성찬과 같은 성례도 말씀을 보완하는 구체적인 표(signs)와 인(seals)의 역할을 해 하나님의 진리를 생생하게 깨닫도록 도와줄 것이며, 기도와 찬양도 모두 성경에 근거할 것이다. 하나님께 드리는 예배 안에 인위적인 것은 전혀 섞여 있지 않을 것이다. 겸손한 예배는 말씀을 의존하고, 말씀을 따르고, 말씀으로 충만하고, 말씀을 높이는 예배

---

7) '적극적인 주의'라는 용어는 John Piper, *Reading the Bible Supernaturally: Seeing and Savoring the Glory of God in Scripture* (Wheaton, Ill.: Crossway, 2017), 325–37에서 가져온 것이다.

를 가리킨다.

겸손한 하나님의 백성은 그분의 말씀에 전념한다. 그들은 "저희에게 말씀을 허락하소서!"라고 간절히 외친다. 우리의 교회들이 하나님이 기뻐 사랑하시는 대상이 되기를 원한다면, 말씀을 사모해야 한다. 하나님은 "무릇 마음이 가난하고 심령에 통회하며 내 말을 듣고 떠는 자 그 사람은 내가 돌보려니와"(사 66:2)라고 말씀하신다.

겸손한 간구

말씀에 대한 겸손한 헌신은 기도에 대한 겸손한 헌신과 밀접하게 관련된다. 시편 119편을 읽어보라. 시편 저자는 하나님의 계명을 진정으로 사랑했기 때문에 그분을 간절히 구할 수 있었다. 아마 성령 충만한 열정적인 기도는 그 어떤 것보다도 더 분명한 겸손의 척도일 것이 틀림없다. 교회가 하나님을 전적으로 의지하고, 그분과의 사랑의 교제를 통해 지속적인 만족을 얻으려고 한다는 것을 가장 분명하게 보여주는 것이 기도 외에 또 무엇이 있겠는가? 기도가 없는 곳에는 겸손도 없다. 웨인 맥은 "기도하지 않는 것보다 더 분명한 교만의 증거는 없다."라고 강조했다.[8] 기도를 귀하게 여겨 중시하지 않으면, 스스로 지혜롭게 여기고, 스스로 만족하려는 성향이 싹틀 수밖에 없다. 기도하지 않는 것은 곧 교만이 가득하다는 증거다. 그것은 성부의 사랑스러운 임재와 보살핌과 인도와 보호가 필요하지 않다는 망상에 사로잡혀 사는 것이다.

열정적인 영국의 복음 전도자 레너드 레이븐힐은 예언자적인 통찰

---

8) Mack, *Humility: The Forgotten Virtue*, 48.

력으로 "오늘날, 기도회는 교회 안에서 마치 신데렐라처럼 취급된다. 이 주님의 여종은 지성주의라는 진주로 치장도 하지 않고, 철학이라는 비단으로 화려하게 꾸미지도 않고, 심리학이라는 보석관을 쓴 매혹적인 자태를 보이지도 않는다는 이유로 사랑도 받지 못하고, 구애도 받지 못한다. 그러나 그녀는 진실과 겸손이라는 소박한 옷을 입었기 때문에 무릎을 꿇기를 겁내지 않는다."라고 말했다.[9] 기도회가 지금도 여전히 교회에서 신데렐라 취급을 받고 있는가? 슬프지만, 지금도 그런 것 같다. 오늘날의 교회들은 행사와 출판에는 열심이지만 기도의 열정은 그다지 강하지 않은 것처럼 보인다. 교회들은 끝없이 활동에만 전념할 뿐, 열정적인 기도에는 무관심한 듯하다.

초대 교회는 열심히 합심해서 기도했다(행 1:14, 2:42, 6:4). 그들의 기도회는 출석 교인의 20퍼센트 정도만 참여하는 30분간의 월례 기도회와는 거리가 멀었다. 하나님의 가족은 쉬지 않고 기도하는 가족이어야 한다. 바울은 교회를 향해 열심히 기도에 헌신하라고 거듭 명령했다.

- "기도에 항상 힘쓰라"(롬 12:12).
- "모든 기도와 간구를 하되 항상 성령 안에서 기도하고 이를 위하여 깨어 구하기를 항상 힘쓰며 여러 성도를 위하여 구하라"(엡 6:18).
- "기도를 계속하고 기도에 감사함으로 깨어 있으라"(골 4:2).

---

[9] Leonard Ravenhill, *Why Revival Tarries* (Bloomington, Minn.: Bethany House, 1959), 19.

이것은 제안이나 권고가 아니라 시대와 장소를 막론하고 모든 교회에 주어진 명령이다. 하나님은 자기 백성이 뜨거운 열정으로 쉬지 않고 기도하기를 바라신다. 물론, 열정적인 기도는 우리가 스스로 생각해 낸 것이 아니다. 그것은 하나님을 경외하는 겸손의 열매다. 하나님의 집이 기도하는 집인 이유는 하나님의 백성들이 그분이 없으면 자신들이 아무것도 아니고, 아무것도 할 수 없고, 아무것도 가질 수 없다고 생각하기 때문이다.

내가 매주 설교하는 강대상의 맨 위쪽에는 "내가 없으면 너는 아무것도 할 수 없다."라는 문구가 적힌 종이가 부착되어 있다. 설교자인 내가 가장 확실하게 기억해야 할 것을 생각하다 보니 이보다 더 중요한 것은 없는 듯했다. 그리스도의 영이 없으면 나는 무기력할 수밖에 없다. 그럴 경우는 단 한 사람도 하나님의 나라로 인도할 수 없다. 나는 나의 웅변력이나 논증만으로는 예배당에 나온 사람들을 조금이라도 거룩해지도록 이끌 능력이 없다. 내가 전적으로 그리스도를 의지하는 이유는 오직 그분만이 필요한 일을 이루실 수 있기 때문이다. 이것이 겸손의 자랑이다. 그리스도께서 모든 것이 되신다. 이것이 겸손한 교회가 기도에 헌신하는 이유다.

오직 그리스도께서만이 영적으로 죽은 죄인을 살리고, 깨어진 결혼 관계를 회복하고, 실패한 영혼을 일으켜 세우실 수 있다. 오직 그분만이 고난받거나 학대당하는 자들을 진정으로 위로하고, 자기 백성이 영적으로 성장하도록 이끄실 수 있다. 오직 그분만이 하나님 나라의 경계선을 확장하고, 자기 교회를 어둠의 세력으로부터 구하실 수 있다.

그리스도의 영의 임재와 능력이 없으면, 우리의 계획과 행사와 출판과 사역은 모두 헛되고 말 것이다. 정말로 그렇다고 믿는가? 실제로 그런지 아닌지를 확인하려면 우리의 기도가 어떤지를 보면 된다.

합심 기도를 얼마나 많이 하는가? 양이 아닌 질이 중요하다는 주장이 종종 제기된다. 그러나 신약성경을 주의 깊게 살펴보면 그렇지 않다는 것을 금세 알 수 있다. 물론, 기도의 질은 매우 중요하지만, 기도의 양도 그에 못지않게 중요하다. 겸손한 교회의 기도는 헌신적이고, 항시적이며, 견실한 특성을 띤다. 바운즈는 "잠깐의 방문으로는 하나님과 사귈 수 없다. 하나님은 건성으로나 성급하게 왔다가 사라지는 사람들에게는 선물을 베푸시지 않는다."라고 말했다.[10]

합심해서 기도할 때 하나님께 어떤 내용의 기도를 드리는가? 아무런 활력이 없는 기도회가 많은 이유는 육체적인 필요를 아무 생각 없이 나열하기 때문이다. 물론, 마음과 생각을 집중해 그런 것들을 구하는 것도 필요하다. 성부께서는 삶의 세세한 것들까지도 다 보살펴주신다. 겸손한 자들은 모든 것을 그분께 구한다. 그러나 그들은 기도의 가장 중요한 목적은 성부 하나님과의 사랑의 교제를 나누는 것이라고 믿는다. 그들은 하나님이 주시는 것들보다 그분을 더욱 간절히 사모한다. 그들은 그리스도를 통해 창조주께 가까이 나아가 그분의 영광과 아름다움을 즐거워하며, 그분의 선하심과 은혜를 찬양하고, 자신들의 실패와 죄를 고백하며, 물질적인 축복이 아닌 영적 축복을 먼저 간구한다. 그들은 하나님의 이름이 높임을 받고, 그분의 나라가 확장되기를 간구하며(마 6:9, 10), 타락한 세상을 향해 그리스도의 말씀을

---

10) *The Complete Works of E. M. Bounds on Prayer* (Grand Rapids: Baker Books, 1990), 460.

전할 수 있는 담대함과 능력을 구하고(행 4:23, 31), 복음을 온 세상에 전할 일꾼들을 보내달라고 기도한다(마 9:37, 38). 그들은 믿음 때문에 박해를 당하고 고난을 받는 형제자매들을 비롯해(히 13:3) 나라를 다스리는 정부 관리들을 위해 기도하고, 경건한 지도자들과 정의로운 법을 허락해 달라고 간구할 뿐 아니라(딤전 2:2), 성령의 조명을 통해 영적인 눈이 더욱 환하게 열려 그리스도와 그분의 사랑을 더욱 깊이 알게 해달라고 기도하고(엡 1:15-23, 3:14-19), 그리스도의 재림을 통해 하나님의 나라가 온전히 임하기를 간구한다(계 22:20). 겸손한 자들은 오직 하나님 외에는 아무도 이룰 수 없는 위대한 일을 구하는 것을 두려워하지 않는다. 그들의 기도는 한결같이 "우리 가운데서 역사하시는 능력대로 우리가 구하거나 생각하는 모든 것에 더 넘치도록 능히 하실 이에게 교회 안에서와 그리스도 예수 안에서 영광이 대대로 영원 무궁하기를 원하노라 아멘"(엡 3:20, 21)이라는 송영으로 끝을 맺는다.

그리스도를 지향하는 자기 인식에서 비롯하는 낮아지려는 성향은 그렇게 기도하지 않을 수 없다. 합심 기도가 교회 안에서 신데렐라 취급을 받는 이유는 교만 때문이다.

겸손한 사역

겸손한 교회는 일체성을 지닌다. 이 일체성은 획일성과는 거리가 멀다. 바울 사도는 교회의 일체성을 강조하고 나서(엡 4:4-6), "우리 각 사람에게 그리스도의 선물의 분량대로 은혜를 주셨나니"(7절)라고 말했다. 하나님의 가족은 다양한 인격과 성숙도와 은사와 역할을 지닌 자녀들로 구성되어 있다. 다양성 안에 일체성이 있고, 일체성 안에 다양성이 있다.

부활하신 그리스도께서는 자기 백성에게 다양한 방식으로 은사를 나눠주신다. 은사는 공로의 대가가 아닌 값없는 선물이다. 우리는 은사의 종류나 양에 대해 아무런 결정권이 없다. 그리스도께서 주권적으로 결정해 여러 가지 능력을 부여하신다.

　안타깝게도, 그리스도의 은사가 교만의 빌미가 될 때가 많다. 나는 공적 은사를 받은 사람으로서 이 점을 누구보다 잘 알고 있다. 매주 주일마다 내 영혼 안에서 싸움이 벌어진다. 내게 주어진 설교의 은사를 그리스도와 나 둘 중에 누구를 높이는 데 사용할 것인가? 사역자인 나도 하나님이 세우셨고, 복음도 그분이 허락하셨고, 그것을 전하는 은사도 그분이 주셨는데도 사람들의 칭찬을 받을 생각으로 말씀을 전할 때가 너무나도 많다. 바울 당시에도 '이기적인 야욕'(빌 1:16)으로 복음을 전했던 사람들이 있었다. 우리에게 주어진 공적 은사가 크든 작든 상관없이 항상 세심한 주의를 기울여 그것을 은사로 알고 사용해야 한다. 은사를 자랑해서는 안 된다. 오히려 은사를 주신 하나님께 감사와 찬양을 드려야 한다. 건강한 교회란 모든 지체가 그리스도께서 주신 은사를 그분의 영광을 위해 사용하는 교회를 가리킨다.

　은사를 사용하려면 올바른 자아 인식이 필요하다. "내게 주신 은혜로 말미암아 너희 각 사람에게 말하노니 마땅히 생각할 그 이상의 생각을 품지 말고 오직 하나님께서 각 사람에게 나누어 주신 믿음의 분량대로 지혜롭게 생각하라…우리에게 주신 은혜대로 받은 은사가 각각 다르니"(롬 12:3, 6). 우리의 은사를 사용해 그리스도를 섬기려면, 먼저 우리에게 주어진 은사를 감사히 받아들여야 한다. 교만하면 우리 자신을 올바로 평가하기가 어렵다. 교만은 크게 두 가지 방식으로 우리의 자기 평가를 왜곡시킨다.

1) 교만하면 우리 자신을 지나치게 높이 평가해 우리에게 실제로 주어지지 않은 은사를 주장하거나 스스로 더 좋은 은사를 받을 자격이 있다고 생각하며 그리스도께서 허락하신 은사를 불만족스럽게 여기게 된다.

2) 교만하면 우리 자신을 지나치게 낮게 평가해 그릇된 두려움과 불안감으로 인해 그리스도께서 주신 은사를 활용하지 않는 잘못을 저지르기 쉽다.

우리 자신을 지나치게 높게 평가하든 지나치게 낮게 평가하든, 우리를 그릇 평가한다는 점에서는 둘 다 똑같다. 그런 잘못을 저지르는 이유는 그리스도 앞에서 우리 자신을 바라보지 않기 때문이다. 교만에 사로잡혀 우리에게 주어지지 않은 은사를 원하거나 우리에게 주어진 은사를 활용하지 않거나 하면 교회의 생명에 해가 초래된다.

한 마디로, 겸손해야 한다. 겸손의 은혜는 그리스도께서 주신 은사를 발견해 그것을 힘써 발전시켜 그분을 섬기는 데 사용하도록 이끌어준다. 겸손한 사람은 "하나님이 내게 말씀을 전하는 은사를 주셨어."라거나 "하나님은 내게 교회를 다스리는 은사를 주셨어."라고 말하기를 주저하지 않는다. 우리는 그런 말을 교만하다고 생각하지만, 은사가 무엇인지를 알면 조금도 그렇게 생각하지 않을 것이다. 은사는 공로를 세웠거나 받을 자격이 있을 때 주어지는 것이 아니다. 따라서 자랑해야 할 이유가 전혀 없다. 그리스도께서 주신 특별한 은사를 받아들여 발전시키는 일은 교만과는 거리가 멀다. 그것은 그리스도의 영광 앞에서 우리 자신을 바라봤을 때 나타나는 자연스러운 반응일 뿐이다.

그리스도를 경외하는 헌신

이번 장에서 논의한 모든 내용은 '그리스도를 경외하라'라는 한마디로 요약할 수 있다. 낮아지려는 성향(겸손)은 항상 위를 향하는 성향(사랑에서 우러나는 경외심)과 짝을 이룬다. 참된 헌신은 사랑과 공경심에서 우러나는 경외심에서 비롯한다. 겸손한 자들이 그리스도와 그분의 말씀과 그분의 보좌에 헌신함으로써 자기를 거룩하게 구별하고, 변화를 이루려고 노력하고, 항상 기도에 힘쓰는 이유는 그들의 영혼이 복음 안에 나타난 그리스도의 영광과 아름다움에 온통 사로잡혀 있기 때문이다. 이것이 겸손의 효력이다. 겸손, 곧 온 마음을 바쳐 그리스도를 사랑하려는 태도는 그분의 교회 안에서 그분께 온전히 헌신하는 삶으로 이어지기 마련이다.

교회의 헌신된 지체인가? 겸손한 자들은 모두 그렇다.

불완전한 멤버들

나의 삶은 내가 아직 완전함에 도달하지 않았다는 사실을 끊임없이 상기시킨다. 예를 들어, 일과를 마치고 집으로 돌아가는 나를 생각해 보자. 피곤한 하루를 보낸 나는 지친 몸으로 자동차에 오른다. 라디오를 켜서 그 날의 뉴스를 듣지만, 세상의 온갖 혼란과 불확실성으로 인해 불안감만 더 커진다. 척추 지압원 앞을 지나칠 때는 허리 통증을 떠올리면서 자세를 좀 더 바로 해야겠다는 생각을 하기 시작한다. 그 순간, 무례한 여성 운전자가 느닷없이 내 앞에 끼어든다. 마음속에서 살의가 느껴지는 분노가 치밀어 오른다. 신호등 앞에서 멈추어 섰는데 노숙자가 강아지를 데리고 구걸용 글귀가 적힌 판지를 들고 있는 모습이 눈에 띈다. 나는 속으로 "음식을 사 먹을 돈도 없으면서 무슨 강아지를 돌본다고 저러는 거지?"라고 비아냥거린다. 마침내 현관 길에 들어선 나는 "주님, 몸과 마음이 다 지쳤습니다. 오늘 밤 아내와 아이들을 사랑하려면 주님의 도우심이 필요합니다."라고 기도한다. 이 모든 일이 불과 20분 만에 이루어진다. 만일 우리의 불완전한 상태를 끊임없이 상기하지 못한다면, 그것은 곧 우리가 교만의 잠에 취해 있기 때문이다.

내가 섬기는 교회는 "정통 장로교 교단(Orthodox Presbyterian Church)"에 속해 있다. 우리 교단 사람들은 종종 이 명칭의 첫 글자가 "하나뿐인 완전한 교회(Only Perfect Church)"를 나타낸다는 농담을 주고받는다. 항상 농담으로 하는 말이지만, 이따금 실제로 그렇게 믿는 사람들이 있는 듯한 생각이 들기도 한다. 그것이 바로 교만이다. 개인이든 공동체든, 교만이 스며들면 자신들에게 비판받을 만한 것이 아무것도 없다고 생각한다. 오직 완전한 것만이 비판을 초월한다.

그러나 교회든 교단이든 모두 다 불완전한 사람들로 이루어져 있다. 이것은 엄연한 현실이다. 우리는 아직 완전함에 도달하지 않았다. 우리가 그리스도 안에서 이미 받은 구원은 완전하지 않다. 물론, 우리가 그리스도 안에서 받은 사랑이나 하나님의 양자가 된 현실을 능가하는 것은 존재하지 않지만, "피조물이 고대하는 바는 하나님의 아들들이 나타나는 것이니"(롬 8:19)라는 말씀이 암시하는 대로, 우리의 양자 됨은 궁극적인 완성을 기다린다. "성령의 처음 익은 열매를 받은 우리까지도 속으로 탄식하여 양자 될 것 곧 우리 몸의 속량을 기다린다"(23절).

하나님의 자녀로 입양된 신자들의 현재 상태는 고투와 슬픔이다. 우리는 주님의 발자취를 따라가면서 영광에 이르기를 바라며 탄식한다. 데이비드 가너는 "양자가 되어 맏형이신 주님을 온전히 닮으려면 먼저 고난을 겪어야 한다. 먼저 고난받는 자녀가 되어야만 영화로운 자녀가 될 수 있다."라고 설명했다.[1] 면류관을 얻으려면, 그 전에 용광

---

1) David B. Garner, *Sons in the Son: The Riches and Reach of Adoption in Christ* (Phillipsburg, N.J.: P&R, 2016), 127.

로를 거쳐야 한다. 그러나 이 용광로는 은혜롭다. 그것은 하늘에 계신 성부의 사랑 가득한 마음에서 비롯하는 것이다. 그분은 죄와 고난을 이용해 자기 자녀들을 겸손하게 하신다.

우리의 영적인 불완전함

존 뉴턴은 자신을 '모순덩어리'로 묘사했다.[2] 이런 자기 인식은 내가 나의 영혼 안에서 발견하는 내적 모순과 일맥상통한다. "육체의 소욕은 성령을 거스르고 성령은 육체를 거스르나니 이 둘이 서로 대적함으로 너희 원하는 것을 하지 못하게 하려 함이니라"(갈 5:17). 나는 성부 하나님을 기쁘시게 해드리고 싶다. 은혜롭게도 양자의 영께서는 나의 마음속에서 그런 겸손한 갈망을 불러일으키신다. 그러나 육신, 곧 우리 안에 내주하는 교만의 원리가 항상 창조주를 사랑하고, 섬기려는 나의 노력을 좌절시킨다. 나는 성도이지만 아직 온전히 거룩해지지 않았다.

우리가 더 거룩해질수록 더 거룩하지 못하다고 느끼는 것은 참으로 큰 역설이 아닐 수 없다. 우리는 겸손해질수록 마음속에 더 큰 교만이 있음을 인식한다. 그리스도의 영광의 빛이 우리의 남아 있는 죄를 점진적으로 드러내면 우리는 더욱 낮아져 탄식하지 않을 수 없다.

하나님이 불러일으키시는 탄식

바울 사도는 로마서 7장 14-25절에서 이런 사실을 분명하게 보여주었다. 입양된 신자들이 내주하는 죄와 싸우는 상황을 이보다 더 자

---

2) John Newton, *The Works of John Newton* (Edinburgh: Banner of Truth, 1985), 6:98.

세하게 설명한 성경 본문은 찾아보기 어렵다.[3] 바울은 성령의 영감으로 기록된 율법의 거울에 자기 자신을 비춰보았다(14절). 이사야처럼 바울도 하나님을 지향하는 자기 인식으로 인해 자신이 처한 곤경을 강하게 표현했다.

- "나는 육신에 속하여 죄 아래에 팔렸도다"(14절).
- "내 속 곧 내 육신에 선한 것이 거하지 아니하는 줄을 아노니"(18절).
- "오호라 나는 곤고한 사람이로다"(24절).

바울의 어조는 매우 강하기 때문에 어떤 사람들은 '나'라는 화자가 과연 그리스도인인지 의심하기도 한다. 바울은 14절에서 자신을 죄와 동일시했지만, 곧바로 "이제는 그것을 행하는 자가 내가 아니요 내 속에 거하는 죄니라"(17, 20절)라고 자기와 죄를 따로 구별했다.

이런 사실을 어떻게 생각해야 할까? 바울은 자기 안에 존재하는 하나님을 거스르는 원리가 자신의 것이라고 인정했다. 그는 "하나님, 그것은 제 잘못이 아닙니다. 육신의 잘못입니다."라고 변명하지 않았다. 그는 자신의 죄에 대해 책임감을 느끼고 깊이 탄식했다. 그러나 그는 또한 자신이 그리스도 안에 있기 때문에 죄가 궁극적으로 자신을 규정할 수 없다는 것을 알았다. 교만은 더 이상 그의 정체성의 핵심도 아니었고, 그의 마음을 지배하는 성향도 아니었다. 그의 내면에 내주

---

3) 이 성경 본문이 제기하는 해석학적인 어려움은 매우 크고, 해석도 다양하지만 나는 바울이 그리스도 안에 있는 한 사람으로서 자신이 겪는 현재 상태를 언급하고 있다는 고전적인 아우구스티누스의 견해가 가장 설득력이 있다고 확신한다. 다음의 자료를 참조하라. Sinclair B. Ferguson, *The Holy Spirit* (Downers Grove, Ill.: InterVarsity, 1996), 156-62.

하는 죄는 그의 죄였지만, 그의 인격을 지배하는 원리는 아니었다. 오직 그리스도를 향하는 시선만이 그런 미세한 균형을 이룰 수 있지만, 불행히도 교회 안에서 그런 시선을 찾아보기가 매우 어렵다.

우리가 탄식하지 않는 이유

우리는 우리의 남아 있는 부패성의 깊이를 헤아리지 못하고 우리가 제법 훌륭하다고 생각하거나 하나님의 놀라운 은혜를 망각하고 남아 있는 부패성에 완전히 매몰되거나 둘 중 한쪽으로 치우치는 경향이 있다. 육신을 망각한 채 안일함에 젖는 것과 육신을 지나치게 의식하며 전전긍긍하는 것은 그 원인이 똑같다. 즉 그것은 그리스도를 바라보지 않기 때문이다. 창조주요 구원자이신 주님을 바라보지 않으면, 어떤 식으로든 피조물을 바라볼 수밖에 없다.

그렇게 인간을 바라보는 데서 기인하는 교만은 교회 안에서 종종 우리와 다른 교인들을 비교하는 것을 통해 그 모습을 드러낸다. 우리는 그리스도를 굳게 믿는 믿음으로 우리와 하나님을 비교하기보다 우리 자신을 굳게 믿는 믿음으로 우리와 다른 사람들을 비교함으로써 우월감을 느끼거나 비관에 빠지는 잘못을 저지른다.

- "나는 컴퓨터 게임이나 하는 사람들과는 달리 여유 시간에 신앙 서적을 읽어."
- "나는 포르노를 보는 습관이 있지만, 누구처럼 실제로 불륜을 저지르지는 않아."
- "누구처럼 그리스도를 담대하게 전했으면 좋겠어. 나는 내 믿음을 자신 있게 전하기가 어려워."

우리의 영혼 안에 존재하는 문제의 본질과 범위를 올바로 보지 못하는 이유는 피조물을 창조주보다 높이는 교만 때문이다. 그리스도의 아름다우심은 우리에게 동기를 부여하고, 그분의 능력은 죄와 맞서 싸울 수 있는 원동력을 제공한다. 교만은 그런 그리스도를 바라보지 못하게 함으로써 우리를 무기력하게 만든다. 존 오웬은 우리의 마음이 그리스도로 충만하면, "어떻게 죄가 그럴듯하게 위장된 쾌락과 설탕을 바른 독즙과 독을 바른 미끼를 가지고서 우리의 영혼에 다가올 수 있겠는가?"라고 말했다.[4]

겸손한 탄식

그리스도를 지향하는 자기 인식을 소유한 사람들은 현재의 영적 상태에 만족해하거나 낙심하지 않는다. 겸손한 자들은 그리스도 중심적인 자기 혐오를 느낀다. 이런 말은 적극적인 사고방식을 지향하는 현대인들에게는 우울하고, 절망적으로 들릴지 모르지만, 교회사를 살펴보면 그런 겸손한 탄식이 가장 뛰어난 성도들의 특징이었다는 것을 알 수 있다. 예를 들어, 미국인 선교사 데이비드 브레이너드의 일기에 보면 다음과 같은 내용이 발견된다.

• 1742년 4월 1일. "오, 하나님이 나를 땅속 깊이 낮추어 주신다면 더 바랄 것이 없겠다. 나를 사랑하사 나를 위해 자기를 내주신 주님을 더 많이 사랑하지 못하니 나는 매일 지옥에 가야 마땅하다. 내가 어

---

4) John Owen, *The Nature, Power, Deceit, and Prevalency of the Remainders of Indwelling Sin in Believers, in The Works of John Owen*, ed. William H. Goold (Edinburgh: Banner of Truth, 1966), 6:250.

떤 은혜든 새롭게 받아 누릴 수 있다면 그때마다 특별한 도움을 허락하신 모든 은혜의 하나님께 새롭게 빚을 지는 것과 같다…만일 내가 천국에 간다면 오직 하나님이 그렇게 원하시기 때문일 것이다. 나 스스로는 하나님에게서 도망치려고 한 것 외에는 아무것도 한 일이 없다."[5]

- 1742년 8월 30일. "오, 나는 하나님께 그 어느 때보다 더 큰 빚을 졌다. 나는 한순간도 마땅히 하나님을 위해 살아야 하는 만큼 그분을 위해 살지 못했다. 지금까지 믿음을 위해 한 일이 아무것도 없는 것 같아 보였다. 나의 영혼은 하나님을 위해 살고자 하는 강렬한 갈망을 느꼈다."[6]

로마서 7장을 읽는 것 같지 않은가? 이런 식으로 말하는 소리를 마지막으로 들어본 적이 언제인가? 왜 우리의 일기에서는 은혜가 충만한 이런 고뇌의 울부짖음이 발견되지 않는 것일까? 그 이유는 우리의 영혼이 우리를 사랑하사 자기를 내주신 하나님의 아들을 바라보지 않기 때문이다.

바울과 브레이너드가 자신을 낮게 평가한 이유는 그들의 정체성이 육신이 아닌 그리스도 안에 근거하고 있었기 때문이다. 그들은 그리스도를 더욱 깊이 알아갈수록 자신의 가장 훌륭한 행위조차도 육신의 부패성에 오염되었다는 사실을 더욱 분명하게 의식했다. 하나님이 중

---

5) *The Life and Diary of David Brainerd*, ed. Jonathan Edwards (Grand Rapids: Baker Books, 1989), 75.

6) *Life and Diary of David Brainerd*, 96.

보자를 통해 그들을 위해 모든 것을 이루어주셨는데도 그들은 여전히 자아를 높이고, 사랑하려는 성향을 완전히 떨쳐내지 못했다. 그것이 겸손한 탄식을 토해내게 만들었다. 옥타비우스 윈슬로우는 "경건한 신자들을 그 어떤 생각보다 더 겸손히 낮아지게 만드는 생각이 있다면, 그것은 바로 하나님이 자신을 위해 모든 것을 해주셨는데도(곧 은혜를 풍성하게 베풀어주고, 인내와 온유함으로 가르치고, 언약의 징계를 반복해서 베풀고, 사랑의 표징들을 허락하고, 경험을 통해 교훈을 깨닫게 해주셨는데도) 여전히 그분에게서 벗어나려는 은밀하고, 지속적이고, 경악스럽기 그지없는 원리가 자신의 마음속에 존재한다는 의식일 것이다."라고 말했다.[7]

탄식하는 교회

남녀노소를 막론하고 모두가 바울과 브레이너드와 같은 신자들로만 이루어진 교회가 어떤 모습일지를 상상하기는 매우 어려울 것이 틀림없다. 그러나 그것이 교회의 전형이 되어야 한다고 말한다면 너무 지나칠까? 아니다. 겸손을 통해 아래로 성장하는 교회는 자신의 부패함과 불완전함을 갈수록 더욱 분명하게 의식하는 신자들로 구성되어 있다. 그로 인해 집단적인 차원의 탄식이 이루어지면, 여러 가지 복된 결과가 나타나기 마련이다.

첫째, 교회 안에서 사랑의 연합이 이루어진다. 겸손은 다른 방식으로는 전혀 볼 수 없는 마음의 부패성을 볼 수 있게 해준다. 뉴턴은 "성령을 통해 확신과 깨달음을 얻어 다른 사람들의 죄보다 자신의 죄의

---

7) Octavius Winslow, *Personal Declension and Revival of Religion in the Soul* (Edinburgh: Banner of Truth, 2021), 1.

본질과 심각성과 가짓수를 더욱 분명하게 의식하는 사람들은 대부분 중대한 죄를 짓지 않게끔 보호받지만, 정작 당사자인 본인은 스스로를 죄인의 괴수로 여긴다."라고 말했다.[8] 스스로를 '죄인의 괴수'로 여기는 사람들은 다른 사람들의 결함과 실패는 신속히 잊어버린다. 그들은 자신들이 한없이 교만한데도 그리스도께서 늘 인애를 베풀어 주시는 것에 놀란다. 그 덕분에 그들은 "부르심을 받은 일에 합당하게 행하여 모든 겸손과 온유로 하고 오래 참음으로 사랑 가운데서 서로 용납하고 평안의 매는 줄로 성령이 하나 되게 하신 것을 힘써 지킨다"(엡 4:1-3).

둘째, 교회 안에서 사랑의 복종이 이루어진다. 그리스도께서는 '(신자들의) 영혼을 위하여 경성하기를 자신들이 청산할 자인 것 같이 하는' 장로들을 통해 자기 교회의 멤버들을 다스리신다(히 13:17). 우리 교단에 속한 교회의 교인이 되려는 사람은 "교회의 예배와 섬김에 충실하게 참여하고, 주님 안에서 교회의 다스림에 복종하며, 혹시 교리나 삶과 관련해 죄를 지은 것으로 드러났을 때는 교회의 권징에 주의를 기울이기로 약속하십니까?"라는 질문을 받는다.[9] 이것은 경솔하게 대답해서는 안 될 진지한 질문이다. 그릇된 길로 치우치려는 성향과 자아를 신격화하려는 무모한 태도를 절실히 의식하는 사람들은 쉽게 대답할 수 있다. 그들은 하나님의 자애로운 사랑이 자기들을 책임 있게 다루는 장로들을 통해 나타난다고 믿기 때문에 겸손하게 복종한

---

8) Newton, *Works*, 5:173.

9) *The Book of Church Order of the Orthodox Presbyterian Church*, 2020 ed.(Willow Grove, Pa.: Orthodox Presbyterian Church, 2020), 158.

다(벧전 5:5). 겸손한 자들은 교회의 권징을 제정하신 그리스도를 찬양한다. 그들은 신자의 책임을 일깨우는 교회가 없는 삶을 두렵게 생각한다.

셋째, 교회 안에서 사랑의 제자도가 이루어진다. 우리의 죄를 깊이 깨달을수록 죄에 대한 증오심과 그것을 극복하려는 열망이 더욱 커진다. 이것이 바울 사도가 "오호라 나는 곤고한 사람이로다 이 사망의 몸에서 누가 나를 건져내랴"(롬 7:24)라고 부르짖었던 이유이자 데이비드 브레이너드가 "나의 영혼은 하나님을 위해 살고자 하는 강렬한 갈망을 느꼈다."라고 말했던 이유였다.[10] 거룩해지기를 간절히 바라는 교회는 제자도를 진지하게 받아들인다. 성숙한 멤버들은 그리스도를 더욱 닮아가도록 서로를 끊임없이 격려하며, 덜 성숙한 멤버들에게 겸손하게 다가가서, 변화를 일으키시는 그리스도의 영과 말씀을 통해 성장하도록 돕는다.

간단히 말해, 겸손을 통해 아래로 성장하면 사랑을 통해 위로 성장하는 결과가 나타나기 마련이다. 〈웨스트민스터 신앙고백〉13장 2항은 성령과 육신 사이에서 '화해될 수 없는 지속적인 싸움'이 벌어진다고 말했다. 이 사실을 겸손히 인식하면 자기희생이라는 사랑의 열매를 맺을 수 있다. 사랑은 겸손한 영혼과 겸손한 교회의 생명소다.

지혜가 뛰어나신 하나님은 우리의 남아 있는 부패성을 이용해 우리를 더욱 낮추신다. 그분은 우리가 비록 불완전하더라도 자신의 놀라운 사랑을 깨달아 다른 멤버들에게 그 사랑을 나타내도록 이끄신다.

---

10) *Life and Diary of David Brainerd*, 96.

우리의 육체적 불완전성

몇 달 전, 나는 책꽂이에서 J.I. 패커가 쓴 책을 한 권 꺼냈다. 한동안 나는 그 책의 제목이 "방해가 되는 연약함(Weakness in the Way)"이라고 생각했다. 그것은 나의 상황에 잘 어울리는 제목이었다. 연약함은 장애 요인이다. 고난은 극복해야 할 것이다. 시련은 우리를 방해하는 필요악이다. 그러나 그 작은 책을 꺼내 들던 그 날, 내가 줄곧 그 책의 제목을 잘못 알고 있었다는 사실이 드러났다. 그 책의 제목은 "방해가 되는 연약함"이 아닌 "연약함이 곧 길이다(Weakness Is the Way)"였다.[11] 책 제목을 잘못 읽는 실수를 통해 하나님이 나의 그릇된 생각을 깨우쳐주신 놀라운 순간이었다.

세상은 약점을 제거하고, 고난을 최소화하는 것이 기쁨과 생명에 이르는 길이라고 강조한다. 권력이 길이고, 아름다움이 길이고, 건강이 길이고, 부와 성공이 길이다. 그러나 그 책에서는 연약함이 길이다. 이는 이 세상과는 전혀 다른 사고방식이 아닐 수 없다. 패커는 그런 이상한 개념을 어디에서 발견했을까? 그는 그것을 성경에서 발견했다. 연약함이 길인 이유는 겸손이 길이기 때문이다. 하나님이 우리의 고난을 거룩하게 하시면, 우리 안에서 그리스도를 높이는 겸손한 마음이 생겨난다.

하나님의 거룩하게 하시는 사역을 간과해서는 안 된다. 모든 고난이 다 겸손으로 이어지는 것은 아니다. 말기 뇌종양 진단을 받았다고 해서 저절로 그리스도를 지향하는 자기 인식에서 비롯하는 낮아지려

---

11) J. I. Packer, *Weakness Is the Way: Life with Christ Our Strength* (Whea-ton, Ill.: Crossway, 2013).

는 성향이 생겨나는 것은 아니다. 대공황을 겪었거나 아우슈비츠에서 살아남았다고 해서 반드시 겸손해지는 것은 아니다. 사실, 고난은 교만을 더욱 강화할 가능성이 있다. 고난은 하나님을 향해 분노하며 주먹을 휘두르게 만들 수 있을 뿐 아니라 실제로 그렇게 할 때가 많다.

- "하나님이 나를 진정으로 사랑하신다면 이런 시련을 겪게 하지 않으실 거야."
- "남편과 젖먹이 아들을 앗아간 사고를 막아주지 않으신 것으로 보아 하나님은 선하지 않거나 존재하지 않는 것이 분명해."

고난은 우리의 마음속에서 사악한 교만의 불길을 지필 수 있다. 고난은 성령의 역사가 있을 때만 비로소 우리를 겸손하게 만드는 수단이 될 수 있다. 내가 말하려는 고난은 단순한 고난이 아닌 '거룩하게 하는 고난'이다. 이 고난은 우리를 그리스도께로 인도한다. 바울 사도는 자신의 개인적인 경험을 통해 우리에게 많은 것을 가르쳤다.

거룩하게 하는 고난은 자만심에서 벗어나게 한다

바울은 하나님이 육체의 '가시'를 주어 자기를 괴롭게 하셨다고 말했다(고후 12:7). 바울이 분명하게 언급하지 않았기 때문에 자칫하면 하나님이 그런 고통을 허락한 장본인이시라는 사실을 간과할 수 있지만, 바람직하지 않은 고통스러운 고난이 주어진 이유를 설명한 바울의 말을 주의 깊게 살펴보면 그 사실이 분명하게 드러난다. 그는 '너무 자만하지 않게 하시려고' 자기에게 고난이 주어졌다고 두 번이나 말했다(7절). 그는 상상을 초월하는 천국의 환상을 보았다. 이 놀라운 영적 경험은 그의 자만심을 한껏 부추길 가능성이 있었다. 따라서 그를 겸손하게 하기 위해 날카로운 고통이 주어졌다. 그 배후에는 사탄의 역사가 있다(바울은 그것을 '사탄의 사자'로 일컬었다). 그러나 사탄의 목적은 바울을 교만에 빠지지 않게 하는 것이 아니라 교만하게 만드는 것이었다는 점을 기억한다면, 그것을 허락한 장본인이 따로 있다는 것을 분명하게 알 수 있다. 바울의 자애로운 하나님은 영적 번영의 위험을 알고, 교만하지 않게 하려고 그에게 고통을 허락하셨다.

존 플라벨의 말을 빌리면, 축복의 섭리가 우리를 찾아와서 영적으로나 물리적으로 번영을 구가할 때 우리의 마음은 "안일하고, 교만하고, 세속적인 성향을 띠기 쉽다." 그는 "번영을 누리면서도 겸손한 사람은…세상에서 가장 보기 드문 사람 가운데 하나다."라고 말했다.[12] 이 말이 사실임을 입증하는 증거를 찾기는 그리 어렵지 않다. 우리의 마음을 한번 들여다보자. 악을 저지를 가능성이 우리 안에 남아 있다는 것을 옳게 이해한다면, 고통보다 번영을 더 두려워하게 될 것이 틀림없다.

이스라엘 백성이 배교한 이유도 번영할 때 교만했기 때문이었다. 하나님은 자기와 언약을 맺은 그들을 이렇게 꾸짖으셨다.

> "내가 광야 마른 땅에서 너를 알았거늘 그들이 먹여 준 대로 배가 불렀고 배가 부르니 그들의 마음이 교만하여 이로 말미암아 나를 잊었느니라"(호 13:5, 6).

---

12) John Flavel, *Saint Indeed, in The Works of John Flavel* (Edinburgh: Ban-ner of Truth, 1968), 5:437.

이스라엘의 역사를 간단명료하게 요약한 말씀이 아닐 수 없다. 이것이 하나님이 새 언약의 백성을 고난받는 백성으로 만드시는 이유다. 그분은 우리가 교만에 치우쳐 하나님을 잊기 쉬운 성향을 지녔다는 것을 잘 알고 계신다. 그분은 우리를 우리 자신에게서 구원하기 위해 은혜로운 축복에 간간이 고난을 섞으신다.

거룩하게 하는 고난은 자기충족성에서 벗어나게 한다

바울은 가시를 없애달라고 하나님께 기도했다(고후 12:8). 그는 고난을 달가워하지 않았다. 우리에게도 고난을 달가워하라고 말하지 않았다. 고난은 항상 부자연스럽고, 바람직하지 않다. 세상은 본래 고난을 겪도록 창조되지 않았다. 이것이 세상이 탄식하며 구원을 갈구하는 이유다. 하나님은 때때로 그런 탄식을 듣고 구원을 베풀기도 하지만, 바울의 구원자이신 그리스도의 십자가를 없애주지 않은 것처럼 그의 고난도 없애주지 않으셨다. 오히려 그분은 "내 은혜가 네게 족하도다 이는 내 능력이 약한 데서 온전하여짐이라"(9절)라고 말씀하셨다. 바울은 고통을 없애달라고 하나님께 끈질기게 간구했지만, 그분은 "아니다. 이 고통을 없애는 것보다 네게 줄 훨씬 더 좋은 것이 있다. 그것은 바로 모든 것을 충족시키는 나의 은혜다."라고 대답하셨다.

만성적인 고통, 실직, 사랑하는 사람의 죽음, 인간관계로 인한 괴로움, 불치병, 일상 속에서 겪는 수많은 시련 등, 하나님의 섭리를 통해 주어지는 가시들은 우리의 연약함과 무력함을 상기시키는 그분의 사자들이다. 성부께서는 고난을 이용해 우리 자신의 힘을 의지하려는 교만한 성향으로부터 우리를 구원하신다. 그러나 하나님은 우리가 단지 우리의 연약함을 아는 데 그치지 않고, 하나님의 능력을 알기를 바라신다. 하나님이 크고 작은 고난을 자기 자녀들에게 허락하시는 이유는 자아를 버리고 그리스도께로 나아가게 하기 위해서다. 연약함이 길인 이유는 그리스도의 능력의 손을 붙잡도록 도와주기 때문이다. 연약함은 그리스도를 지향하는 자기 인식을 싹틔운다. 바울은 "나의 여러 약한 것들에 대하여 자랑하리니 이는 그리스도의 능력이 내게 머물게 하려 함이라"(고후 12:9)라고 말했다.

거룩하게 하는 고난이 교회에 임하면, 업적이나 공적이나 경험이나 능력을 자랑하려는 경향이 사라진다. 교회가 오히려 자기를 연약하게 만드는 것을 자랑하기 시작하는 이유는 그리스도의 부활의 능력이 십자가를 통해 드러난다는 사실을 깨닫기 때문이다. 그런 교회는 세상을 향해 자신의 힘을 보여주려고 애쓰지 않고, 그리스도의 강한 팔이 드러나 자신의 물리적, 심리적, 경제적 연약함을 감싸주기를 바라며, 오직 자신의 맏형이신 주님만이 하실 수 있는 일을 하기 위해 그분께 온전히 의지한다.

거룩하게 하는 고난은 자기 지혜에서 벗어나게 한다

당신은 혹시 "다 좋은 말이지만, 우리를 겸손한 의존자로 만들 더 나은 방법이 있지 않을까? 꼭 고난을 받아야 하나?"라고 생각하는지도 모르겠다.

바울 사도는 그런 의문을 전혀 떠올리지 않았다. 그는 고난을 당연시했고, 온전히 만족했다. 그는 연약함, 모욕, 시련, 박해, 재난 등 모든 것을 만족하게 여겼다(고후 12:10).

불평은 우리가 하나님보다 더 잘 알고 있다고 생각할 때 생겨난다. 타이어가 찢어져 하루를 망치게 되었다고 분통을 터뜨리는 순간, 불평이 생겨난다. 그 날에 특별히 생산적인 하루를 보낼 계획을 세웠지만, 하나님은 다른 계획이 있으셨다. 그분의 계획은 견인차와 타이어 교체에 수십만 원을 쓰며 많은 시간을 정비소에서 보내게 하는 것이었다. 불평은 "맙소사! 하나님. 지금 이런 일이 일어나서는 안 돼요." 라고 생각할 때 생겨난다. 그것은 나를 지혜자, 곧 지혜와 진리의 근원으로 생각할 때 생겨나고, 나를 지혜롭게 여길 때 생겨난다. 그러나 자애로우신 하나님이 고난을 이용해 자만심과 자기충족성에서 우리를 건져내신다는 사실을 깊이 이해하면 할수록 우리의 만족감도 더 커지기 마련이다. 그렇게 되면, 우리가 아닌 하나님이 가장 좋은 길을 알고 계신다는 사실을 깨닫기 시작한다. 하나님은 최선의 목적을 달성할 최선의 수단이 무엇인지 알고 계신다. 그분은 자기 자녀들의 삶에 항상 번영과 위로와 안락함만이 가득하면 어떤 일이 초래될 것인지를 잘 알고 계신다.

나는 오랫동안 좋지 않은 자세를 유지해 왔다. 나는 항상 구부정한 자세로 앉는다. 몇 달 전, 자세를 고치지 않으면 앞으로 허리와 목에 문제가 생길 것이라는 생각이 들었다. 그때부터 인근 지압원에서 자세 교정 치료를 받아왔다. 척추 지압사는 며칠 동안 내게 고통스러운 지압을 시도했지만, 나는 "이봐요, 이 멍청한 사람아. 그렇게 거칠게 하지 말아요."라고 소리치지 않았다. 나는 내 자세를 교정하는 법을 알지 못한다. 그는 척추를 연구하는 데 일생을 바쳐온 사람이다. 그는 그 방면의 전문가다. 나는 척추 지압에 관한 한 그의 지혜로운 처분을 따라야 한다. 그가 나보다 더 잘 알고 있다고 믿는다면, 그가 필요하다고 생각하는 고통을 기꺼이 감내해야 한다. 실수를 저지를 수 있는 인간이 나의 자세를 교정하는 것도 기꺼이 받아들여야 한다면, 절대로 실수하지 않으시는 하나님이 나의 교만한 태도를 교정하시는 것은 더더욱 기꺼이 받아들여야 하지 않겠는가? 하나님은 그 일을 하는 가장 좋은 방법을 알고 계시고, 그 일은 종종 고통을 수반한다.

성경은 교회를 향해 고난이 세상에서 우리에게 주어진 운명이라고 말씀한다. 고난이 닥쳐도 놀라서는 안 된다. 그것은 하나님이 자기 자녀들을 겸손한 공동체로 만들어 자기의 능력을 온전히 의지하도록 이끄시는 수단이다. 교회가 큰 박해의 시대에 번성하고 발전하는 이유를 생각해 본 적이 있는가? 그 이유는 하나님이 그런 시련들을 축복의 수단으로 사용하실 때 그리스도를 지향하는 자기 인식에서 비롯하는 낮아지려는 성향을 지닌 사람들이 양성되기 때문이다.

우리의 불완전함을 기꺼이 인정하자

이번 주일에는 교인들을 한 번 찬찬히 살펴보라. 말끔하게 면도를 하고, 가장 멋있게 차려입은 외모 밑에 겸손하게 하는 성령의 사역에 저항하는 교만이라는 처참한 질병이 숨겨져 있다. 활짝 웃는 웃음의 이면에는 말로 표현할 수 없는 고통과 슬픔이 감추어져 있다. 우리는 이런 사실을 얼마나 쉽게 잊어버리는지 모른다. 우리는 교만하게도 우리 자신이 아무런 문제가 없다는 식으로 보이게 하려고 애쓴다. 이것이 우리가 하나님이 바라시는 대로 서로를 사랑으로 섬기는 일을 할 수 없는 이유다.

하나님의 자녀들은 이 세상에서 모두 불완전한 멤버들일 뿐이다. 그들은 불완전한 것들로 가득 차 있다. 그러나 그것이 핵심이다. 죄인들과 고난받는 자들이 함께 모이는 이유는 그들 자신의 완전함이나 능력이 아닌 그리스도의 완전함과 능력 때문이다. 육체와 영혼의 불완전함은 완전한 위엄을 지니신 주님 앞에서 스스로를 더욱 겸손히 낮추고, 서로를 사랑으로 섬기도록 이끄는 역할을 한다.

선교적인 멤버들

복음 전도! 나 같은 사람이면 누구나 이 말을 들으면 깜짝 놀라 움츠러들 수밖에 없을 것이다. 이 말은 복잡한 감정과 불편한 생각을 유발시킨다. 손바닥에서는 땀이 나고, 입에서는 온갖 변명이 튀어나온다. 이 말을 듣고 기뻐 소리를 지를 사람은 찾아보기 어려울 것이 분명하다. 그 이유는 무엇일까?

우리가 움츠러드는 이유는 복음 전도가 남용되는 광경을 종종 목격했기 때문일 수 있다(예를 들어, 거리의 전도자는 성난 표정으로 "하나님은 당신들을 미워하십니다."라고 외친다). 또한, 우리가 움츠러드는 이유는 복음 전도를 편협한 시각으로 바라보기 때문일 수도 있다(예를 들어, 우리는 "거리에 나가 전도지를 나눠주며 말씀을 전해야 해."라고 생각할 수 있다). 그러나 우리가 움츠러드는 가장 큰 이유는 자기를 섬기려는 교만 때문이다.

복음 전도는 거북하다. 그것은 겸손하지 않은 세상 사람들에게 겸손하신 그리스도를 전하는 것이다. 이 메시지를 전할 때 적대감에 부딪히는 이유는 겸손하지 않은 사람들이 예수 그리스도의 절대적인 주권 앞에 죄인의 신분으로 엎드리는 것을 좋아하지 않기 때문이다. 인간의 타락한 상태를 고려하면, 복음 전도는 십자가 형상처럼 생겼다.

십자가는 우리를 움츠러들게 한다. 그러나 교회가 주님을 따르려면 이 십자가를 기쁨으로 받아들여야 한다.

그리스도의 중보 사역의 영광 앞에서 자기를 바라보는 겸손한 사람들만이 복음 전도의 일을 할 수 있다. 복음 전도도 겸손처럼 활동이 아닌 정체성의 문제와 밀접하게 관련된다. 우주의 왕이신 주님은 단지 우리에게 증언의 행위만을 요구하지 않으신다. 그분은 우리를 자신의 증인으로 부르신다.[1] 이것은 참으로 놀라운 사실이 아닐 수 없다. 그리스도께서는 자기가 하나님 앞에서 대변하는 자들을 불러 세상 앞에서 자기를 대변하게 하신다. 겸손한 자들은 그런 부르심을 자랑스럽게 여기고, 십자가를 지고 주님을 따른다. 그들은 '삶의 과정의 한 부분으로서 복음을 나누는 일에 헌신하는 사랑의 공동체'에 속한 선교적인 멤버들이다.[2]

선교적인 교회의 겸손한 목적

목회자인 나는 강압적으로 위협하거나 죄책감을 느끼게 만드는 것이 교인들에게 복음 전도를 고무하는 효과적인 방법이 될 수 없다는 것을 잘 알고 있다. 하나님 나라에 대한 증언은 잃어버린 자들을 찾고, 그리스도의 통치가 확장되는 것을 진정으로 보고 싶어 하는 마음에서 비롯해야 한다. 그러나 부끄럽게도 그런 마음이 아예 없지는 않더라도 그다지 많지 않은 신자들이 대부분을 차지한다. 그렇다면, 우

---

1) Rebecca Manley Pippert, *Stay Salt: The World Has Changed, Our Mes-sage Must Not* (Epsom, England: Good Book Company, 2020), 68.

2) J. Mack Stiles, *Evangelism: How the Whole Church Speaks of Jesus* (Whea-ton, Ill.: Crossway, 2014), 47.

리가 잃어버린 세상에 무관심한 이유는 무엇일까?

그 대답은 간단하다. 그것은 우리가 교만하기 때문이다. 그리스도를 영화롭게 하고, 사람들을 사랑하려는 마음이 있어야만 복음을 전할 수 있다. 그런 마음이 없는 이유는 겸손하지 않기 때문이다.

복음 전도의 원동력—영혼을 사랑하는 마음

로마서 9장은 가장 이해하기 어려운 성경 본문 가운데 하나다. 물론, 구원과 관련된 하나님의 절대적이고, 무조건적인 주권을 강조한 바울의 가르침이 이해하기 어렵다는 뜻은 결코 아니다. 그것은 단지 하나님이 진실로 하나님이시라는 의미일 뿐이다. 내가 어려움을 느끼는 것은 "내가 그리스도 안에서 참말을 하고 거짓말을 아니하노라 나에게 큰 근심이 있는 것과 마음에 그치지 않는 고통이 있는 것을 내 양심이 성령 안에서 나와 더불어 증언하노니 나의 형제 곧 골육의 친척을 위하여 내 자신이 저주를 받아 그리스도에게서 끊어질지라도 원하는 바로라"(롬 9:1-3)라는 말씀이다. 나는 주권적인 하나님은 얼마든지 수용할 수 있지만, 잃어버린 자들에 대해 끊임없이 극심한 고통과 고뇌를 느끼는 일은 도저히 감당할 능력이 없다. 나는 바울이 실제로 느끼는 감정을 조금 과장해서 말한 것 같이 생각하고픈 유혹을 느낀다. 그러나 그는 마치 영감을 받은 사도가 되는 것만으로는 충분하지 않다는 듯 자기의 주장이 참되다는 것을 일부러 힘써 강조하기까지 했다.

내가 잃어버린 자들을 위해 눈물을 흘린 횟수는 손으로 꼽을 수 있을 정도로 몇 번 되지 않는다. 바울 사도가 끊임없이 강렬한 고뇌를 느낀 사실은 나로서는 전혀 생소한 일이 아닐 수 없다. 간단히 말해,

나는 바울만큼 사람들을 사랑하지 않는다. 그 이유는 내가 바울이 사람들을 바라보는 식으로 그들을 바라보지 않기 때문이다.

교만에서 겸손으로 나아가는 과정에는 자아 인식의 변화는 물론, 다른 사람들에 대한 인식의 변화가 아울러 포함된다. 낮아지려는 겸손한 성향은 세상 사람들을 바라보는 우리의 시각을 변화시킨다. 내 마음을 살펴보면 한 가지 명백한 사실이 즉각 나타난다. 그것은 내가 사람들을 단순히 사람들로 생각하는 경향이 있다는 것이다. 은행 직원도 단지 한 사람의 개인일 뿐이고, 마트에서 본 세 아이의 어머니도 단지 한 사람의 개인일 뿐이며, 길 맞은편에 사는 과부도 단지 한 사람의 개인일 뿐이다. 나는 (부자와 가난한 자, 어수룩해 보이는 사람과 멋진 사람 등) 사람들을 범주화시켜 바라보는 세속적인 방식을 지향하는 경향이 있다. 내가 사람들을 하나님의 형상으로 창조된 피조물, 곧 창조주와 언약의 관계를 맺고 있는 사람들로 바라보지 못하는 이유는 나의 교만 때문이다. 나는 사람들이 아담 안에서 타락한 절망적인 상태이거나 그리스도 안에서 구원받은 영광스러운 상태이거나 둘 중 하나라는 사실을 절실히 의식하지 못한다. 이것이 내 마음이 바울 사도의 마음처럼 아프지 않은 이유다.

사람들이 하나님의 형상으로 창조된 피조물, 곧 고유한 가치와 존엄성을 지닌 존재가 아니라면 그들에게 신경을 쓸 이유가 무엇이겠는가? 사람들이 지옥에 갈 수밖에 없는 타락한 피조물이 아니라면 그들을 위해 슬퍼할 이유가 무엇이겠는가? 만일 사람들이 단순히 사람들일 뿐이라면 바울의 고뇌는 극심한 정신이상의 징후에 지나지 않을 것이다. 그러나 겸손의 학교가 우리에게 가르치는 것은 우리와 마주치는 모든 사람이 아담 안에서든 그리스도 안에서든 하나님과 근본적인 관계를 맺고 있다는 것이다. 이 점을 기억하면, 다른 사람들을 올바로 바라볼 수 있고, 그들을 사랑할 수 있다. 구원받지 못한 가족들, 직장 동료들, 이웃들, 친구들이 중보자를 필요로 하는 절실한 상태에 처한 타락한 피조물이라는 사실을 이해하면 동정심이 솟구칠 수밖에 없다. 그런 사실을 생각하면 울지 않을 수 없고, 기도하지 않을 수 없고, 복음을 전하지 않을 수 없으며, 새뮤얼 데이비스와 함께 다음과 같이 부르짖지 않을 수 없다.

> 왜 내 마음은 사람들을 향한 사랑과 열정으로 항상 불타오르지 않는 것일까? 나의 주님과 그분의 아버지이신 성부의 사랑은 그토록 뜨겁고, 천국의 천사들은 우리 인간과 똑같은 본성을 공유하고 있지도 않은데 사랑의 불길을 활활 뿜어내고, 내가 사랑해야 할 대상은 그토록 보배롭고 귀한데도 왜 나는 이토록 무덤덤하기만 할까?…오, 마땅히 그들을 사랑해야 하지 않을까? 사랑으로 나의 손을 움직여 그들을 불 가운데서 건져내야 하지 않을까? 그래, 나는 그들을 사랑할 거야. 사랑해야만 해. 아, 그들을 더 많이 사랑했으면! 나의 열정이여, 활활 타올라라. 나의 사랑이여, 활활 타올라라. 나의 혀여, 말하라. 나의 피여, 흘러라. 나의 모든 힘을 다 쏟고, 나의 생명을 다 쏟자. 필요하다면, 기꺼이 영혼들을 죽음에서 구원하는 희생 제물이 되자.[3]

---

3) Samuel Davies, "The Love of Souls, a Necessary Qualification for the Ministerial Office," in *Sermons of the Rev. Samuel Davies* (Morgan, Pa.: Soli Deo Gloria, 1995), 3:518.

복음 전도의 원동력―그리스도를 사랑하는 마음

지금까지 살펴본 대로, 겸손이란 성삼위 하나님과 사랑의 관계를 맺는 것을 의미한다. 그것은 사랑이 풍성하신 하나님 앞에서 살아가는 사람들의 성향이기 때문에 항상 그분을 사랑으로 경외하는 마음과 밀접하게 연관되어 있다. 겸손은 하나님이나 그리스도를 바라볼 때 생겨난다. 그리스도를 온전히 바라보는 교회는 그분이 발하시는 구원의 영광이 온 세상에 알려져 찬양을 받기를 염원하는 활화산과 같은 열정을 지니고 있다.

높임 받으신 그리스도께서 오순절에 성령을 부어줌으로써 새 언약의 사역을 시작하셨다. 그 사역의 궁극적인 목적은 예배였다. 창세기의 처음 몇 장에 기록된 내용을 살펴보면 이 목적이 더욱 분명하게 드러난다. 하나님은 아담과 노아에게 생육하고 번성하여 하나님의 형상을 지닌 예배자들로 세상을 가득 채우라고 명령하셨다(창 1:28, 9:1). 그러나 그들은 교만했던 탓에 이 명령을 지키지 못했다. 이 실패는 바벨탑 사건으로 절정에 이르렀다. 그 전까지만 해도 인류는 하나의 언어를 사용했다(창 11:1). 그러나 그들은 하나로 연합해 하나님에 대한 예배를 온 세상에 퍼뜨리기는커녕 함께 모여 "우리 이름을 내고 온 지면에 흩어짐을 면하자"(4절)라고 말했다. 이 교만한 사람들은 창조 명령을 거부하고, 바벨탑을 건축했다. 그것은 그들 자신을 높이려는 시도였다. 그 결과, 하나님은 그들의 언어를 혼잡하게 만드는 심판을 베풀어 그들을 뿔뿔이 흩으셨다. 그러나 오순절에 그리스도의 영이 임하심으로써 바벨에서 일어났던 일과 정반대되는 일이 일어났다.[4] 그

---

4) Dennis E. Johnson, *The Message of Acts in the History of Redemption* (Phillipsburg,

차이는 너무나도 뚜렷했다.

- 바벨에서는 교만한 인간들이 하늘에 올라가려고 시도했지만, 오순
  절에는 겸손하신 그리스도께서 성령을 통해 하늘에서 내려오셨다.
- 바벨에서는 언어가 혼잡해져 말을 알아듣지 못했지만, 오순절에는
  말을 분명하게 알아들을 수 있었다.
- 바벨에서는 연합했던 사람들이 나뉘어 흩어졌지만, 오순절에는 나
  뉘었던 사람들이 함께 모여 연합했다.

그러나 가장 뚜렷한 차이는 예배였다. 바벨의 목적은 인간을 예배
하는 것이었고, 오순절의 목적은 그리스도를 예배하는 것이었다. 그
리스도께서는 인간을 예배하는 것을 바꾸어놓을 목적으로 새 언약의
교회에 능력을 주어 복음을 전하게 하셨다. 그분은 둘째 아담으로서
최초의 창조 명령을 이행하셨고, 영광과 찬양을 받기 위해 하나님의
형상을 지닌 인간을 회복시키셨다.[5]

존 파이퍼는 "예배는 선교의 동력이자 목적이다."라고 말했다.[6] 그
리스도를 경외하는 자들이 그분 안에서 믿음이 충만한 기쁨에 사로잡
혀('동력') 그분을 경외하는 마음을 온 세상에 퍼뜨리겠다는('목적') 열
정을 지닐 때 선교가 이루어진다. 오직 겸손한 자들만이 그리스도 안
에서 누리는 기쁨을 안다. 그 기쁨으로부터 다른 사람들도 그분 안에

N.J.: P&R, 1997), 60.

5) John M. Frame, *The Doctrine of the Christian Life* (Phillipsburg, N.J.: P&R, 2008), 310.

6) John Piper, *Let the Nations Be Glad! The Supremacy of God in Missions*, 3rd ed. (Grand Rapids: Baker Academic, 2010), 15.

서 기쁨을 누리게 하겠다는 열정이 생겨난다. 교만한 교회는 "우리 이름을 내자."라고 말하지만, 겸손한 교회는 "우리의 공동체와 세상 안에서 주님의 이름을 영화롭게 하자."라고 말한다. 복음 전도의 열정은 우리가 그리스도를 얼마나 진정으로 경외하고 있고, 또 우리가 얼마나 진정으로 겸손한지를 보여주는 척도다.

두 가지 동기가 아닌 하나의 동기

영혼을 사랑하는 마음과 그리스도를 사랑하는 마음, 둘 중에 어느 것이 우위를 차지해야 할까? 사실, 성경은 이런 질문을 허용하지 않는다. 선교의 지배적인 동기는 하나이고, 단지 두 가지 관점에서 바라볼 수 있을 뿐이다. 하나는 피조물에 초점을 맞추고(사랑 어린 관심), 다른 하나는 창조주께 초점을 맞춘다(사랑 어린 경외심). 선교의 목적은 창조주를 예배하는 것이다. 이 예배는 창조주께는 영광을 돌리고, 피조물에게는 만족을 준다.[7] 예배와 구원은 서로 다른 두 개의 목적이 아니다.

선교적인 멤버들은 그리스도의 구원이 모든 민족 가운데 나타나 모든 사람이 크게 기뻐하며 하나님을 찬양하기를 염원한다(시 67편). 왕이신 그리스도의 영광의 견지에서 우리 자신과 다른 사람들을 바라보면, 영혼들을 사랑하는 마음과 그리스도를 사랑하는 마음이 서로 결합해 하나가 된다.

이런 겸손한 동기가 없으면 우리는 선교적인 멤버들이 될 수 없고, 우리의 교회도 선교적인 교회가 될 수 없다.

---

7) 이 점에 대해 좀 더 자세히 알고 싶으면 존 파이퍼의 글을 읽어 보라. 그의 책, *Let the Nations Be Glad!*는 이를 위한 좋은 출발점이다.

선교적인 교회의 겸손한 용기

나는 20대 초에 한 가족이 경영하는 정육점에서 일한 경험이 있다. 하나님은 그곳에서 내게 여러 가지 유익한 교훈을 가르쳐주셨는데 그 가운데서 특히 한 가지가 기억에 생생하다. 동료 직원이었던 줄리아가 대학에 진학하기 위해 일을 그만두게 되어 모두 일렬로 줄을 서서 차례로 작별 인사를 건넸다. 내성적 성격인 나는 내 차례를 기다리면서 속으로 줄리아에게 어떤 작별 인사말을 건네야 할지를 생각했다. 의례적인 '기독교적' 작별 인사말이 빠르게 머릿속을 스쳐 지나갔다.

- "줄리아, 하나님의 축복이 있기를 바랍니다." 이 인사말은 진부하다는 생각이 들었다.
- "줄리아, 하나님이 함께하시기를 바랍니다." 이 인사말은 좀 어색하다는 생각이 들었다.
- "줄리아, 기도해 줄게요." 이 인사말은 부정직하다는 생각이 들었다.

그렇다면, 어떻게 말해야 좋을까? 내가 줄리아에게 건넨 마지막 말은 "행운을 빌어요."였다. 이 말은 문화적으로 용인되는 인사말이지만, 성경적인 인사말은 아니었다. 나는 그런 사실을 잘 알고 있었지만, 그 순간에 결국 위선적인 인사말을 선택하고 말았다. 나는 행운을 믿지 않았다. 나의 세계관에는 우연은 존재하지 않았다. 그러나 나는 작별 인사를 건네면서 평범하게 보이려는 생각으로 나의 기독교적 신념을 저버렸다. 왜 그랬을까? 그 이유는 줄리아와 다른 사람들이 나를 어떻게 생각할 것인지를 의식하고 두려워했기 때문이다.

정육점에서 일했던 직원들 가운데 그 날 내가 한 인사말을 기억할 사람은 아무도 없을 것이 분명하지만, 나는 하나님이 은혜롭게도 나의 위선적인 태도를 이용해 나를 크게 각성시키신 덕분에 그 일을 지금까지도 뚜렷하게 기억하고 있다. 나는 예나 지금이나 여전히 사람들을 두려워한다. 윌리엄 퍼킨스는 "하나님을 두려워하는 마음과 사람을 두려워하는 그릇된 마음이 한데 혼합되어 있다. 그런 상태에서 전자가 우세할 때도 있고, 후자가 우세할 때도 있다."라고 말했다.[8] 그날에 내 안에서 그릇된 두려움이 우세했고, 그것이 결국 그릇된 말을 통해 표현되었다.

복음 전도와 사람들을 두려워하는 마음

서구 사회가 갈수록 더욱 세속화되고 있는 상황인지라 사람들을 두려워하며 피하고 싶은 유혹을 느끼기 쉽다. 교회는 적대적인 세상에 머물러 있는 까닭에 항상 그런 유혹에 직면한다. 피조물 중심적인 두려움이 우세한 곳에서는 교회의 선교가 좌절될 수밖에 없다.

우리의 믿음을 전하지 못하게 하는 가장 큰 방해물은 무엇일까? 말씀을 전해야 한다는 것을 알면서도 침묵할 수밖에 없게 만드는 요인은 무엇일까? 무엇이 세상의 기준에 순응해 위선적으로 행동하게 만드는 것일까? 그것은 바로 그릇된 두려움이다. 복음 전도와 관련해 내가 느끼는 두려움을 몇 가지 언급하면 다음과 같다.

- 나를 어리석은 바보로 알고 멸시하거나 편견에 사로잡힌 편협한 사

---

8) William Perkins, *Commentary on Galatians, in The Works of William Perkins*, vol. 2, ed. Paul M. Smalley (Grand Rapids: Reformation Heritage Books, 2015), 104.

람으로 낙인찍을까 봐 두렵다.

- 내가 물리적으로 위협을 당하거나 해를 입을까 봐 두렵다.
- 내가 메시지를 잘못 전하거나 끊임없이 제기될 반론을 적절하게 논박하지 못할까 봐 두렵다.
- 내가 누군가를 적당히 구슬리어 무작정 믿음을 고백하게 할까 봐 두렵다.

위에 열거한 두려움 가운데서 누구에게나 해당하는 것이 있다면 무엇일까? 그것은 바로 '나'라는 인칭 대명사일 것이다. 자아에 대한 우상 숭배적인 집착, 그것이 문제다. 복음을 전하지 못하도록 내 입을 굳게 다물게 만드는 것, 곧 사람에 대한 두려움은 '나,' 곧 자아에 집착하는 교만한 마음(나를 나타내고, 나를 보존하고, 나를 지혜롭게 여기고, 나를 의지하는 마음)에서 비롯한다.

내가 복음을 전하지 못하는 이유는 사람들을 두려워하기 때문이고, 내가 사람들을 두려워하는 이유는 교만하기 때문이다. 자신의 마음을 찬찬히 살펴보면, 이 말이 사실이라는 것을 알게 될 것이다. 우리 모두의 마음속에는 교만이 도사리고 있고, 그로 인해 피조물을 높이 우러르는 두려움이 발생한다. 이것보다 더 하나님의 자녀들이 그분의 선교에 동참하지 못하게 만드는 요인은 없다.[9]

---

9) J. Mack Stiles, "What If I'm Not a Gifted Evangelist?," Christian Living, The Gospel Coalition, January 31, 2011, https://www.thegospelcoalition.org /article/what-if-im-not-a-gifted-evangelist/.

사람들을 두려워하는가, 아니면 그들을 사랑하는가

사람들이 두려워 복음을 전하지 못하는 이유는 그리스도를 지향하는 자기 인식이 없기 때문이다. 그것은 그리스도의 사랑을 마음껏 누리지 못하고 있다는 증거이자 그분을 영화롭게 하고, 기쁘시게 하려는 열정이 없다는 증거다. 그것은 그리스도의 약속과 계명에 주의를 기울이지 않는다는 증거이자 우리의 자아가 그분보다 우위에 있다는 증거다. 우리는 우리 자신을 그릇 인식하고 있을 뿐 아니라 다른 사람들을 바라보는 시각까지도 그리스도를 작게 축소하는 교만으로 인해 그릇 왜곡시킨다. 우리가 두려워하는 이유는 사람들을 인간이요 하나님이신 주님보다 더 우위에 두기 때문이다. 우리는 사람들이 주님보다 더 강력한 힘을 지니고 있는 것처럼 생각한다. 우리는 그들이 주님보다 더 큰 통제력을 지니고 있고, 더 지혜롭다고 생각한다. 우리는 우리가 마주치는 사람들이 장차 그리스도 앞에서 심판을 받아야 할 죄인들, 곧 도덕적인 책임을 짊어진 철저히 부패한 의존적인 피조물이라는 사실을 망각한다. 우리는 그들이 주님의 뜻이 아니면 단 한마디의 말도 할 수 없고, 단 한 가지의 생각도 할 수 없고, 손가락 하나조차 움직일 수 없는 존재라는 사실을 망각한다. 간단히 말해, 우리는 피조물을 창조주보다 더 높인다.

앞서 언급한 대로, 이것이 우리가 다른 사람들을 사랑하지 못하는 이유다. 우리는 교만한 탓에 다른 사람들을 그릇 인식해 그들의 영원한 행복을 추구하지 않는다. 우리가 결국 멸망당할 세상을 두려워하는 이유는 그것을 사랑하는 마음이 없기 때문이다. 세상을 두려워하거나 사랑하지 않는 마음은 모두 사람들을 단지 사람들로만 바라보는 데서 생겨난다. 사랑이 없는 곳에는 두려움만이 존재한다.

사람들을 두려워하면 그들을 사랑할 수 없다. 우리의 두려움은 사람들을 우상화하는 데서 비롯한다. 에드 웰치는 "우리는 사람들이 우리를 잘 보살펴주기를 바라는 마음으로 그들을 숭배한다. 우리는 그들이 우리가 필요하다고 느끼는 것을 줄 것이라고 믿는다."라고 말했다.[10] 사람들은 우리를 만족시키고, 충족시키는 수단이 된다. 그들은 우리를 칭찬하는 도구로 이용된다. 그러나 사랑은 사람들을 자아를 섬기는 목적을 이루는 수단으로 간주하지 않는다. 사랑은 대상을 그 자체로 존귀하게 여긴다. 사랑은 대상을 귀하게 여기는 감정이기 때문에 이타적이고, 희생적인 행위를 통해 대상의 행복을 추구한다. 사람들을 두려워하는 한, 그들을 사랑할 수 없다. 아마도 이것이 죄인들이 구원받기를 바라는 바울 사도의 간절한 심정이 생소하게 느껴지는 이유일 것이다.

이 점에서 우리는 우리 자신을 엄밀히 살펴봐야 할 필요가 있다. 사람들에 대한 두려움이 도사리고 있는 것을 발견할 때마다 그것을 가차 없이 제거해야 한다. 그것이 바로 겸손이다. 겸손은 일반적으로 생각하는 것과는 달리 소심하고, 안이한 속성을 지니고 있지 않다. 겸손은 하나님을 위해서라면 사람들에 대한 두려움을 단호하게 극복한다.

두려움을 두려움으로 대체하라

겸손은 '하늘과 땅의 모든 권세'를 부여받으신 그리스도께로 눈을 돌린다(마 28:18). 겸손은 그리스도를 주님으로 삼아 마음속에 모시고

---

10) Edward T. Welch, *When People Are Big and God Is Small: Overcom-ing Peer Pressure, Codependency, and the Fear of Man* (Phillipsburg, N.J.: P&R, 1997), 182.

(벧전 3:15), '몸과 영혼을 능히 지옥에 멸하실 수 있는 이'를 두려워한다(마 10:28).

　겸손, 곧 그리스도를 지향하는 자기 인식은 우리의 영혼을 바로잡아 준다. 교만은 피조물을 높이지만, 겸손은 창조주를 높인다. 교만은 사람들에 대한 두려움을 부추기지만, 겸손은 그리스도에 대한 경외심을 일깨운다. 이것이 우리의 그릇된 두려움을 극복할 수 있는 유일한 길이다. 사람들을 두려워하는 교만은 오직 하나님을 경외하는 겸손으로만 극복할 수 있다. 존 플라벨은 "하나님에 대한 두려움이 사람에 대한 두려움을 압도한다. 하나님에 대한 두려움과 공경심이 피조물에게 굴종하는 두려움을 제압한다. 태양 빛이 다른 빛을 압도하고, 불이 불을 끄는 것처럼, 하나님에 대한 두려움이 다른 두려움을 물리친다."라고 말했다.[11]

　사람들에 대한 두려움에는 사랑이 없지만, 하나님에 대한 두려움에는 사랑이 있다. 이것은 다른 모든 것보다 주님 안에서 기쁨을 누리는 부드럽고 애절어린 두려움이다. 이 두려움은 다른 사람들을 사랑할 수 있는 자유를 준다. 이 두려움은 '사람들을 덜 이용하고, 더 많이 사랑하도록' 이끈다.[12] 따라서 우리는 적대적인 세상에서 담대하게 행동할 수 있다. 교만은 우리를 겁쟁이로 만들지만, 겸손은 그렇지 않다. 그리스도를 지향하는 자기 인식에서 비롯하는 낮아지려는 성향은 우리의 마음을 초자연적인 용기로 무장시켜 그리스도의 영광을 위한 그

---

11)　John Flavel, *A Practical Treatise of Fear, in The Works of John Flavel* (Edinburgh: Banner of Truth, 1968), 3:244.

12)　Welch, *When People Are Big and God Is Small*, 19.

분의 선교 명령을 완수하고, 다른 사람들의 영원한 행복을 추구하도록 이끈다. 자아에 대한 집착에서 벗어나면, 설혹 우리의 명예가 훼손되고, 우리의 위로가 사라지고, 우리의 지성이 조롱당하고, 우리의 안전이 위협받는 일이 있더라도 기꺼이 감수한다.

선교적인 교회의 겸손한 메시지

겸손은 우리의 영혼을 바로잡아 그리스도와 사람들을 사랑하도록 이끌어 복음을 전하게 만든다. 그렇다면, 무엇을 전해야 할까? 지금까지 살펴본 겸손한 진리들을 전해야 한다.

- 인간이 하나님의 형상으로 창조된 피조물, 곧 생명과 정체성과 삶의 만족을 하나님께 모두 의존하고 있는 피조물이라는 사실을 전해야 한다(1장).
- 인간이 도덕적인 질서를 규정하는 주권자가 아니라 도덕적으로나 언약적으로 창조주에게 책임을 다해야 할 존재라는 사실을 일깨워 주어야 한다(2장).
- 인간의 유한성과 오류가능성을 창조주의 무한성과 무오성에 비춰 보도록 이끌어야 한다(3장).
- 하나님의 거룩하심과 인류의 파괴적인 반역 행위를 상기시켜 주어야 한다(4장).
- 사람들이 제정신을 되찾도록 그들의 망상에 빠져 있는 상태를 일깨워 주어야 한다(5장).
- 하나님의 정의를 높이 찬양하고, 인간이 죄의 빚을 갚을 수 있는 능력, 곧 스스로를 죄의 속박에서 구원할 수 있는 능력이 없다는 사실

을 일깨워 주어야 한다(6장).

- 하나님이요 사람이신 주님의 완전한 삶과 희생적인 죽음을 힘써 전함으로써 회개와 믿음을 촉구해야 한다(7장).
- 죄인들을 향한 하나님의 놀라운 사랑을 전함으로써 무한한 대양과도 같은 그분의 사랑을 거부하지 말라고 간곡히 권유해야 한다(8장).
- 다양한 구원의 은혜를 베푸시는 그리스도, 곧 전인적 구원을 베푸시는 구세주를 전해야 한다(9장).
- 회개와 믿음을 촉구하는 것은 물론, 물세례를 받고 그리스도를 예배하는 교회에 참여하도록 이끌어야 한다(10장).
- 기복 신앙을 외치는 설교자들의 거짓말의 파괴적 영향력을 경시하지 말고, 그리스도를 따르는 것은 현재의 십자가를 수반한다는 점을 일깨워 주어야 한다(11장).

선교가 교만한 우상 숭배자들을 겸손한 예배자로 만드는 것이라면, 우리의 메시지 안에는 그리스도를 높이는 겸손이 스며 있어야 한다. 이 진리들을 더 깊이 깨달을수록 믿음을 전할 준비를 더 잘 갖출 수 있다. 타락한 세상을 구원하라는 부르심에 충실하려면, 그리스도를 지향하는 자기 인식에서 비롯하는 낮아지려는 성향이 반드시 필요하다.

겸손은 우리가 전하는 메시지의 내용을 형성할 뿐 아니라 그것을 전할 수 있는 담대함을 제공한다. 이것이 베드로가 "그들이 두려워하는 것을 두려워하지 말며 근심하지 말고 너희 마음에 그리스도를 주로 삼아 거룩하게 하고 너희 속에 있는 소망에 관한 이유를 묻는 자에게는 대답할 것을 항상 준비하되 온유와 두려움으로 하고"(벧전 3:14, 15)라고 말했던 이유다. 그는 그리스도를 두려워하는 마음으로 언제든 복음을 전할 준비를 하라고 당부했다. 그는 그 일을 "온유와 두려움"으로, 곧 겸손한 태도로 이행하라고 말했다.

교만은 복음 전도를 못하게 방해할 뿐 아니라 우리의 증언 자체를 왜곡시킬 수 있다. 우리의 증언이 논쟁에서 이기는 것이나 우리의 지성적 우월성을 입증하기 위한 것으로 전락하기 쉽다. 지나치게 방어적인 태도를 보이거나 상대방을 제압하기 위해 거칠고, 강한 언사를 사용할 가능성이 크고, 다른 그리스도인들에게 자랑하기 위해 복음을 전하는 잘못을 저지를 수도 있다.

교만한 복음 전도! 우리는 모두 그것이 무엇인지 잘 안다. 오직 우리가 전하는 그리스도께서만이 그런 오류를 저지르지 않도록 도우실 수 있다. 그리스도를 지향하는 자기 인식에서 비롯하는 낮아지려는 성향이 없이 그리스도를 전하면, 우리가 입으로 전하는 현실들이 모순임을 드러내는 산 증거가 될 뿐이다. 지금 가장 필요한 것이 있다면, 바로 겸손이다.

선교는 선택 사안이 아니다

지금으로부터 약 200년 전에 알렉산더 더프는 "교회사를 돌이켜 보면, 항상 변함없이 한 가지 중대한 사실을 보여주는 구체적인 증거를 발견할 수 있다. 그것은 복음 전도에 힘쓰는 선교적인 교회는 영적으로 번영하고, 복음 전도와 선교를 등한시하는 교회는 신속히 노령기(노쇠로 인해 사역할 능력이 없는 상태)에 접어들어 쇠퇴한다는 것이다."라고 경고했다.[13] 선교적인 멤버들이 없는 교회는 죽어가는 중이거나 이미 죽은 상태일 수 있다.

누구에게나 꼭 맞는 복음 전도의 방법은 존재하지 않는다. 모든 교회와 멤버들은 제각기 자신의 독특한 은사와 성격과 기회에 부합하는 방법을 찾으려고 노력해야 한다. 그러나 우리가 그리스도의 몸에 속한 지체라면, 복음 전도는 결코 선택 사안이 아니다. 겸손한 자들은 이 사실을 분명하게 알고 있다. 그들은 자신들을 겁쟁이로 만드는 교만에서 벗어났기 때문에 그리스도와 영혼들을 위한 열정이 뜨겁다. 또한, 그들은 망상에 사로잡힌 거짓말에서 벗어났기 때문에 자신들이 전해야 할 복음을 열심히 배운다. 그들은 자기를 사랑하신 주님을 전하지 않을 수 없다(행 4:20).

---

13) Alexander Duff, *Missions: The Chief End of the Christian Church* (Edin-burgh: J. Johnstone, 1839), 15.

5부

종말론적인 겸손

종말론적인 : 종말, 또는 마지막 때에 속하는
우리는 죽음을 향해 가는, 심판을 향해 가는,
영원을 향해 가는 유한자들이다.

죽음을 향해 가는 유한자들

지난주, 나는 할아버지의 친한 친구가 79세를 일기로 세상을 떠났다는 슬픈 소식을 전해 들었다. 그와 그의 아내는 아이스크림을 사 먹으려고 집을 나섰지만, 아이스크림 가게에도 가지 못했고, 집에도 다시 돌아오지 못했다. 그들이 적색 신호등 앞에서 멈추어 기다리는데 한 여성이 운전하는 차가 전속력으로 달려와서 그들의 차를 뒤에서 들이받았다. 그 충격으로 인해 그들의 자동차는 도로를 벗어나 나무에 처박혔고, 그들은 현장에서 숨을 거두고 말았다.

죽음은 모든 사람이 직면해야 할 운명이지만, 그것에 관해 말하기를 좋아하는 사람은 아무도 없다. 할아버지의 친구가 당한 사고와 같은 불행한 이야기를 전해 들을 때면 그로 인해 슬퍼할 가족들이나 사랑하는 사람들에 대해 안타까운 마음이 들기 마련이다. 그러나 우리는 우리에게 죽음이 다가오고 있다는 사실을 신속히 떨쳐버리려고 애쓴다. 언제, 어디에서, 어떻게 죽음이 찾아올지는 아무도 알 수 없다. 인류의 사망률은 97.4퍼센트가 아니다. 죽을 가능성이 매우 크지만, 살아남을 기회가 있는 것처럼 생각해서는 곤란하다. 그러나 참으로 기이하게도 우리 자신과 관련해서는 그럴 수 있을 것처럼 믿으려는 경향이 있다. 물론, 우리는 대놓고 그런 식으로 말하지는 않는다. 그러나 우리의 마음은 침묵을 지키거나 종종 불합리한 반응을 보이며 죽음이 다가오고 있다는 냉혹한 현실을 외면하려고 애쓴다. 우리는 다른 사람들은 뜻하지 않게 갑작스레 자동차 사고로 죽을 수 있을지 몰라도, 우리가 내일 일터에 나갈 때나 다음 달에 가족 휴가를 떠날 때는 그런 일이 일어나지 않을 것이라고 믿는다.

지금까지 살펴본 대로, 교만은 비현실 속에 거한다. 교만은 자아에 관한 비현실적인 생각을 먹고 산다. 스스로 믿는 자기 불멸성이 바로 그런 비현실적인 생각 가운데 하나다. 우리는 모두 죽는다. 우리는 유한자다. 그러나 교만은 그렇지 않다고 믿게 만든다. 그것은 죽음만큼 우리의 교만에 큰 충격을 가하는 현실이 없기 때문이다. 신격화된 자아는 무덤 앞에서는 처참할 정도로 작아지기 마련이다.

하나님을 지향하는 자기 인식에 관한 논의를 잘 마무리하려면 미래에 관심을 기울여야 할 필요가 있다. 종말론(마지막 일들에 관한 교리)은 전통적으로 죽음과 심판과 영원한 상태라는 미래의 세 가지 현실에 초점을 맞춘다. 이 책의 남은 부분에서는 이 현실들을 다룰 생각이다. 그러면 먼저 첫 번째 현실인 죽음을 생각해 보기로 하자.

죽음은 우리의 피조성을 가르치는 학교다

성경은 죽음에 관해 많은 것을 가르친다. 특히 시편 90편에 기록된 모세의 기도는 글로 기록된 죽음에 관한 설명 가운데서 가장 웅변적이고, 경험적인 묘사력을 보여준다. "우리에게 우리 날 계수함을 가르치사 지혜로운 마음을 얻게 하소서"(12절)라는 유명한 말씀도 그곳에 기록되어 있다. 모세는 이 시편을 통해 죽음을 기억하고 살아가는 것

(이것이 '우리 날 계수함'의 의미다)이 겸손한 자들의 특징이라는 것을 상기시켜 준다. 이런 태도는 하나님을 지향하는 자기 인식에서 비롯하는 낮아지려는 성향에서 비롯한다. 이것이 모세가 하나님을 언급함으로써 기도를 시작했던 이유다.

> "주여 주는 대대에 우리의 거처가 되셨나이다 산이 생기기 전, 땅과 세계도 주께서 조성하시기 전 곧 영원부터 영원까지 주는 하나님이시니이다"(1, 2절).

자동차가 발명되고, 대가족 제도가 해체되기 전만 해도 같은 집에서 대대로 살았던 사람들이 많았다. 미국에서 가장 오래된 목조 건물은 1640년대 초에 페어뱅크스 가문을 위해 건축된 집이다. 268년 동안, 페어뱅크스 가문이 8대에 걸쳐 그 집에 살았다. 오늘날, 그 집은 박물관과 같은 유적지가 되었다. 그러나 모세는 하나님을 그분의 백성이 단지 8대만 거하는 거처가 아닌 대대에 걸친 영원한 거처로 묘사했다. 그런 일이 가능한 이유는 하나님이 영원한 창조주이시기 때문이다. 그분은 시간에 구속되지 않으신다. 그분은 오늘 있다가 내일 사라지지 않으신다. 하나님은 영원하시다. 한 세대가 가고, 한 세대가 오는 일이 반복되지만, 하나님은 자신의 사랑하는 자녀들을 위해 결코 사라지지 않는 영원한 거처가 되신다.

모세는 하나님의 영원성을 생각하면서 자신의 유한성을 떠올렸다. 앞서 3장에서 우리의 유한성과 관련해 하나님의 영원성을 논의한 바 있다. 하나님의 초월적인 위엄은 우리의 유한성을 극명하게 드러낸다. 모세는 "주께서 사람을 티끌로 돌아가게 하시고 말씀하시기를 너희 인생들은 돌아가라 하셨사오며"(3절)라고 말했다. 죽음이 우리에게 가르치는 것이 있다면, 그것은 곧 우리가 주권자가 아니라는 것이다. 우리는 우리의 죽음이나 출생을 결정하지 못한다. 흙으로 우리를 지으신 하나님은 우리를 다시 흙으로 돌려보내신다. 그분은 우리의 날수를 정하는 주권자이시다(시 139:16). 그분이 "돌아가라"고 명령하시면, 우리의 육체는 앞서간 세대들과 마찬가지로 흙으로 돌아간다. 그 명령이 떨어지면 우리에게는 아무런 발언권이 없다. 이것은 정신을 번쩍 들게 하는 현실이 아닐 수 없다.

내가 목회하는 교회는 내가 생명보험에 가입하면 비용을 대주겠다고 한다. 그러나 나는 지금까지 생명보험을 든 적이 없다. 나중에는 그럴 마음이 있을지 몰라도 지금은 괜히 돈만 낭비하는 것처럼 보인다. 나는 젊고, 매우 건강하다. 앞으로 살아야 할 날이 많다. 앞으로 20년이 지나면 생명보험 가입을 생각해 보겠지만, 지금은 아니다.

내가 어떤 생각을 하고 있는지 알겠는가? 나는 은근히 나 자신에게 나는 죽지 않을 것이라고 말하고 있는 셈이다. 나는 다른 30대 사람들은 비행기 사고나 말기 암이나 총기 난사로 죽을지 모르지만, 나에게는 그런 일이 절대로 일어나지 않을 것이라는 확신에 사로잡혀 있다.

나는 죽음이 최소한 이 순간만큼은 나에게 임하지 않을 것이라고 가정하고 있다. 이것은 잘못된 가정이자 나에 대한 그릇된 인식이다. 나는 나의 생명이 잠시 있다가 신속히 사라지는 안개와 같다는 사실을 외면하고 있다(약 4:13-15). 이것은 내가 언제라도, 심지어는 안락한 나의 서재에서 이 글을 쓰고 있는 이 순간에도 자애로운 창조주께서 "너희 인생은 돌아가라"라고 말씀하시면 즉시 차가운 시체로 변할 수 있다는 사실을 망각하는 경건하지 못한 생각이다. 내가 생명보험에 가입하는 것을 우습게 아는 이유는 내가 선한 청지기라서가 아니라 교만하기 때문이다. 교만한 사람은 "결국은 죽게 될 테지만 곧 그렇게 되지는 않을 거야."라고 말한다. 그러나 우리와 같은 피조물은 항상 죽음을 향해 나아가고 있다. 우리 가운데 많은 사람이 우리가 생각하는 것보다 훨씬 더 빨리 죽음을 향해 나아가고 있다.[1] 우리는 주권자도 아니고, 창조주도 아니다.

죽음은 우리의 부패성을 가르치는 학교다

죽음은 우리의 피조성은 물론, 부패성을 아울러 일깨운다. 시편 93편 3절은 "주께서 사람을 티끌로 돌아가게 하시고 말씀하시기를 너희 인생들은 돌아가라 하셨사오니"라고 말씀한다. 이 말씀은 창세기 3장을 상기시킨다. 아담이 언약을 깨뜨린 결과로 언약의 저주가 임했다. 그 저주 가운데 하나가 "너는 흙이니 흙으로 돌아갈 것이니라"(창 3:19)였다. 모세는 인간의 죄에 대한 하나님의 저주를 떠올렸다. 하나님의 명령은 "너희 아담의 자손들아, 돌아가라"라고 번역할 수 있다. 아담의 죄는 그 자신은 물론, 그의 후손들에게까지 죽음이 임하는 결과를 초래했다.[2] 성경은 "한 사람으로 말미암아 죄가 세상에 들어오고 죄로 말미암아 사망이 들어왔나니"(롬 5:12)라고 말씀한다. 죽음은 인간의 불가피한 운명이 아니었다. 죽음이 인간의 불가피한 운명이

---

1) 과거의 두 설교자, 곧 데이비드 브레이너드와 로버트 맥체인이 생각난다. 그들이 몇 살에 죽었는지 아는가? 고작 스물아홉 살이었다. 에콰도르의 선교사 짐 엘리엇은 또 어떤가? 그는 스물여덟에 세상을 떠났다. 죽음은 사역의 유용성이나 나이에 상관없이 언제든 찾아올 수 있다.

2) 이 죽음에는 영적 죽음과 육체적인 죽음이 모두 포함되었다. 하나님의 형상을 지닌 인간은 타락하기 전에는 육체적인 죽음을 알지 못했다. *Leon Morris, The Wages of Sin* (London: Tyndale, 1955), 10을 참조하라.

된 것은 타락 이후부터다.

모세는 죽음이 형벌이라는 것을 알았다. 죽음은 우리의 죄에 대한 형벌이다(롬 6:23).

> "우리는 주의 노에 소멸되며 주의 분내심에 놀라나이다 주께서 우리의 죄악을 주의 앞에 놓으시며 우리의 은밀한 죄를 주의 얼굴 빛 가운데에 두셨사오며"(시 90:7, 8).

인간의 사망률이 100퍼센트인 이유는 죄의 비율이 100퍼센트이기 때문이다. 죽음은 우리의 본질적인 부패성과 창조주의 거룩한 정의를 가르친다. 모든 장례식은 죄의 사악함을 일깨우는 고통스러운 교훈을 전한다.

그러나 우리는 죽음을 미화하려고 안간힘을 쓰는 시대에 살고 있다. 오늘날의 장례 산업은 죽음을 자연스럽고, 유쾌한 것으로 보이게 만들어 막대한 돈을 쓸어 담고 있다.

시신에 살아 있을 때 입었던 옷보다 더 호화로운 옷을 입히고, 생기를 잃은 창백한 안색을 화장으로 가리고, 표정을 밝게 만들어 비로드로 꾸민 아름다운 관에 안치한다. 이것이 죽음을 죽음이 아닌 것처럼 만들기 위해 인간이 기울이는 최선의 노력이다.[3]

죽음은 끔찍하고, 부자연스럽고, 불유쾌하다. 죽음은 우리가 사는 세상이 무엇인가 크게 잘못되었다고 암시한다. 죽음은 우리가 도덕적

---

3) Matthew McCullough, *Remember Death: The Surprising Path to Living Hope* (Wheaton, Ill.: Crossway, 2018), 40 –43.

책임을 짊어진 피조물, 곧 언약을 파기하고 반역을 일으킨 피조물이라는 사실을 억지로 감추려고 애쓰고 있다는 사실을 상기시킨다. 모든 죽음은 인간의 보편적인 타락을 입증하는 증거다. 죽음을 미화하려는 우리의 교만한 노력은 살아 계시는 하나님을 어떻게든 피하려는 시도에 지나지 않는다.

우리는 죽는다. 우리는 죽음을 향해 가는 유한자다. 왜 그래야 할까? 이유는 죄 때문이다. 죽음은 우리의 교만한 상태를 늘 상기시킨다.

죽음은 겸손한 지혜를 가르치는 학교다

내가 좋아하는 영화 가운데 하나는 프란츠 재거슈테터라는 오스트리아 농부의 실제 이야기에 근거한 〈히든 라이프〉다. 그는 종교적인 신념을 지키기 위해 히틀러 정권 지지를 거부했고, 그로 인해 감옥에 투옥되어 결국에는 처형되었다. 이 영화가 강력한 인상을 주는 이유는 현실을 그대로 묘사하고 있기 때문이다. 행복한 결말도 없고, 마지막 순간에 임하는 극적인 구원도 없다. 가장 잔혹한 형태의 죽음의 맛이 입안에 씁쓸하게 남는다. 마지막 장면은 어린 자녀들과 덩그러니 남게 된 미망인의 모습을 보여준다. 요즘에 만든 영화들 가운데는 현실을 낭만적으로 근사하게 묘사한 비현실적인 것들이 많지만,[4] 이 영

---

4) 칼 트루먼은 이 점에 관해 자신이 느낀 실망감을 이렇게 표현했다. "몇 년 전에 〈노트르담의 꼽추〉를 다르게 고쳐 만든 디즈니 영화를 보고 아연실색하지 않을 수 없었다. 그 영화에서는 꼽추 콰지모도가 죽지 않고 행복하게 잘 사는 것으로 그려졌다…그 이야기의 핵심은 꼽추 콰지모도가 마지막에 죽어 큰 슬픔을 자아내는 것에 있다. 콰지모도가 인생이라는 포커 게임에서 부당한 대우를 받은 것을 보고서 당연히 아내도 울고, 나도 분노를 느껴야만 한다." *Fools Rush in Where Monkeys Fear to Tread: Taking Aim at Everyone* (Phillipsburg, N.J.: P&R, 2012),

화는 현실에 충실하다.

겸손은 현실을 중시한다. 이것이 모세가 "우리에게 우리 날 계수함을 가르치사 지혜로운 마음을 얻게 하소서"(시 90:12)라고 기도했던 이유다. 그의 눈길은 하나님을 향하고 있었기 때문에 부패한 피조물인 자신의 유한성을 올바로 직시할 수 있었다. 그는 그 현실을 회피하려고 하지 않았다. 그는 자신의 영혼이 비현실 속에서 살기를 바라는 성향을 지니고 있다는 것과 오직 하나님만이 자신을 동화와 같은 환상의 세계에서 벗어나게 하실 수 있다는 것을 알았다. 따라서 그는 자신이 죽음을 향해 빠르게 나아가고 있다는 사실을 분명하게 의식하며 살게 해달라고 기도했다. 교만한 자들에게는 매우 비관적으로 들릴 것이 분명하지만, 겸손한 자들은 이것을 참된 지혜에 이르는 가장 심오한 현실주의로 받아들인다. 그렇다면, 죽음을 직시하면 왜 지혜가 생기는 것일까? 모세의 기도에서는 최소한 두 가지 이유가 발견된다.

첫째는 겸손한 태도로 죽음을 생각하면 **피조물의 칭찬이 덧없다**는 것을 알게 되기 때문이다. 어리석은 자들은 다른 사람들에게 인정받는 것을 자신의 가치로 간주한다. 그들은 자신에 대한 다른 사람들의 평가에 연연한다. 그들은 동료나 상사들로부터 인정과 존중을 받으려고 애쓴다. 그러나 죽음은 피조물의 칭찬이 피조물의 죽음과 함께 사라져 없어진다는 사실을 일깨움으로써 지혜를 얻게 한다. 겸손한 자들은 죽음 이후까지 지속되는 것(창조주의 인정)을 원한다.

"여호와여 돌아오소서 언제까지니이까 주의 종들을 불쌍히 여기소서

169-70.

아침에 주의 인자하심이 우리를 만족하게 하사 우리를 일생 동안 즐겁고 기쁘게 하소서"(시 90:13, 14).

인간의 덧없는 사랑을 하나님의 영원한 사랑과 어떻게 비교할 수 있겠는가? 팀 켈러는 "하나님의 사랑을 제외하고, 이 세상의 모든 것이 사라질 것이다. 하나님의 사랑은 죽을 때는 물론이고, 죽음 너머 그분의 품속에 안길 때까지 계속될 것이다. 하나님의 사랑은 절대로 없어지지 않는다."라고 말했다.[5] 모세는 죽음을 염두에 두고 하나님의 영원한 사랑을 갈구했다. 그는 영원히 지속될 사랑과 기쁨과 은혜를 구했다. 우리는 어떤가? 하나님의 사랑을 큰 보화로 여기는가, 아니면 피조물의 사랑을 원하는가? 죽음은 하나님의 영원한 사랑만이 영원히 지속하는 견고한 만족의 근원이라는 사실을 상기시킨다.

둘째는 겸손한 태도로 죽음을 생각하면 **피조물의 노력이 덧없다**는 것을 알게 되기 때문이다. 교만한 자들은 업적의 기념비를 세우려고 애쓴다. 느부갓네살의 교만한 말이 생각난다. 그는 "이 큰 바벨론은 내가 능력과 권세로 건설하여 나의 도성으로 삼고 이것으로 내 위엄의 영광을 나타낸 것이 아니냐"(단 4:30)라고 말했다. 그는 자신의 이름을 떨치기 위해 자신의 힘으로 도시를 건설했다. 그러나 그 큰 바벨론은 지금 어디에 있는가? 그것은 땅속에 묻혀 썩어버린 느부갓네살의 시체와 조금도 다를 것이 없다. 사람들이 이룬 업적은 그들과 함께 사라진다. 설혹 그들과 함께 사라지지 않는다고 해도 영원히 지속되지 않는다. 죽음은 "무덤의 교훈을 깨닫지 못한 사람들을 사정없이 조롱

---

5) Timothy Keller, *On Death* (New York: Penguin, 2020), 26.

한다."[6] 이것이 모세가 다음과 같이 기도했던 이유다.

"주께서 행하신 일을 주의 종들에게 나타내시며 주의 영광을 그들의
자손에게 나타내소서 주 우리 하나님의 은총을 우리에게 내리게 하사
우리의 손이 행한 일을 우리에게 견고하게 하소서"(시 90:16, 17).

죽음은 하나님이 은혜로 견고하게 해주지 않으시면 인간의 모든
업적이 덧없고 무의미하다는 사실을 일깨워준다. 하나님이 구원의 목
적을 이루는 도구로 사용하지 않으시면 우리가 하는 것 가운데 그 어
느 하나도 영원히 지속될 수 없다. 겸손한 자들은 자신들의 덧없는 노
력으로 이룬 것들이 영원히 견고하게 설 수 있게 해달라고 하나님께
기도한다.

기저귀를 갈고, 코를 닦아주고, 엉덩이를 때리고, 먹을 것을 준비하
는 등, 매일 바쁜 일상을 보내는 젊은 주부를 생각해 보라. 무슨 말을
하려는지 알겠는가? 그녀의 어린 자녀는 그녀가 그런 일을 했다는 것
을 기억하고, 감사하며 성장하지 않는다. 그녀의 남편도 고맙다는 말
을 하지 않고 그녀가 하는 일의 대부분을 그냥 지나치기 일쑤다. 그녀
는 어린 자녀의 기저귀를 갈아주지만 금세 5분도 못 되어 또 갈아줘
야 한다. 하나님을 염두에 두지 않으면 그 모든 것이 헛수고가 될 뿐
이다. 겸손한 주부는 자기의 수고가 영원한 가치를 지니기를 바란다.

---

6) Daniel C. Fredericks, "Ecclesiastes," in *Ecclesiastes and the Song of Songs*, by Daniel
C. Fredericks and Daniel J. Estes, Apollos Old Testament Commen-tary 16 (Downers
Grove, Ill.: InterVarsity, 2010), 177.

그녀는 "오, 하나님. 제 손으로 하는 일을 견고하게 하소서. 이 덧없는 수고가 제 자녀들의 삶 속에서 영원한 열매를 맺어. 그들이 주님의 영광스러운 능력을 볼 수 있게 하소서."라고 기도한다. 교만한 주부는 그렇게 기도하지 않는다. 오직 겸손한 자들만이 자신의 노력이 하나님을 영화롭게 하는 영원한 가치를 지니게 해달라고 기도한다.

존 오웬은 임종을 앞두고 이런 겸손한 교훈을 "나는 내 영혼이 사랑해 온 분, 곧 나를 영원한 사랑으로 사랑하신 분께로 간다. 이것이 나의 위로의 근거다…나는 폭풍우 속을 항해하는 교회라는 배를 곧 떠날 것이다. 비천한 노잡이는 아무것도 아니지만, 그 안에는 위대한 선장이 타고 계신다."라고 아름답게 묘사했다.[7] 오웬이 죽음을 앞두고서도 강한 위로를 느꼈던 이유는 사랑이 많으신 창조주요 선장이신 예수 그리스도를 바라보았기 때문이다. 그리스도께서 모든 일을 행하실 것이다. 그분의 사랑은 결코 좌절되지 않는다.

죽음은 그리스도를 가르치는 학교다

앞서 말한 대로, 겸손은 하나님과 그리스도를 지향하는 자기 인식을 통해 생겨난다. 우리의 임박한 죽음을 생각하면 그리스도를 바라보지 않을 수 없다.

복음은 영원한 창조주께서 은혜롭게도 자기를 낮춰 유한한 피조물이 되셨다고 가르친다. 하나님의 아들은 초월적인 신성을 상실하지 않고, 죽음의 운명을 짊어진 인간이 되셨다. 그분은 세상에 계시는 동

---

7) Sinclair B. Ferguson, introduction to *The Glory of Christ: His Office and Grace*, by John Owen (Fearn, Ross-shire, Scotland: Christian Focus, 2004), 20에 인용되어 있음.

안 늘 죽음의 형벌을 의식하셨다. 때가 되자 성부께서는 죄인들의 대표자인 그리스도에게 진노를 쏟아부으셨다. 갈보리에서 "너희 인생들아 돌아가라"라는 명령이 떨어졌고, 죽음이 예수님을 삼켰다. 생명을 잃은 그리스도의 시신은 무덤에 안장되었고, 그분은 무한한 죄의 삯을 남김없이 치르셨다.

시편 90편은 궁극적으로 예수님의 기도다. 그분은 세상에 계실 때 늘 그 기도를 드리셨을 것이다. 자애로운 성부께서 그리스도의 겸손한 기도에 응답하셨다. 예수님은 30년 동안 자기를 기뻐하신 하나님의 사랑을 마음껏 누리셨다. 그분은 또한 3년 동안 사람들을 가르치고, 치유하고, 훈련하고, 말씀을 전함으로써 하나님의 나라를 건설하셨다. 그리고 나서 겸손하신 그리스도께서는 무덤에 안장되셨다. 모든 것이 사라지는 것처럼 보였다. 죽음이 성부의 사랑보다 더 강하단 말인가? 죽음으로 인해 성부의 사역이 물거품이 된 것일까? 온통 침묵과 어둠과 슬픔뿐이었다. 많은 의문이 떠오르지 않을 수 없다.

그러나 일요일 아침이 되자 그리스도께서는 무덤에서 살아나셨다. 성부께서 성자의 겸손한 기도를 듣고, 자기 아들에게 은혜를 베풀어 그분을 죽은 자들 가운데서 다시 살리시고, 견고한 사랑으로 그분의 영혼을 만족하게 하사 자기의 손으로 행하신 일을 영원히 견고하게 하셨다.

여기에 죽음에 직면한 겸손한 신자들이 피할 수 있는 피난처가 있다(잠 14:32). 모든 것이 일시에 변했다. 십자가에 못 박혀 죽으신 그리스도께서 다시 살아나셨다. 겸손한 자들은 죽음보다 부활하신 그리스도의 영광을 더 많이 의식한다. 죽음을 생각함으로써 그리스도를 더욱 굳게 붙잡고, 그분께 모든 관심을 집중하면, 그분을 사랑하며 부지

런히 일하는 희생적인 신자가 될 수 있다.

- 부활하신 그리스도께서는 하나님의 사랑이 영원할 것이라는 확신을 심어주신다. "누가 정죄하리요 죽으실 뿐 아니라 다시 살아나신 이는 그리스도 예수시니 그는 하나님 우편에 계신 자요 우리를 위하여 간구하시는 자시라 누가 우리를 그리스도의 사랑에서 끊으리요 환난이나 곤고나 박해나 기근이나 적신이나 위험이나 칼이랴"(롬 8:34, 35).
- 부활하신 그리스도께서는 하나님의 나라가 영원할 것이라는 확신을 심어주신다. "그의 능력이 그리스도 안에서 역사하사 죽은 자들 가운데서 다시 살리시고 하늘에서 자기의 오른편에 앉히사 모든 통치와 권세와 능력과 주권과 이 세상뿐 아니라 오는 세상에 일컫는 모든 이름 위에 뛰어나게 하시고"(엡 1:20, 21).
- 부활하신 그리스도께서는 하나님이 우리와 우리의 수고를 영원히 견고하게 하실 것이라는 확신을 심어주신다. "그러므로 내 사랑하는 형제들아 견실하며 흔들리지 말고 항상 주의 일에 더욱 힘쓰는 자들이 되라 이는 너희 수고가 주 안에서 헛되지 않은 줄 앎이라"(고전 15:58).

이것이 존 오웬이 임종을 앞두고 용기와 힘을 잃지 않았던 이유였다. 그가 임종을 앞두고 있을 때 그의 마지막 책이 곧 출판될 예정이었다. 그것은 그리스도의 영광에 관한 책이었다. 그는 곧 출판될 책을 생각하며 "책이 출판될 것이라는 말을 들으니 기쁘오. 그러나…오랫동안 고대했던 날이 마침내 다가왔소이다. 나는 지금까지 이 세상에서 해오던 것이나 할 수 있었던 것과는 또 다른 방식으로 그 영광을 보게 될 것이요."라고 말했다.[8] 오웬은 믿음으로 그리스도의 아름다우심을 바라보며 살았고, 죽음을 앞두고서는 그분의 아름다우심을 눈으로 직접 볼 수 있기를 고대했다(고후 2:7).

죽음은 그리스도를 지향하는 자기 인식에서 비롯하는 낮아지려는 성향을 소유한 자들에게는 단지 천국에서 주님과 영원한 교제를 나누기 위해 거쳐야 할 관문에 지나지 않는다. 그리스도 안에서의 죽음은 우리의 영원한 거처이신 주님과 함께하는 삶으로 우리를 안내한다. 토머스 보스턴도 그렇게 믿었다.

> 우리의 구속자요 구원자요 중보자께 영광, 영광, 영광을 돌리고, 찬양과 감사를 돌리세. 그분의 죽으심으로 인해 냉혹하고, 파괴적인 죽음이 스스로의 악에 이끌려 완전하고, 영원한 멸망을 향해 신속하게 치달았을 사람들에게 좋은 역할을 하는 것으로 바뀌었다. 죽는 날은 경건한 자들에게 경사스러운 날이다…그 날에 영광의 상속자들은 여행을 마치고 고향, 곧 아버지의 집에 돌아와서 영광스러운 기업을 실제로 소유한다.[9]

죽음을 통해 겸손을 진작시키기 위한 몇 가지 제안

매튜 맥컬로는 《죽음을 기억하라》라는 훌륭한 책에서 '죽음에 대한

---

8) Ferguson, introduction to *Glory of Christ*, 16에 인용되어 있음.

9) Boston, *Human Nature in Its Fourfold State*, 357-58. 그리스도인일지라도 여전히 불완전하고, 또 불신앙이 남아 있기 때문에 죽는 날이 늘 경사스러운 날이 되는 것은 아니다. 토머스 보스턴도 이 점을 계속해서 다루었다(358-61쪽 참조).

의식'을 '영적 훈련의 수단'으로 삼으라고 조언했다.[10] 빌헬무스 아 브라켈은 "죽음을 늘 염두에 두고, 죽어가고 있다는 생각으로 살도록 하라. 우리는 본능적으로 죽음을 거부하며, 그것을 매우 신속하게 잊는 경향이 있기 때문에 이것은 쉽게 터득하기 어려운 일이다."라고 말했다.[11]

우리의 날수를 세는 법을 어떻게 배울 수 있을까? 우리가 죽음을 향해 가고 있는 유한자라는 사실을 의식함으로써 더욱 겸손히 낮아질 수 있는 훈련을 하려면 어떻게 해야 할까? 몇 가지 방법을 제안하면 다음과 같다.

첫째, 다른 사람들의 죽음을 볼 때마다 나의 죽음을 생각하라. 나는 특별히 멀고, 힘든 여행을 하지 않은 경우는 목적지에 안전하게 도착했다고 해서 하나님께 감사를 표하지는 않는다. 나는 늘 내가 여행을 잘 마칠 것으로 생각한다. 그러나 이번 주에는 할아버지의 친구의 죽음을 통해 나의 유한성을 생각해 보려고 노력했다. 내가 어디든 무사히 도착한다면, 그것은 하나님이 갖가지 가능한 죽음으로부터 나를 보호하셨기 때문이다. 그렇게 생각하니 불과 5분 동안 자동차를 운전했더라도 하나님을 기억하고, 감사할 수 있는 마음이 생겨났다. 나와 직접 관련된 죽음만을 생각하지 말고, 성경이나 대중매체를 통해 알게 된 죽음을 비롯해 모든 죽음을 생각하라. 지루하게 느껴지는 창세기 5장의 족보는 겸손을 가르치기 위한 학교다. 그곳에 보면, '죽었더라…죽었더라…죽었더라'라는 말이 거듭 발견된다.

---

10) McCullough, *Remember Death*, 21.

11) Brakel, *Christian's Reasonable Service*, 4:314.

둘째, 공동묘지를 찾아가 보라. 목사 고시를 보던 날, 나는 조용한 기도 장소를 찾다가 우연히 한 공동묘지에 이르렀다. 약 60명 가량의 목회자가 나의 신학 사상을 엄격하게 심문할 시간을 기다리며 준비할 때, 나는 묘지를 거닐면서 묘비에 적인 글귀들을 읽으며 묘한 위로를 느꼈다. 노회의 심문보다 훨씬 더 엄격한 현실, 곧 무덤이 나를 기다리고 있었다. 그러나 예수님이 죽음을 정복하셨다면, 그보다 덜한 현실은 주님의 은혜로 능히 극복할 수 있을 것이 분명했다. 묘비의 글귀를 읽어보면 참으로 많은 교훈을 얻을 수 있다. 그 날, 내가 발견한 뜻밖의 사실은 나보다 더 어려서 죽은 사람들이 너무나도 많았다는 것이다. 그들에게는 가족들도 있고, 꿈도 많았을 테지만, 죽음이 그들을 일찍 데려가고 말았다. 지역의 공동묘지를 무심하게 보아넘기지 말라.

셋째, 매일 아침을 하나님의 놀라운 선물로 받아들이라. 우리가 놀라워해야 할 것은 죽음이 아닌 삶이다. 신경 세포들이 깨어 움직이고, 폐가 숨을 쉬고, 심장이 고동치는 상태로 잠에서 깨어난다면 마음속에서 감사가 가득 흘러넘쳐야 마땅하다. 그것은 하나님의 놀라운 은혜가 아닐 수 없다. 자명종이 울리는 소리를 들을 때마다 그분의 은혜를 기억하라. 잠자리에서 일어나기 전에 하나님이 그토록 많은 나날 동안 나를 세상에 보존해 주셨다는 사실을 기억하고 오늘도 그분을 위해 살겠다고 새롭게 다짐하라.

심판을 향해 나아가는 유한자들

지금으로부터 반세기 전에 J. A. T. 로빈슨은 "우리는 심판이 없는 세상, 곧 마지막 경계선 밖으로 걸어나가더라도 아무 일도 일어나지 않을 것처럼 보이는 세상에…살고 있다. 그것은 세관에 도착했지만 지키는 사람이 아무도 없는 것을 발견하는 것과 비슷하다. 그런데 그것이 정말로 사실일까 하는 의심이 신속하게 확산된다. 그 이유는 그것이 단지 모든 사람이 믿고 싶어 하는 것일 뿐이기 때문이다."라고 말했다.[1]

로빈슨보다 훨씬 이전에 바울 사도도 하나님의 진리를 억누르는 사람들에 대해 그와 비슷한 말을 남겼다. "그들이 이같은 일을 행하는 자는 사형에 해당한다고 하나님께서 정하심을 알고도 자기들만 행할 뿐 아니라 또한 그런 일을 행하는 자들을 옳다 하느니라"(롬 1:32). 심판의 날이 다가오고 있다는 사실을 의식하면 죄를 즐길 수 없다. 따라서 사람들은 현재의 헛된 쾌락을 즐기기 위해 자신들이 마주치게 될

---

1) J. A. T. Robinson, *On Being the Church in the World* (Harmondsworth, UK: Penguin, 1969), 165.

미래를 애써 무시한다. 이것은 오늘날만의 현상이 아닌 보편적인 현상이다.[2] 교만이 발견되는 곳이면 언제, 어디서나 그런 현상이 나타난다. 교만은 하나님을 대적하기 때문에 그분의 심판도 아울러 거부한다.

히브리서 저자는 "한번 죽는 것은 사람에게 정해진 것이요 그 후에는 심판이 있으리니 이와 같이 그리스도도 많은 사람의 죄를 담당하시려고 단번에 드리신 바 되셨고 구원에 이르게 하기 위하여 죄와 상관없이 자기를 바라는 자들에게 두 번째 나타나시리라"(히 9:27, 28)라고 말했다. 죽음을 향해 나아가는 유한자들은 또한 심판을 향해 나아간다. 하나님이요 사람이신 주님이 다시 와서 심판을 베풀고 역사를 완성하실 것이다. 아담 안에 있는 교만한 자들은 이 현실을 부정하지만, 그리스도 안에 있는 겸손한 자들은 기꺼이 인정하고, 열렬히 고대한다.

창조주의 심판의 날-하나님이 높임을 받으시는 날

심판의 날에 하나님의 형상으로 창조된 모든 인간의 영원한 운명이 결정된다. 그 날은 영원으로 들어가는 출입문이지만, 궁극적으로는 피조물이 그 날의 초점이 아니다. 앤서니 후크마는 "마지막 심판의 가장 중요한 목적은 각 사람의 궁극적인 운명을 나타냄으로써 하나님

---

2) J.I. 패커는 "인과응보는 창조와 함께 확립된 피할 수 없는 도덕적인 원칙이다. 하나님은 모든 사람이 조만간 현세가 아니면 내세에서라도 각자가 받아야 할 것을 받도록 정하셨다. 이것은 삶의 기본적인 사실 가운데 하나다. 우리는 하나님의 형상으로 창조되었기 때문에 마음속으로 이것이 옳다는 것을 알고 있다."라고 말했다. *Knowing God*, 143.

의 주권과 영광을 드러내는 것이다."라고 말했다.[3] 심판의 날은 하나님의 거룩한 위엄이 온전히 드러나는 날이다. 이사야는 "그 날에…여호와께서 홀로 높임을 받으시리라"라고 말했다(사 2:11, 17). 요한은 땅과 하늘조차도 엄위로우신 하나님 앞에서 온데간데없이 사라질 것이라고 말했다(계 20:11). 하나님이 높임을 받으시고, 모든 사람과 모든 피조물이 그분의 선하심을 알게 될 것이다. 그 날에 창조주를 피해 달아날 수 있는 사람은 아무도 없다. 모든 사람이 하나님을 지향하는 자기 인식을 소유하게 될 것이다.

중보자가 없으면 두려워 떨 수밖에 없다

모든 사람이 하나님을 지향하는 자기 인식을 소유한다고 해서 모든 사람이 하나님을 경외하는 겸손을 소유하는 것은 아니다. 모든 사람이 눈으로 직접 하나님을 볼 것이고, 그분의 불꽃 같은 거룩함과 절대적인 주권을 직시할 것이며, 창조주에 관한 진리를 생각하게 될 것이다. 그러나 교만한 자들은 하나님에 대한 사랑과 경외심을 느끼지 못하고, 두려워 떨 것이다. 그들은 생명이 없는 피조물들을 향해 "우리 위에 떨어져 보좌에 앉으신 이의 얼굴에서와 그 어린 양의 진노에서 우리를 가리라 그들의 진노의 큰 날이 이르렀으니 누가 능히 서리요"(계 6:16, 17)라고 부르짖을 것이다. 이것은 겸손한 영혼들이 지니는 예배와 헌신과 사랑에서 비롯한 경외심과는 아무런 상관이 없다. 이

---

3) Anthony A. Hoekema, *The Bible and the Future* (Grand Rapids: Eerdmans, 1979), 254. 〈웨스트민스터 신앙고백〉 33장 2항은 "하나님이 이 날을 정하신 목적은 선택받은 자들을 영원히 구원해 그 긍휼의 영광을 드러내고, 유기된 자들을 단죄해 정의의 영광을 드러내시기 위해서다."라고 진술했다.

것은 교만한 죄인들이 거룩한 하나님 앞에서 도망치거나 숨을 곳을 찾지 못하고 겁에 질려 느끼는 두려움일 뿐이다. 간단히 말해, 이것은 중보자이신 그리스도 없이 느끼는 하나님을 지향하는 자기 인식에 불과하다.

중보자 없이 하나님 앞에 선다는 것이 어떤 것일지 한 번 생각해 보라. 하나님의 진리와 그분의 율법을 억누르며 살았던 우리의 삶을 돌아보라. 하나님은 우리에게 자신의 공의의 영광을 온전하게 드러내신다. 우리는 무한히 거룩하신 그분을 본다. 우리는 하나님을 거역하는 저주스러운 부패성에 휩싸여 있다. 우리가 어렸을 때부터 줄곧 묵살해 온 양심의 소리가 소름 끼치는 비명이나 요란한 사이렌보다 더 크게 소리를 지른다. 우리가 우습게 알았던 하나님께 대한 예배, 우리가 경멸했던 그분의 말씀, 우리가 마구 남용했던 그분의 세상이 우리 앞에 고스란히 드러나고, 그분의 진노를 피할 곳은 어디에도 없다. 두 번째 기회도 없고, 긍휼도 더 이상 없으며, 연옥과 같은 것도 없다. 남은 것은 공의를 드러내시는 두려운 하나님뿐이다.

그런 생각을 하면 두렵지 않은가? 이렇게 묻는 나도 자책감이 든다. 데오도루스 반더그로는 "그들은 처참할 정도로 크게 울부짖으며, 울며, 슬퍼할 것이다. 모든 저주받은 자들의 고통스러운 신음과 슬피 우는 소리가 공중에 가득할 것이다. 그들의 식은땀과 짜디짠 눈물이 온 땅을 적실 것이다."라고 말했다.[4] 우리와 같은 죄인들은 중보자 없

---

[4] Theodorus VanderGroe, *The Christian's Only Comfort in Life and Death: An Exposition of the Heidelberg Catechism*, trans. Bartel Elshout, ed. Joel R. Beeke (Grand Rapids: Reformation Heritage Books, 2016), 1:415.

이 하나님 앞에 서면 수천 개의 원자폭탄보다 더 두려울 수밖에 없다. 그분 앞에서 도망쳐 숨을 곳은 어디에도 없을 것이다.

요한은 교만한 자들이 '굴과 산들의 바위틈에 숨는' 환상을 보았다(계 6:15). 이사야는 비웃는 듯한 어조로 회개하지 않는 하나님의 백성들을 향해 "너희는 바위틈에 들어가며 진토에 숨어 여호와의 위엄과 그 광대하심의 영광을 피하라"(사 2:10)라고 말했다. 그들은 창조주보다 피조물을 더 높였기 때문에 기댈 곳이라곤 피조물밖에 없었다. 그러나 그 날에는 "우상들은 온전히 없어질 것이었다"(18절). 그들이 우상화했던 피조물은 그들을 도울 수 없었다.

- 돈이나 학위나 세상의 보화나 즐거움은 우리를 숨겨줄 수 없다. 하나님 앞에 서면, 인간이 헛되이 추구한 것들이 무슨 도움이 되겠는가?
- 한때 얻으려고 애썼던 사람들의 찬사나 인정도 아무런 위로를 줄 수 없다. 하나님 앞에 서면, 인간의 견해 따위가 무슨 도움이 되겠는가?
- 한때 만족을 얻었던 음식이나 음료나 섹스나 오락이 아무런 즐거움도 제공할 수 없다. 하나님 앞에 서면, 무엇을 즐거워할 수 있겠는가?

이사야가 환상으로 본 마지막 날에 우상들을 파괴한 장본인은 하나님이 아니셨다. 그것을 파괴한 자들은 다름 아닌 교만한 자들이었다. 그들은 피조물 가운데서는 그 어떤 것도 자신들을 창조주 앞에서 구원할 것이 없다는 비참한 현실을 직시하지 않을 수 없었다.

"사람이 자기를 위해 경배하려고 만들었던 은 우상과 금 우상을 그 날에 두더지와 박쥐에게 던지고"(사 2:20).

세상의 소유와 업적과 관계들을 생각해 보라. 그 가운데 심판의 날에 도움이 될 만한 것은 아무것도 없다. 아담의 무화과 잎사귀처럼 피조물 가운데서는 그 어떤 것도 교만한 자들을 하나님의 진노로부터 가려줄 수 없다.

중보자와 함께 있으면 기쁨을 누릴 수 있다

교만한 자들에게는 더없이 큰 공포를 안겨줄 사건이 겸손한 자들에게는 행복한 기쁨을 선물할 것이다. 무엇이 그런 차이를 만들어낼까? 겸손한 자들은 사는 동안 하나님을 신뢰했다. 그들은 자신이 아담 안에서 타락했다는 것을 인정하고, 전적으로 예수님을 의지했다. 그들은 하나님의 은혜로 그리스도를 지향하는 자기 인식에서 비롯하는 낮아지려는 성향을 소유하게 되었다.

"진노의 날 곧 하나님의 의로우신 심판이 나타나는 그 날"(롬 2:5)이 겸손한 자들에게 기쁨을 주는 이유는 그리스도께서 이미 그들에게 임할 진노를 온전히 감당하셨기 때문이다. 십자가는 그리스도의 '진노의 날'이었다. 하나님의 거룩한 분노가 담긴 잔에는 겸손한 자들이 마셔야 할 것이 단 한 방울도 남아 있지 않았다. 그들은 그리스도의 의로운 피난처에 숨어 있기 때문에 바위와 산에 숨을 필요가 없다. 그리스도께서 그들의 생명과 기쁨이 되시기 때문에 그들은 우상들이 자신을 구원할 수 없다는 사실을 깨닫는 순간에 조금도 고통스러워할 필요가 없다.

더욱이, 겸손한 자들이 신뢰하는 중보자께서 친히 재판관이 되신다. "이는 정하신 사람으로 하여금 천하를 공의로 심판할 날을 작정하시고 이에 그를 죽은 자 가운데서 다시 살리신 것으로 모든 사람에게

믿을 만한 증거를 주셨음이니라"(행 17:31). 하나님의 심판대(롬 14:10)
는 곧 그리스도의 심판대(고후 5:10)이다. 그 날에 영광스러운 하나님이
성육신하신 성자 안에서, 또 그분을 통해 높임을 받으실 것이다. 심판
의 날은 그리스도께서 '최종적인 높임과 가장 큰 승리'를 얻으시는 날
이다.[5] 그분은 영원히 원수들을 정복하고, 자기 백성을 옹호하실 것이
다. 그 날에 그분의 사역이 완성될 것이다. 이런 생각을 해도 마음이
기쁘지 않다면, 자신의 겸손을 한 번 의심해봐야 할 필요가 있다.

그리스도가 없는 교만한 자들은 마지막 날에 하나님 앞에서 두려
워 도망칠 수밖에 없지만, 그리스도를 향한 자아 인식을 소유한 겸손
한 자들은 경외심을 느끼며 그분 앞으로 더욱 가까이 나아갈 것이다.
구원자이신 주님이 영광스럽게 나타나시면, 하나님을 지향하는 자기
인식이 완전한 단계에 이르러 '구속자이신 주님을 향한 전례 없는 기
쁨과 경외심'을 느끼게 될 것이다.[6]

피조물의 심판의 날-피조물이 낮아지는 날

창조주께서 높임을 받으시면 피조물은 낮아질 수밖에 없다. 피조물
은 창조주를 만나면 작아질 수밖에 없다.

어렸을 때 놀이터에서 불량배에게 괴롭힘을 당해본 경험이 있을지
도 모르겠다. 불량배는 얼굴에 흙을 집어 던지고, 머리 모양을 비웃는
다. '빌리'라는 이름의 어린 불량배는 으름장을 놓고, 주먹을 휘두르
면서 자기가 마치 대단한 사람이라고 되는 것처럼 생각한다. 그러나

---

5) Hoekema, *Bible and the Future*, 256.

6) Reeves, *Rejoice and Tremble*, 157.

어느 날, 그가 마구 욕설을 퍼붓고 있을 때 갑자기 커다란 그림자가 자신에게 드리우는 것을 느낀다. 눈을 들어 살펴보니 다름 아닌 상대 아이를 데리러 온 아버지가 보였다. 그 순간에 '대단한 빌리'는 어떤 심정을 느낄까? 그는 자기가 스스로 생각했던 것만큼 크고, 강하지 않다는 사실을 불현듯 깨닫는다. 심지어 상대 아이의 아버지는 한마디도 하지 않고, 손가락 하나 쳐들지 않았다. 그는 단지 나타났을 뿐이다. 그러자 빌리는 더없이 작아졌다.

심판의 날에도 그런 일이 일어날 것이다. 그리스도께서는 사람들을 밀어 넘어뜨릴 필요가 없으시다. 그분은 그들에게 낮게 엎드리라고 설득하지도 않으신다. 그분은 단지 나타나실 것이고, 사람들은 모두 그 위엄에 놀라 납작 엎드릴 것이다.

겸손하지 않은 낮아짐

모든 낮아짐이 겸손으로 귀결되는 것은 아니다. 물론, 마지막 날에는 모든 사람이 확실하게 낮아질 것이다. 이사야는 그 날에 대해 이렇게 말했다.

> "그 날에 눈이 높은 자가 낮아지며 교만한 자가 굴복되고 여호와께서 홀로 높임을 받으시리라"(사 2:11).

이 낮아짐은 어떤 낮아짐일까? 이사야는 하나님의 위엄이 밝히 드러나 사람들이 진정으로 겸손해져 기꺼이 그분께 엎드려 경배할 날을 예언한 것일까? 그렇지 않다. 이것은 하나님의 은혜로 인해 생겨난 기꺼운 낮아짐이 아니다. 이것은 빌리가 상대 아이의 아버지 앞에서 움츠러든 것과 같은 것, 곧 존경과 사랑의 표현이 아니라 자기를 보존하기 위해 수치를 무릅쓰는 태도를 가리킨다. 이사야는 12-16절에서 사람들을 낮아질 수밖에 없게 만드는 하나님의 진노가 임할 것이라고 강조했다.

> "대저 만군의 여호와의 날이 모든 교만한 자와 거만한 자와 자고한 자에게 임하리니 그들이 낮아지리라 또 레바논의 높고 높은 모든 백향목과 바산의 모든 상수리나무와 모든 높은 산과 모든 솟아오른 작은 언덕과 모든 높은 망대와 모든 견고한 성벽과 다시스의 모든 배와 모든 아름다운 조각물에 임하리니."

이 말씀은 미래의 두려운 현실을 일깨우는 데 초점을 맞춘다. 여기에서의 낮아짐은 겸손이 아니라 교만한 자들의 마지막 발악, 곧 강퍅한 태도로 가능한 수단은 무엇이든 동원해 자기들을 심판하실 창조주를 피하려고 시도하는 것을 가리킨다. 교만한 자들은 독자적인 인간이 되고 싶어 한다. 그들은 자율적으로 살기를 원한다. 그러나 심판의 날에는 하나님의 형상으로 창조된 모든 인간이 창조주 앞에서 도덕적 책임을 져야 한다는 사실을 알게 될 것이다.

심판하려면 심판의 기준이 필요하다. 그리스도께서 교만한 자들을 심판하시는 기준은 자연과 성경을 통해 나타난 하나님의 계시다.

교만한 자들은 어디에나 하나님의 영광이 드러나 있는 세상에 살고 있다(롬 1:18-20). 그들은 하나님의 형상으로 창조되었기 때문에 그들의 마음에는 그분의 율법이 기록되어 있다(롬 2:14, 15). 그들의 생각과 욕망과 의도와 말과 행위가 모두 하나님의 보편적인 계시와 그분의 도덕적인 뜻에 따라 심판을 받을 것이다. 하나님은 자연의 질서를 통해 자신을 계시하셨기 때문에 교만한 자들은 그분을 거부한 것에 대해 아무런 '핑계도 댈 수 없다'(롬 1:20). 이 헬라어 문구를 문자대로 옮기면 '변호 받지 못한다'라는 뜻이다. 죄인들은 심판의 날에 자기를 변호해줄 대변자가 없다. 그들에게 유리한 증거는 단 한 가지도 없을 것이다. 그럴 수밖에 없는 이유는 그들이 하나님의 형상으로 창조되어 그분이 창조하고, 다스리신 세상에서 살았기 때문이다.

성경에 기록된 하나님의 계시를 접한 사람들은 더더욱 아무런 변명도 할 수 없다. 하나님은 성경을 통해 그리스도와 그분의 구원을 계시하셨다. 예수님은 가버나움에서 말씀을 전했고, 기적을 행하셨다. 그러나 그분의 은혜와 권능을 나타내셨는데도 불구하고, 그 고을 사람들은 교만함으로 강퍅해졌다. 예수님은 그런 그들을 향해 "가버나움아 네가 하늘에까지 높아지겠느냐 음부에까지 낮아지리라 네게 행한 모든 권능을 소돔에서 행하였더라면 그 성이 오늘까지 있었으리라 내가 너희에게 이르노니 심판 날에 소돔 땅이 너보다 견디기 쉬우리라"(마 11:23, 24)라고 경고하셨다. 예수님은 그들을 소돔(극악한 죄와 교만으로 인해 하나님의 진노의 불길에 불타버린 도시)에 빗대며 "소돔을 보라. 그들이 가진 것은 자연에 나타난 하나님의 계시뿐이었다. 그들은 그리스도를 몰랐다. 그러나 너희는 하나님이 말씀을 소유하고 있는데도 그것을 믿지 않았다. 하나님은 너희에게 많은 것을 허락하셨지만 교만으로 인해 그 모든 것을 헛되이 허비했다. 따라서 지금 당장 겸손히 회개하지 않으면, 심판의 날이 소돔 사람들보다 너희에게 더 무서운 날이 될 것이다."라고 말씀하셨다. 살아 있는 동안 그리스도를 알았으면서도 그분의 은혜를 거부한 자들에게는 심판의 날이 더없이 두려운 날이 될 것이다. 사는 동안 줄곧 자신들이 멸시하고, 조롱했던 주님 앞에 서게 된다면 그보다 더 큰 두려움은 없을 것이다.

복음의 하나님은 교만한 자들에게 영원히 진노를 쏟아부으실 것이다. 그 날에 '불의를 따르는 자에게는 진노와 분노'가 임할 것이다(롬 2:8). 자아를 숭배했던 자들이 그리스도 앞에 어쩔 수 없이 무릎을 꿇을 것이다. 하나님을 거스르는 죄를 짓는 사람들, 곧 '진리를 따르지 아니하고 불의를 따르는 자들'이 마지못해 피조물의 책임과 죄책을 인정하게 될 것이다. 그들은 진노로 인해 낮아질 테지만 진정으로 겸손해지지는 않을 것이다. 그들은 하나님을 지향하는 자기 인식을 소유하게 될 테지만 그분을 사랑하고, 경외하는 자들이 되지 못할 것이다. 다음 장에서 살펴보겠지만, 그것이 바로 지옥이고, 궁극적인 저주이며, 교만한 자들이 어쩔 도리 없이 내려가야 할 음부다.

겸손한 낮아짐

겸손한 자들은 어떻게 될까? 그들도 심판의 날에 낮아질까? 성경은 하나님이 겸손한 자들을 향해 무서운 진노를 쏟아내 그들을 멸하시는 일이 절대로 일어나지 않을 것이라고 가르친다. 그러나 겸손한 자들도 낮아짐을 경험하게 될 것이다. 우리는 하나님이 사람들을 각자의 '행위에 따라' 심판하실 것이라는 사실을 망각할 때가 많다(계 20:12, 13). 겸손한 신자들도 그리스도 앞에서 자기의 일을 이실직고하게 될 것이다. 모든 비밀이 드러나고, 모든 행위가 밝혀질 것이다. "이는 우리가 다 반드시 그리스도의 심판대 앞에 나타나게 되어 각각 선악 간에 그 몸으로 행한 것을 따라 받으려 함이라"(고후 5:10). 심령이 겸손한 자들은 마지막 날에 이전에 유한한 몸을 지니고 있을 때보다 더욱 확실하게 자신의 피조성을 인정하게 될 것이다. 그들은 자신의 행위를 심판하실 자애로운 창조주의 절대적인 권위를 처음으로 온전히 이해하게 될 것이다.

그러나 겸손한 자들은 행위와 상관없이 믿음으로 구원받지 않나? 그들은 그리스도의 사역을 통해 하나님 앞에서 죄 사함을 받지 않나? 언뜻 생각하면, 겸손한 자들이 행위에 따라 심판을 받는다는 말이 겸손이 아닌 자기충족적인 교만을 부추기는 의미처럼 들릴 수도 있다. 행위에 집착하면 그리스도를 바라보는 마음을 잃어버릴 것 같은 생각이 든다. 그러나 그런 일은 절대로 일어나지 않는다.

겸손한 자들에게 구원을 주는 믿음은 사랑으로 역사하는 믿음이다 (갈 5:6). 사랑은 율법을 온전히 이룬다(롬 13:8). 이것이 야고보가 "행함이 없는 믿음은 그 자체가 죽은 것이라"(약 2:17)라고 말한 이유다. 신자의 행위는 심판의 날에 하나님으로부터 의롭다는 선고를 받는 근거는 아니다. 그 근거는 그리스도의 사역이다. 그러나 그리스도를 붙잡는 믿음은 하나님을 경외하고 사람들을 사랑하는 순종의 열매를 맺는 믿음이다. 리처드 개핀은 "(신자들의) 선한 행위는 죄 사함의 근거나 토대가 아니다. 그것은 믿음과 동등한 수단, 곧 믿음을 보완해 하나님의 인정을 받아내는 공동 수단도 아니다. 오히려 그것은 믿음을 평가하는 명백하고, 불가결한 판단 기준이다."라고 설명했다.[7] 여기에는 행위로 의롭다 함을 받는다는 교만한 원리가 끼어들 여지가 없다. 믿음은 오직 그리스도만을 바라본다. 그러나 동기와 생각과 말과 행위가

---

7) Richard B. Gaffin Jr., *By Faith, Not by Sight: Paul and the Order of Salva-tion*, 2nd ed. (Phillipsburg, N.J.: P&R, 2013), 112.

획기적으로 변화하지 않으면 그리스도를 진정으로 믿는 구원 신앙을 소유했다고 말할 수 없다.

심판의 날에 드러나게 될 겸손한 자들의 선한 행위는 궁극적으로 그리스도의 행위다. 신자들은 "선한 일을 위하여 지으심을 받은" 자들이다(엡 2:10). 그들이 구원을 행위로 나타내는 이유는 그리스도께서 그들 안에서 역사해 "자기의 기쁘신 뜻을 위하여…행하게 하시기" 때문이다(빌 2:12, 13). 그들은 그리스도를 떠나서는 선한 열매를 맺을 수 없다(요 15:5). 우리가 그리스도 안에서 행하는 선한 행위는 우리의 자기충족적인 만족감을 얻기 위해서가 아니라 그분의 은혜로운 능력을 높이기 위해서다. 사실, 겸손한 자들의 가장 훌륭한 행위조차도 교만으로 가득 차 있다. 그런데도 하나님이 겸손한 자들의 불완전한 거룩함을 기쁘게 받아주시는 이유는 그들의 선한 행위가 온전히 겸손하신 그리스도와 연관되어 있기 때문이다. 칼빈은 이렇게 말했다.

> 죄 사함을 받고 난 후에 뒤따르는 선한 행위는 그 자체의 가치를 따지는 것과는 다른 방식으로 평가된다. 왜냐하면 그것이 하나님의 심판이 이루어질 때 문제시되지 않도록 그리스도의 완전하심을 통해 그 안에 있는 불완전한 것들이 모두 가려지고, 그분의 순결하심으로 결함이나 흠이 모두 깨끗해지기 때문이다. 하나님을 기쁘시게 하는 것을 행하지 못하게 가로막는 모든 죄책이 지워 없어지고, 선한 행위조차 오염시키는 불완전한 결함이 덮여 감추어졌기 때문에 신자들이 행하는 선한 행위는 의로운 것으로 간주된다.[8]

8] Calvin, *Institutes*, 3.17.8.

이처럼, 행한 대로 갚는 심판은 겸손한 자들을 부추겨 그들 자신의 의를 의존하도록 이끄는 것이 아니라 영화로운 종국을 맞이한 순간에 그리스도의 충족성과 그들의 전적 의존 상태를 극명하게 드러내는 역할을 한다. 낱낱이 드러난 죄는 모두 죄를 정복한 그리스도의 희생을 크게 돋보이게 하고, 완전하지 않은 선한 행위는 모두 그리스도의 도덕적인 순결성을 드러낼 것이다. 겸손한 자들은 재판관이신 주님 앞에 설 때 그리스도를 지향하는 자기 인식과 낮아지려는 겸손한 성향이 완전한 단계에 이르는 것을 경험할 것이다. 그들은 맏형이신 주님 덕분에 하나님의 자녀가 누리는 권리와 특권을 온전히 소유할 것이다. 그들은 공적으로 옹호되고, 그들이 하나님의 자녀라는 사실이 온 세상에 드러날 것이다. 그들은 하늘에 있는 성부의 집에 들어가서 영원히 그 품에 안길 것이다.

심판의 날을 고대하는 삶

그리스도께서 의로 세상을 심판하기 위해 오시는 것이 겸손한 자들의 "복스러운 소망"(딛 2:13)인 이유가 무엇인지 아는가? "복스러운 소망"이라는 두 단어를 잠시 생각해 보자. '소망'은 막연한 희망 사항이 아니라 확신에 찬 기대를 의미한다. 하나님의 확실한 약속에 근거해 미래를 바라보는 것, 그것이 곧 소망이다. '복스러운'은 영혼을 만족시키는 큰 기쁨을 가져다주는 것을 가리킨다. 예수님 안에 있는 겸손한 신자들에게 심판의 날이란 바로 그런 의미를 지닌다. 그들이 확신에 찬 기대를 품고 그 날을 바라보는 이유는 그 날에 영원한 지복을 누릴 것이기 때문이다. 그때가 오면 그들은 교만과 영원히 결별할 것이고, 그리스도의 절대적인 필요성을 온전히 인정하고, 그분의 사랑을 온전히 알게 될 것이다. 그들이 가장 바라는 것은 주님으로부터 "잘 하였도다 착하고 충성된 종아…네 주인의 즐거움에 참여할지어다"(마 25:23)라는 칭찬을 듣는 것이다. 그들은 그 어떤 것보다 "내 아버지께 복 받을 자들이여 나아와 창세로부터 너희를 위하여 예비된 나라를 상속받으라"(34절)라는 말씀을 생각하며 아침마다 잠자리에서 힘차게 일어난다. 심판의 날은 사변적인 이론이나 비현실적인 진리가 아니다. 심판의 날을 고대하는 신자들은 시대와 장소를 막론하고 그리스도에게서 나와 그분으로 말미암고, 그분에게로 돌아가는 삶을 살아간다(롬 11:36 참조). 그들은 그리스도의 임박한 재림을 간절히 바라는 마음으로 살아간다. 그들은 자신의 겸손을 완전하게 해 줄 그 날을 고대하며 더욱 겸손한 태도로 현재를 살아간다.

영원을 향해 나아가는 유한자들

기독교는 다가올 것을 바라보라고 촉구하는 미래 지향적인 종교다. 그러나 우리 가운데 실제로 그렇게 하는 사람들이 과연 얼마나 될까? 우리는 과거와 현재를 주로 바라보고, 세상에서의 불확실한 미래를 꿈꾸며 상세한 계획을 세우기도 한다. 그러나 죽음, 심판, 영원한 상태와 같은 확실한 현실을 생각하는 데는 얼마나 많은 관심을 기울이는지 묻고 싶다. 종말론은 종종 박사 공부를 하는 사람들만을 위한 이론적인 학문으로 치부될 때가 많다. 그러나 하나님은 종말론이 겸손한 그리스도를 위한 실질적인 학문이 되기를 바라신다. 그분은 그런 미래의 확실한 현실들을 통해 현재의 불확실한 것들을 바라보는 관점이 변화되기를 원하신다.

　성경은 이를 '소망'(hope)으로 일컫는다. 우리는 "오늘 아침에는 설교자가 설교를 길고 지루하지 않게 했으면 좋겠어."(I hope~)라거나 "나는 그녀가 그 일자리를 얻기를 원해."(I hope~)와 같은 식으로 이 용어를 자주 사용한다. '소망'은 일반적으로는 아직 이루어지지 않은 것이 앞으로 이루어지기를 바라는 마음을 가리키는 의미로 사용된다. 그러나, 소망은 막연한 희망 사항이 아니다. '소망'은 성경에서 하나님과 그분의 약속에 대한 확신에 찬 기대를 가리키는 의미로 사용되었다. 그것은 변하지 않으시는 하나님과 그분의 완전한 말씀에 근거한, 견고하고, 기대에 찬 확실성을 가리킨다.

겸손은 하나님을 향하는 경외심과 인간을 향하는 사랑만이 아니라 미래를 향하는 소망과도 밀접하게 연관되어 있다. 우리가 낮아질수록 우리의 소망은 더욱 커진다. 교만한 자들도 자신의 영원한 운명에 관해 막연한 기대를 품을 수 있을지 몰라도 견고하고, 안정된 성경적인 소망은 절대로 알 수 없다. 교만한 자들은 항상 "하나님이 정말로 그렇게 말씀하셨는가?"라고 묻는다. 계시를 거부하고, 하나님을 멸시하는 교만한 자들은 스스로 자신의 주인 되고자 하는 자아의 불확실한 요구에만 관심을 기울인다. 하나님의 말씀을 두려워하는 겸손한 자들만이 바위처럼 견고한 확신으로 미래를 바라본다. 오직 그들만이 즐거운 기대감과 두렵고 떨리는 마음으로 다가올 날들을 바라볼 수 있다.

죽음과 심판을 다룰 때 언급한 대로, 겸손한 자들은 소망이 커질수록 더욱 겸손해진다. 하나님의 선하신 계획 덕분에 미래의 확실한 현실들이 그리스도를 지향하는 자기 인식에서 비롯하는 낮아지려는 성향을 더욱 강하게 자극한다. 이 마지막 장에서는 교만한 자들과 겸손한 자들의 마지막 상태를 다룰 생각이다. 기독교적 소망은 궁극적으로 죽음이나 심판이 아닌 영원한 상태에 초점을 맞춘다. 우리는 영원을 향해 나아가는 존재, 곧 영원한 종착지를 향해 신속하게 나아가는 유한자들이다. 겸손과 교만은 우리의 영원한 운명을 결정하는 요인들이다.

교만의 최종 종착지

그리스도께서는 심판의 날에 누구도 피할 수 없는 절대적인 권위로 교만한 자들을 향해 "저주를 받은 자들아 나를 떠나 마귀와 그 사자들을 위하여 예비된 영원한 불에 들어가라"(마 25:41)라고 선언하실 것이다. 참으로 무서운 말씀이 아닐 수 없다. 이 말씀은 교만이 얼마나 가증스러운 것인지를 분명하게 보여줌과 동시에 궁극적인 저주와 영원한 불이 주어질 것을 확실하게 보장한다. 지옥이 존재하게 된 이유는 사탄의 교만 때문이다. 지옥은 사탄을 비롯해 회개를 거부하고, 창조주의 권위를 찬탈하려고 애쓰는 그의 영적 자녀들의 최종 종착지다(계 20:10, 15).

지옥의 교리를 탐탁하지 않게 생각하는 사람들은 그리스도의 말씀을 좋아하지 않을 것이 분명하다. 예수님을 '지옥의 불을 전하는 설교자'로 일컬어도 조금도 과장되지 않을 것이다. 예수님은 사람들을 향해 "몸과 영혼을 능히 지옥에 멸하실 수 있는 이"를 두려워하라고 거리낌 없이 외치셨다(마 10:28). 그분은 조금도 망설이지 않고 겸손히 죄에 맞서 싸우기를 거부하는 자들을 향해 지옥에 가게 될 것이라고 경고하셨다(마 5:27-30). 예수님의 가르침에 따르면, 지옥에 가는 것은 존재의 소멸을 뜻하지 않는다. 그것은 '영원한 불' 속에 들어가서 '영원한 벌'을 받는 것을 의미한다(마 25:41, 46). 예수님은 사역하면서 줄곧 지옥의 형벌을 경고하셨다. 그분의 말씀 가운데 지옥을 가장 분명하게 묘사한 내용은 부자와 나사로의 비유였다(눅 16:19-31). 비유는 진리를 가르치는 강력한 수단이다. 예수님은 비유를 활용해 교만한 자들의 마지막 운명을 생생하게 묘사하셨다.

예수님의 비유에는 서로 극명하게 대조되는 두 사람이 등장한다.

한 사람은 부자였고, 다른 한 사람은 빈민이었다. 한 사람은 대문이 있는 집에 살았고, 다른 한 사람은 집이 없는 걸인이었다. 한 사람은 왕처럼 옷을 입었고, 다른 한 사람은 누더기를 걸치고 있었다. 한 사람은 진수성찬을 즐겼고, 다른 한 사람은 굶어 죽기 직전이었다. 한 사람은 건강했고, 다른 한 사람은 병든 상태였다. 그러나 이런 것들은 모두 피상적인 차이에 지나지 않는다. 가장 중요한 차이는 부자는 교만했고, 걸인은 겸손했다는 것이다. 부자는 물질적인 번영이라는 우상(피조물)을 숭배했고, 걸인은 아브라함의 하나님(창조주)을 경배했다. 겸손한 나사로는 죽어서 '아브라함의 품(천국)에 들어갔고'(22절), 교만한 부자는 '음부(지옥)'에 내려갔다(23절).

지옥의 고통

예수님은 지옥에 있는 부자의 상태를 "고통 중에"라는 한 마디로 묘사하셨다(눅 16:23). 이 표현을 좀 더 문자적으로 번역하면 '고통을 소유하고'라는 뜻이다. 부자는 세상에서 모든 것을 소유했지만, 이제 그가 소유한 것은 고통뿐이었다. 사실, '고통'이라는 말은 좀 약하다. 이것은 몸과 영혼에 혹독한 고뇌와 괴로움을 안겨주는 고통을 의미한다. 부자는 "내가 이 불꽃 가운데서 괴로워하나이다"(24절)라는 말로 자신이 경험하는 것을 묘사했다.

지옥이 그토록 고통스러운 장소인 이유는 무엇일까? 그 이유는 빨간 망토를 걸친 마귀가 삼지창으로 사람들을 콕콕 찔러대기 때문이 아니라 하나님이 불꽃같이 찬란한 거룩함을 온전하게 드러내시기 때문이다. 하나님의 진노가 부자에게 쏟아졌고, 그는 어디에도 숨을 곳이 없었다.

지옥에 있는 교만한 자들은 그들의 우상 숭배적인 욕망을 만족시켜 줄 가능한 수단을 모두 박탈당한 채 교만을 무한정 발산할 수 있는 상태에 처해 있다. 그들은 세상에 있을 때는 자신의 배를 숭배했지만, 이제는 진수성찬을 원해도 먹을 만한 부스러기 하나조차도 발견할 수 없는 상태다. 그들은 세상에 있을 때는 섹스를 숭배했지만, 이제는 강렬한 정욕이 무한정 느껴져도 성욕을 만족시킬 만한 수단을 전혀 발견할 수 없는 상태다. 그들의 우상들은 모두 사라졌고, 오직 참 하나님만 남아 계시는 상태다. 이것이 교만한 자들의 최악의 악몽이다.

지옥의 지속 기간

예수님의 비유는 조금도 줄어들지 않는 하나님의 진노를 끝없이 경험하는 부자의 모습을 생생하게 묘사한다. 그는 구원해달라고 울부짖지만, 돌아오는 것은 천국에 있는 아브라함의 대답뿐이다. 그는 부자에게 "너희와 우리 사이에 큰 구렁텅이가 놓여 있어 여기서 너희에게 건너가고자 하되 갈 수 없고 거기서 우리에게 건너올 수도 없게 하였느니라"(눅 16:26)라고 말했다. 지옥에서 빠져나올 길은 없다. 그곳은 막다른 길, 곧 영원한 목적지이다.

하나님은 무한히 거룩하시기 때문에 그분을 거역한 죄에는 무한한 죄책이 뒤따르기 마련이다. 우리와 같은 유한한 피조물은 그 죄책(무한히 지속되는 형벌)을 결코 갚을 수 없다. 불행하게도 어떤 사람들은 수십 년 동안 만성적인 고통에 시달리기도 하지만, 지옥은 더없이 큰 고통을 영원토록 안겨준다. 에드워드 페이슨은 "하나님의 분노의 불길이 영원토록 타오른다. 하나님이 변하거나 사라지지 않으시는 한, 그 불은 절대로 꺼지지 않는다. 회개하지 않은 죄인들은 가장 끔찍한 성

분들로만 구성된 이 분노의 잔을 들이켜야 한다."라고 말했다.[1] 만일 지옥의 고통이 영원하지 않다면, 교만한 죄인들은 거기에서 벗어날 날을 생각하며 위로를 느낄 것이다. 그러나 그런 일은 절대로 없다. 고통이 영원히 계속될 것을 의식할 때 느끼게 될 고뇌를 생각해 보라. 토머스 굿윈은 "(교만한 지옥의 거주자들은) 살아 계시는 하나님에게서 영원히 벗어나지 못한 채…비참한 상태에 계속 머물 것이다."라고 말했다.[2]

부자는 이 세상을 위해 살았다. 그는 권력과 재물과 명성과 쾌락을 숭배했다. 그는 그런 것들을 통해 일시적인 만족을 얻었다. 죄는 만족을 준다. 교만은 즐거움을 주지만, 그 즐거움은 일시적이고, 피상적일 뿐이다. 부자가 구원을 호소하자 아브라함은 "얘 너는 살았을 때에 좋은 것을 받았고…이것을 기억하라 이제…너는 괴로움을 받느니라"(눅 16:25)라고 말했다. 창조주께서는 부자에게 자기 안에서 영원한 즐거움을 누리라고 말씀하셨지만, 그는 교만하게도 그것을 피조물이 주는 일시적인 즐거움과 맞바꾸었다. 아브라함의 말은 "너는 네가 원하는 것을 얻었다. 너는 일시적인 것들을 숭배했고, 일시적인 즐거움을 누렸다. 그러니 이제 너는 교만한 우상 숭배로 인해 영원한 저주를 당해야 한다."라는 의미였다. 토머스 보스턴은 "죄의 쾌락에는 영원한 불 속에서의 고통이라는 너무나도 값비싼 대가가 뒤따른다."라고 말했다.[3] 이런 사실을 간과해서는 곤란하다. 신중하게 생각해야 한다. 교

---

1) Edward Payson, *The Complete Works of Edward Payson* (Harrisonburg, Va.: Sprinkle Publications, 1988), 2:327.

2) Thomas *Goodwin, Two Discourses* (London: J. D. for Jonathan Robin-son, 1693), 195.

3) Boston, *Human Nature in Its Fourfold State*, 491.

만의 어리석음(일시적인 쾌락을 위해 영원한 고통을 자초하는 것)을 곰곰이 생각해 보라. 지옥은 우리의 교만한 마음이 얼마나 어리석은 것인지를 분명하게 보여준다.

지옥의 복음 전도

내가 원하는 것이 베스트셀러 작가가 되는 것이라면 겸손이라는 실천 신학의 주제를 다루기보다 개인적으로 지옥을 방문했던 이야기를 책으로 쓰는 것이 훨씬 나을 것이다.[4] 겸손은 〈뉴욕 타임스〉의 베스트셀러 목록에 포함될 주제는 결코 아니다. 그러나 사후 세계를 방문했다가 돌아온 경험담을 책으로 펴내면 대박이 날 것이 틀림없다. 오늘날 그런 이야기가 인기를 누리는 현상은 우리가 얼마나 교만한지를 여실히 보여준다. 그 이유는 그것이 곧 지옥에 떨어진 부자의 복음 전도 전략이었기 때문이다. 그는 지옥에서 벗어날 길이 없다는 사실을 깨닫고는 아브라함에게 "그러면 아버지여 구하노니 나사로를 내 아버지의 집에 보내소서 내 형제 다섯이 있으니 그들에게 증언하게 하여 그들로 이 고통 받는 곳에 오지 않게 하소서"(눅 16:27, 28)라고 애원했다.

그러나 겸손한 아브라함은 조금도 흔들리지 않았다. 그는 "그들에게 모세와 선지자들이 있으니 그들에게 들을지니라"(눅 16:29)라고 대답했다. 그러자 지옥에서 고통을 당하고 있는 교만한 부자는 "그렇지

---

4) '지옥의 복음 전도'라는 문구는 Ian Macleod, "They Have Moses and the Prophets" (sermon, Free Reformed Church, Grand Rapids, Michigan, May 8, 2016), https://www.sermonaudio.com/sermoninfo.asp?SID=54161825403에서 가져온 것이다.

아니하니이다 아버지 아브라함이여 만일 죽은 자에게서 그들에게 가는 자가 있으면 회개하리이다"(30절)라고 주장했다.

부자가 유대인이라는 사실을 이해하는 것이 중요하다. 이 사실은 그가 아브라함을 거듭 아버지로 부른 것과 비유의 문맥을 통해 분명하게 드러난다. 이 교만한 부자의 말은 "아브라함이여, 뭘 잘 모르시는군요. 성경은 제게 아무런 소용이 없었습니다. 저는 성경의 가르침을 받고 자랐고, 안식일마다 설교를 들었습니다. 저는 성경 본문을 많이 인용할 수도 있습니다. 그런데 지금 이런 괴로움과 고통을 당하고 있습니다."라는 뜻이었다. 그는 성경의 그리스도 외에 그 이상의 무엇인가가 더 필요하다고 주장했던 셈이다.

어떤 사람들에게는 성경의 가르침이 효과가 있을 수도 있고, 또 어떤 문화에서는 설교가 효과가 있을 수도 있다. 그러나 지금 이 나라에서는 더 이상 그렇지가 못하다. 그렇다면 요즘에는 어떤 것이 사람들을 설득하는 데 효과가 있을까?

- 만일 찰스 다윈이 다시 살아나서 무신론의 어리석음을 꾸짖고 다가올 진노를 경고한다면.
- 만일 휴 헤프너가 다시 살아나서 정욕의 어리석음을 꾸짖고 다가올 진노를 경고한다면.
- 만일 마이클 잭슨이 다시 살아나서 물질주의의 어리석음을 꾸짖고 다가올 진노를 경고한다면.

성경은 훌륭하지만 충분하지 않다. 이것이 교만한 자들의 주장이다. 이것이 인간의 원죄가 발생하게 된 이유다. 아담과 하와는 하나님의 권위 있는 말씀을 존중하지 않았다. 그는 하나님을 경시했고, 절대적인 권위와 충족성을 지닌 그분의 계시를 판단했다. 이것이 오늘날의 큰 문제다. 이것이 지옥이 존재하는 이유이고, 정신을 번쩍 들게 만드는 아브라함의 마지막 말로 예수님의 비유가 끝나는 이유다. 그는 "모세와 선지자들에게 듣지 아니하면 비록 죽은 자 가운데서 살아나는 자가 있을지라도 권함을 받지 아니하리라"(눅 16:31)라고 말했다.

영원한 불을 피할 수 있는 길은 오직 하나, 성경의 그리스도를 믿는 겸손한 믿음뿐이다. 그러나 교만한 자는 이 길로 나아가려고 하지 않는다. 그들이 그리스도의 말씀에 복종하기를 거부하는 이유는 그분께 복종하기를 싫어하기 때문이다. 그들은 자아를 향해 궁극적인 충성을 맹세한 상태로 살아갈 길이 열려 있는 한, 신앙 따위는 전혀 신경 쓰지 않는다. 따라서 교만한 자들은 교만한 불신앙에 사로잡혀 죽을 수밖에 없고, 영원히 창조주의 진노 아래 머물 수밖에 없다.

겸손을 일깨우는 지옥의 불

교만이 왜 우리의 가장 큰 적인지 이제 알겠는가? 교만을 죽이지 않으면, 영원한 멸망의 길을 피할 수 없다. 머릿속으로 지옥의 개념을 생각하기는 쉽지만, 마음속으로 그렇게 하기는 쉽지 않다. 이 두려운 현실을 생생하게 느끼려면 반드시 성령의 역사가 필요하다.

교만한 자들을 위해 예비된 지옥을 생각하면, 우리의 겸손이 더욱 깊어져야 한다. 지옥의 구덩이를 응시하면 창조주의 절대적인 거룩하심을 볼 수 있다. 그분을 가볍게 생각해서는 안 된다. 지옥의 구덩이를 응시하면 피조물인 우리의 불순종이 얼마나 가증스럽고, 우리가 스스로를 구원할 능력이 얼마나 부족한가를 분명하게 알 수 있다. 우리는 영원한 고통을 당해야 마땅한 죄인이다. 지옥을 생각하면 피조물인 우리의 부패성을 강하게 의식할 수 있고, 겸손히 그리스도를 의지하지 않을 수 없다. 토머스 왓슨은 "그리스도께서 친히 우리를 위해 지옥의 고통을 맛보셨다. 하나님의 어린 양이 진노의 불에 타버렸다. 그 번제로 인해 자기 백성을 향한 하나님의 분노가 누그러졌다."라고 말했다.[5] 지옥의 현실이 신자의 마음속에 선명하게 각인되면, 그리스도를 지향하는 자기 인식에서 비롯하는 낮아지려는 성향이 생겨날 수밖에 없다.

겸손의 최종 종착지

아브라함이 부자에게 한 말을 통해 모든 사람의 영원한 운명은 성경에 어떻게 반응하느냐에 따라 달라진다는 사실이 분명하게 드러난다. 하나님의 계시를 거부하는 교만한 자들의 최종 종착지가 지옥인 이유는 유일무이한 구원자이신 예수 그리스도의 계시를 거부하기 때문이다. 그러나 중보자를 받아들여 경배하는 겸손한 자들은 그와는 전혀 다른 종말을 맞이한다. 그들은 미리 사랑을 받아 자녀로 입양되었을 뿐 아니라 대변자까지 있는 신자들, 곧 십자가에 못 박혀 죽었다가 다시 살아나신 그리스도를 믿는 신자들이다. 그들은 겸손한 나사로처럼 아브라함의 하나님을 예배한다. 그들은 하나님의 영원한 가족이자 상속자들이다.

성경은 겸손한 자들의 놀라운 소망으로 끝을 맺는다. 요한은 환상

---

5) Thomas Watson, *The Christian on the Mount: A Treatise on Meditation*, ed. Don Kistler (Orlando, Fla.: Northampton Press, 2009), 57.

중에 '새 하늘과 새 땅'을 보았다(계 21:1, 사 65:17). 성령으로 변화된 세상은 에덴동산과 비슷한 '동산 성전'이다. 그곳은 뱀이 존재하지 않기 때문에 이전의 동산을 훨씬 능가한다. 사탄은 자신을 추종하는 천사들과 인간들과 함께 지옥에 던져질 것이다. 더욱이 이 새 동산은 유실될 가능성이 전혀 없다. 그곳의 거주자들은 그리스도를 바라보면서 그분의 형상으로 온전하게 변화될 것이다. 그곳은 교만은 없고, 무한한 축복만이 존재하는 세상이다. 이것이 곧 첫째 아담이 뱀의 거짓말을 물리쳤더라면 확실하게 얻게 되었을 영원한 삶이다.

완전한 섬김의 세상

다가올 세상의 거주자들은 영혼을 풍요롭게 하는 생명수의 강물과 참된 만족을 주는 생명 나무의 열매들을 마음껏 즐긴다(계 22:1, 2). 겸손한 자들의 최종 종착지는 순수한 생명이 있는 곳이다. 그 생명은 다름 아닌 하나님 자신이시다. 예수님이 세상에서 사역할 때 분명하게 밝히신 대로, 영생이란 성자를 통해 성부와 화해해 사랑의 교제를 나누는 것을 의미한다(요 17:3). 하나님을 알고, 그분 안에서 즐거워하고, 그분을 사랑하고, 그분과 더불어 사는 것, 이것이 바로 영생이다. 이것이 새 땅의 삶이다.

요한의 환상에서 가장 두드러진 것은 '하나님과 그 어린 양의 보좌'(계 22:3)다. 하나님은 그리스도 안에서 절대적인 주권자로서 통치권을 행사하신다. 보좌를 두고 하나님과 다툴 수 있는 존재는 어디에도 없다. 그 무엇도 그분의 지고한 위치를 시샘할 수 없다.

새 땅의 거주자들은 하나님을 섬긴다(계 22:3). 요한은 "그의 얼굴을 볼 터이요 그의 이름도 그들의 이마에 있으리라"(4절)라고 말했다. 새

'동산 성전'에 있는 사람들은 더 이상 하나님을 믿음이나 성경을 통해 보지 않는다. 그들은 영화롭게 된 인간의 눈, 즉 성령을 통해 변화된 육체의 눈으로 그분을 바라본다. 그들은 하나님의 눈부신 영광을 보면서도 해를 입지 않는다. 하나님을 바라보는 그들의 눈은 영화롭게 된 상태다. 그러나 그것이 전부가 아니다. 새 땅의 거주자들은 완전한 눈으로 그리스도를 영원히 바라볼 수 있다. 그들이 바라보는 하나님의 영광이 어린 양의 '등불'을 통해 항상 밝게 빛난다(계 21:23).

그리스도를 지향하는 자기 인식이 완전해지면서 낮아지려는 겸손한 성향도 함께 완전해진다. 따라서 새 땅의 거주자들은 하나님의 형상으로 창조된 본래의 목적에 부합하는 일을 할 수 있다. 그들은 하나님을 영원히 즐거워하고, 영화롭게 한다. 조나단 에드워즈는 "하나님의 영광스러운 탁월함과 아름다움이 성도들의 마음을 영원히 즐겁게 할 것이다. 하나님의 사랑이 그들의 영원한 성찬(盛饌)이 될 것이다."라고 말했다.[6] 겸손한 자들이 영원히 이행해야 할 사명은 다름 아닌 예배다. 구약 시대에 대제사장이 쓰는 관에 하나님의 이름을 쓴 패가 붙어 있었던 것처럼(출 28:38 참조), 새 땅의 거주자들의 이마에도 그분의 이름이 쓰여 있다(계 22:4). 그들은 제사장들이다. 지성소가 완전한 입방체였던 것처럼, '동산 성전'도 완전한 입방체다(계 21:15-17). 그들은 하나님의 집에 영원히 거한다.

교만한 자들은 그런 미래를 보여주는 환상을 달가워하지 않는다.

---

6) Jonathan Edwards, "God Glorified in Man's Dependence," in *Sermons and Discourses, 1730-1733*, ed. Mark Valeri (New Haven, Conn.: Yale Univer-sity Press, 1999), 208.

그들은 단지 하나님의 얼굴을 피하기만을 바랄 뿐이다. 그러나 완전한 겸손을 지닌 사람들은 중보자를 통해 하나님의 아름다우심을 마음껏 즐기고 싶어 한다. 그들은 하나님을 온전히 의지하고, 그분께 온전히 복종하며, 그분을 온전히 즐거워한다. 그들은 피조물과 창조주의 관계를 올바로 형성하고, 모든 것이 어린 양 덕분이라고 생각한다. 그들의 완전한 겸손은 영원히 유지된다.

어떤가? 그런 미래를 생각하니 기대감이 솟구치는가? 하나님을 경시했던 어리석은 교만을 영원히 없애버리고 싶은 마음이 간절한가? 성령의 역사를 통해 그런 갈망을 느끼는 자들을 위해 그 날이 신속히 다가오고 있다.

완전한 높임이 이루어지는 세상

새 땅에 거하는 겸손한 자들은 영화롭게 된 제사장의 신분으로 하나님을 예배할 뿐 아니라 영화롭게 된 왕의 신분으로 그분과 함께 다스린다. 요한의 환상은 "그들이 세세토록 왕 노릇 하리로다"(계 22:5)라는 말로 끝을 맺는다.

그러나 주님만 높임을 받으시고, 피조물은 모두 낮아져야 마땅하지 않은가? 물론이다. 하나님은 새 땅의 유일한 왕이시다. 하나님과 보좌를 두고 겨룰 경쟁자는 아무도 없다. 그러나 겸손한 자들은 높임 받으신 하나님의 통치에 참여한다.

아버지가 자동차 운전석에 처음 앉혀준 때를 생각해 보라. 당시에 우리의 나이는 네다섯 살에 불과했다. 우리의 다리는 가속 페달을 밟을 만큼 길지 않았고, 우리의 팔은 핸들을 돌릴 만큼 강하지 않았다. 그러나 아버지는 우리를 무릎에 앉힌 채로 운전석에 앉아서 함께 동네를 한 바퀴 돌았다. 집에 돌아온 순간, 우리는 재빨리 집안으로 달려 들어가서 "엄마, 내가 자동차를 운전했어요."라고 소리쳤다. 우리의 말은 거짓이 아니었다. 우리가 운전석에 앉은 것은 사실이었다. 우리의 손으로 핸들을 잡았다. 그러나 어머니는 아버지가 자동차를 처음부터 끝까지 운전했다는 것을 알고 있었다.

새 땅에서도 그런 일이 일어난다. 하나님이 겸손한 자녀들을 무릎에 앉힌 채로 보좌 위에서 만물을 다스리신다. 아담에게 주어진 통치권이 현실화된다. 참된 왕은 하나님 한 분뿐이지만, 맏형이신 주님과 연합한 그분의 자녀들이 왕들이 되어 함께 다스린다. 그들은 그분의 우주적인 승리에 동참한다. 온 땅이 모두 그분의 왕국이다.

우리는 겸손한 자들의 영원한 통치를 기대해야 한다. 왜냐하면 그것이 줄곧 유지되어 온 하나님의 목적이자 약속이기 때문이다. 그것은 겸손한 자들에게 약속된 은혜의 결말이자(잠 3:34) 그리스도께서 하신 말씀("무릇 자기를 높이는 자는 낮아지고 자기를 낮추는 자는 높아지리라"-눅 14:11)의 궁극적인 실현이다. 하나님이 완전히 겸손해진 사람들을 안아 올려 보좌에 앉히실 것이다. 이런 깊은 낮아짐과 높아짐이 하나가 되어 영원히 지속된다. 낮아졌다가 다시 높아지신 주님의 전철을 하나님의 자녀들도 따르게 될 것이다.

겸손한 자들의 소망

게할더스 보스는 "다가올 세상의 대기는 그리스도인들이 숨쉬기에 좋은 공기다. 그들은 그것이 없으면 무력하고, 우울할 것이다."라고 말했다.[7] 우주 비행사들은 우주로 비행할 때 지구의 공기를 가지고 간다. 그들은 지구의 공기로 숨을 쉬지 않으면 살 수 없다. 보스는 그리스도인도 낯선 세상에 있는 동안 그들의 참된 고향의 공기를 마셔야 한다고 말했다. 새 땅의 산소가 그들의 영적 폐를 가득 채운다. 그것은 이 광야 같은 세상에서 힘차게 살아갈 수 있는 힘을 공급한다. 그것을 통해 그들의 헌신에 활력과 생명이 공급된다. 겸손한 자들은 새 땅의 '생명 넘치는 공기'를 호흡하며 살아간다.

천국의 공기가 그들의 영적 폐를 가득 채울 뿐 아니라 천국의 영광이 그들의 영적 눈에 가득 비친다. 이번 장을 쓰는 동안, 내가 좋아하는 찬송가의 가사에 있는 '밝은 소망'이라는 두 단어가 새롭게 떠올라 내게 깊은 감명을 주었다. 이 두 단어는 토머스 치솜이 작시한 "오 신실하신 주"의 마지막 절에서 발견된다.

죄의 용서와 지속되는 평강
주 친히 임재하셔서 인도하네.
오늘의 힘 되고 밝은 소망,
주만이 만복을 내리시네.[8]

그동안 이 찬송가 가사를 셀 수 없이 많이 불렀지만, 진지하게 생각해 본 적은 한 번도 없었다. 밝은 소망! 예수 그리스도 안에 있는 겸손한 자들의 소망은 더할 나위 없이 밝다. 우리는 영원을 향해 나아가는 유한자다. 그러니 영혼의 눈으로 영원을 바라봐야 하지 않겠는가?

---

7) Geerhardus Vos, "A Sermon on 1 Peter 1:3−5," https://www.kerux.com/doc/0102A1.asp.

8) Thomas O. Chisholm, "Great Is Thy Faithfulness," in the public domain.

그리스도를 믿음으로써 구원을 얻었다면, 머지않아 영원히 사랑받는 자녀로서 만형이신 주님을 통해 성부의 자애로운 임재를 영원히 누리면서 사랑으로 다스리시는 그분의 통치에 동참하게 될 것이다. B.B. 워필드는 이것이 "하나님의 측량할 수 없는 사랑의 궁극적인 목적"이라고 말했다.[9] 우리의 양자 됨은 이런 영화로운 상태로 완결된다. 이것은 막연한 희망 사항이나 근거 없는 낙관주의가 아니라 겸손한 자들의 소망이다. 그들은 이 소망을 품고 "주 예수님, 오시옵소서. 속히 오시옵소서"라고 부르짖는다(계 22:20 참조).

---

9) B. B. Warfield, *The Saviour of the World* (Edinburgh: Banner of Truth, 1991), 130.

맺는말

이 책을 쓰는 동안, 나는 결론에 도달했을 때를 종종 상상하곤 했다. 어떤 때는 이 책을 잘 마무리할 수 있을지 궁금한 생각이 들기도 했다. 이제 마침내 결론에 도달했다. 그러나 솔직히 말해 내가 상상했던 것과는 매우 다른 기분이 느껴진다.

나는 안도의 한숨을 크게 내쉬며 큰 성취감을 느낄 수 있기를 기대했다. 나는 피리를 불고, 색종이 조각을 공중에 뿌리며, 승리의 춤을 출 꿈을 꾸었다. 그러나 그것은 겸손한 현실주의가 결여된 상상이었다.

내 말을 오해하지 말기 바란다. 겸손은 피리를 부는 것이나 색종이 조각을 뿌리는 행위를 정죄하지 않는다. 그러나 지금 이 순간, 하나님께 감사하는 나의 마음 한구석에서 전혀 예기치 않았던 슬픔이 느껴진다. 마음속에서 가라앉지 않는 아픔과 싸한 불안감이 솟구친다.

내 마음속을 가만히 들여다보니 겸손에 관해 많은 것을 알고 있는 한 사람의 모습이 보인다. 또, 나의 회중을 찬찬히 살펴보니 겸손에 관한 진리로 잘 무장된 한 교회의 모습이 보인다(그들은 겸손에 관한 설교를 20편 이상 들었다). 그러나 "이 덕성을 좀 더 분명하게 이해했다고 해

292   아래로 성장하는 삶

서 우리가 조금이라도 더 겸손해졌다고 자신할 수 있을까? 겸손이 우리의 친밀한 친구가 되어 존재의 중심을 근본적으로 변화시키고 있는가? 우리가 실제로 조금이라도 아래로 성장했는가? 우리는 계속해서 더 낮게 자라고 있는가?"라는 불편한 의문이 떠오른다.

겸손에 관한 책을 읽거나 쓸 때는 그 일을 완성하면 목적에 도달했다고 착각할 위험이 있다. 단지 이 책을 읽거나 썼다고 해서 저절로 겸손해지는 것은 결코 아니다. 사실, 그와 반대되는 결과가 나타나기 쉽다. 그리스도를 지향하는 자기 인식에 관한 지식을 알았다고 해도 그것을 통해 실제로 그분을 사랑하는 마음이 생기지 않는다면 오히려 교만해질 가능성이 크다. 이것이 내가 이 순간에 불안감과 불편함을 느끼는 이유다.

나는 여전히 시편 저자처럼 "여호와여 내 마음이 교만하지 아니하고"(시 131:1)라고 자신 있게 말하기가 어렵다. 나는 실제로 그렇게 말할 수 있기를 바라고, 또 하나님이 은혜를 주시면 그렇게 말할 수 있을 것이라고 믿는다. 그러나 내 입으로 다윗의 말을 그대로 되풀이하자니 진실하지 못하다는 생각이 든다. 내 마음은 항상 자아를 높게 생각하려는 경향이 있다. 교만이 나의 모든 생각과 행위를 왜곡시킨다. 책을 읽을 수도 있고, 쓸 수도 있지만 겸손을 추구하는 일은 이제 겨우 시작되었을 뿐이다. 이것이 나의 내면에서 나와 교회에 대한 불안감이 느껴지는 이유다.

우리를 부흥시키는 성령의 강력한 역사가 우리의 마음속에서 일어나야만 한다. 영적 부흥은 신자들의 마음속에서 그리스도를 높이는 성령의 사역을 통해 이루어진다. 영적 부흥은 일반적인 은혜의 수단을 통해 일어나는 성령의 일반적이지 않은 축복이다. 하나님의 자녀들은 그것을 통해 영혼을 만족시키는 예수님의 아름다우심을 보고, 경험한다. 오직 성령께서만이 우리를 위로 성장시켜 사랑으로 그리스도를 경외하게 하고, 다시 아래로 성장시켜 겸손에 이르게 하실 수 있다.

우리 모두 그런 성령의 역사를 간구하자. 기도하고, 기도하고, 또 기도하자. 이 책의 마지막에 도달한 지금, 우리의 마음속에 숨겨져 있는 교만을 한 겹씩 모두 벗겨달라고 하나님께 호소하자. 아래로 성장해 겸손에 이르고, 위로 성장해 경외심을 드러내고, 밖으로 성장해 사랑을 베풀게 해달라고 기도하자. 영혼 깊은 곳으로부터 그리스도 안에서 의로워지고, 거룩해져 그분께 영광과 찬양을 돌리는, 영원히 사랑받는 하나님의 자녀가 된다는 것이 무슨 의미인지를 깨닫게 해달라고 기도하자. 이런 기도를 매일 드리자. 옥타비우스 윈슬로우는 "하나님의 자녀는 주님께 자기를 자기 자신으로부터 지켜달라고, 곧 마음을 예수님의 발 앞에 낮게 낮춘 상태로 매 순간 그분을 새롭게 알아가고, 그분을 위해 살게 해달라고 쉬지 말고 기도해야 한다."라고 말했다.[1] 오, 항상 주님을 의지하며, 낮은 자세로 그분을 사모하면서 살았으면 더 바랄 것이 없겠다. 그렇게 살기를 열망하는가? 그렇게 되기를 간절히 바라는 사람은 그렇게 살 수 있다.

우리 자신만이 아니라 우리의 가족과 교회도 예수 그리스도 안에 나타난 하나님의 영광과 선하심에 더욱 깊이 매료되게 해달라고 기도하자. 우리 주위에 있는 불신자들을 위해서도 그리스도를 미워하는 교만에서 벗어나 그분의 사랑에서 비롯하는 구원의 능력과 은혜를 깨

---

1) Winslow, *Personal Declension and Revival of Religion*, 156.

닫게 해달라고 기도하자. 온 세상 안에서 피조물의 겸손함이 되살아나게 해달라고 기도하자.

시대를 막론하고, 모든 교회에 꼭 필요한 것이 있다면 바로 그리스도를 높이는 겸손이다. 이 겸손을 소유한 교회는 살아서 활력 있게 성장할 것이고, 이 덕성을 갖추지 못한 교회는 무기력하게 죽어갈 것이다.

그리스도께서 자기 백성을 아래로 성장시켜 이 덕성을 갖추게 함으로써 영광과 존귀와 찬양을 받으시기를 간절히 바란다. 아울러, 이 책을 통한 나의 미력한 시도가 구원자이신 주님을 높이고, 죄인들을 겸손하게 하는 성령의 도구가 되어 그 목적을 이루는 데 이바지할 수 있기를 소원한다.